*Susanne Bruns*

# DAS BIOGARTEN PRAXISBUCH

*Anleitung zum naturgemäßen Gärtnern in Bildern*

ökobuch

Bibliografische Information
der Deutschen Nationalbibliothek

Die Deutsche Nationalbibliothek verzeichnet diese Publikation in der Deutschen Nationalbibliografie; detaillierte bibliografische Angaben sind im Internet unter http://dnb.d-nb.de abrufbar.

ISBN 978-3-947021-22-2

1. Auflage 2022

Königstr. 43, 26180 Rastede
E-Mail: verlag@oekobuch.de
http://www.oekobuch.de



Druck: Grafisches Centrum Cuno, Calbe



Unsere Bücher werden nach höchsten Ansprüchen an Nachhaltigkeit und Ökologie produziert und wir optimieren ständig weiter:

- Papiere und Pappen sind FSC® oder PEFC™ zertifiziert
- Druckfarben auf Pflanzenölbasis
- Druckplattenbelichtung komplett chemiefrei
- Klebstoffe lösungsmittelfrei
- 100 % Öko-Strom bei Druck und Bindung
- Müllvermeidung und Recycling bei der Produktion
- kurze Wege, gedruckt in Deutschland

# Inhalt


Einleitung . . . . . . . . . . . . . . . . . . . . . . . 6

## *1. Der naturnahe Garten* . . . . . . . . . . . . 9

Einheitsgarten oder Naturparadies . . . 10
Vom Rasen zur Naturwiese . . . . . . . . . 11
Die Naturwiese und ihr Schnitt . . . . . 12
Von Sensen und Sensenzubehör . . . . . 13
Wasser im Garten . . . . . . . . . . . . . . . . 16
Der Gartenteich . . . . . . . . . . . . . . . . . 17
Planungsüberlegungen . . . . . . . . . . . 18
Bauanleitung Folienteich . . . . . . . . . . 22
Die Hecke im naturnahen Garten . . . 26
Steine im naturnahen Garten . . . . . . . 27
Blumen im Naturgarten . . . . . . . . . . . 28
Unkräuter – Zeigerpflanzen . . . . . . . . 28
Zeigerpflanzen . . . . . . . . . . . . . . . . . . 30
Zeigerpflanzen für Bodenstruktur . . . . 31
Zeigerpflanzen für den Humusgehalt im Boden . . . . . . . . . . . . . . . . . . . . . 33

## *2. Gartenplanung und Landbearbeitung* . . . . . . . . . . . . . . . 34

Wieviel Garten braucht der Mensch? 35
Wegebau . . . . . . . . . . . . . . . . . . . . . . 36
Hügel- und Hochbeete . . . . . . . . . . . . 39
Bauanleitung Hügelbeet . . . . . . . . . . . 41
Bauanleitung Hochbeet . . . . . . . . . . . 43
Bodenbearbeitung im naturnahen Garten . . . . . . . . . . . . . . . . . . 44
Gartengeräte . . . . . . . . . . . . . . . . . . . 46
Vom Boden, seiner Bedeckung und Ernährung . . . . . . . . . . . . . . . . . 47
Das Bodenleben . . . . . . . . . . . . . . . . . 48
Luft im Boden . . . . . . . . . . . . . . . . . . 50
Bodenprobe . . . . . . . . . . . . . . . . . . . . 51
Gründünger . . . . . . . . . . . . . . . . . . . . 52
Leguminosen . . . . . . . . . . . . . . . . . . . 57

Die Versorgung des Gartens mit Dünger . . . 58
Der pH-Wert des Bodens . . . 64
Die wichtigsten Düngemittel im Bioanbau . . . 66
Humus und Bodenfruchtbarkeit . . . 69
Herstellen von Kompost . . . 71
Kompost verwenden . . . 75
Bauanleitung Kompostsilos aus Holz 76
Bauanleitung Kompostsilo aus Stein . . 78

*3. Säen und Pflanzen* . . . 79
Mulchen . . . 82
Gießen und Wässern für gutes Wachstum . . . 85
Vom Gießen . . . 85
Ernteverfrühung und Pflanzenanzucht 86
Frühbeetkasten (Bauplan) . . . 88
Weitere Bauhinweise . . . 89
Bauplan für einen Wanderkasten . . . 94
Schutzmaßnahmen für Saaten und Jungpflanzen . . . 95
Pflanzenanzucht auf der Fensterbank 96

*4. Gemüse – Planung und Anbau* . . . 97
Die klassische Fruchtfolge . . . 97
Haupt-, Zwischen-, Vor- und Nachkultur . . . 98
Phytonzide und Mischkultur . . . 100
Der Gemüseanbau . . . 108

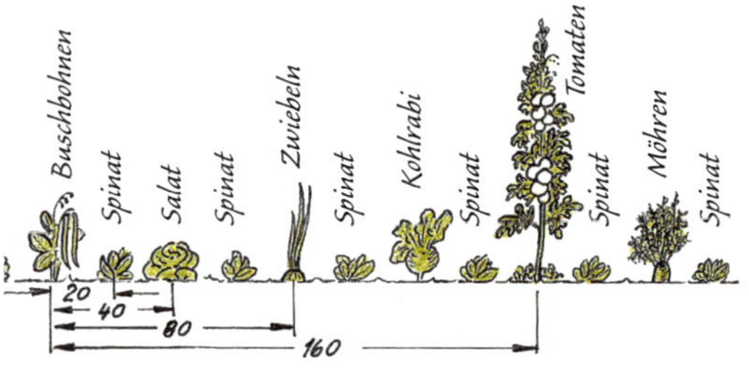


*5. Heil- und Küchenkräuter* . . . 129
Hausteemischungen . . . 136

*6. Beerenobst im Garten* . . . 137
Erdbeeren . . . 137
Brombeeren . . . 140
Himbeeren . . . 142
Stachelbeere . . . 145
Johannisbeeren . . . 148

*7. Baumobst im Garten* . . . 151
Pflanzen von Bäumen . . . 152
Pflanzen von Büschen . . . 153
Der Obstbaumschnitt . . . 154
Baumformen . . . 155
Pflanzschnitt . . . 155
Kronenaufbau . . . 157
Erziehungs- oder Aufbauschnitt . . . 158
Ertrags- oder Erhaltungsschnitt . . . 159
Verjüngungsschnitt . . . 159
Steinobstschnitt . . . 160
Der Baumanstrich . . . 163
Pflege- und Düngemaßnahmen im Obstgarten . . . 164
Obstkrankheiten und -schädlinge . . . 165

*8. Vom Lagern und Konservieren* . . . 168
Die Lagerung im Keller . . . 168
Bauanleitung Obstregal . . . 170
Bauanleitung Kartoffelkiste . . . 171
Überwinterung im Freien . . . 172

Erdkeller ........................ 172
Bauanleitung für einen einfachen Erdkeller ............... 174
Konservierung durch Trocknen .... 177
Bauanleitung Trockenschrank ...... 178
Bauanleitung Solartrockenschrank .. 179
Milchsäuregärung ................ 180
Sauerkrautherstellung ............ 181

*9. Biologischer Pflanzenschutz im Garten* .................... 182
Hilfs- und Pflegemittel für die Pflanzen ................ 201

*10. Unterkünfte für Nützlinge* ..... 206
Bauanleitung Nistkasten für Höhlenbrüter ....... 207
Bauanleitung Freihängender Nistkasten .......... 208
Bauanleitung Halbhöhle .......... 209
Die Vogellaube ................. 210
Eine Nisthilfe für Schleiereulen ..... 211
Niströhre für Steinkäuze .......... 211
Weitere Nistgelegenheiten ........ 212
Katzenschutz für Nistkästen ....... 213
Vogelbad und Tränke ............ 213

Einige Insektenunterkünfte ........ 214
Bauanleitung Igelhöhle ........... 215
Bauanleitung Fledermauskasten .... 217
Steinhaufen .................... 218
Ohrwurmbehausungen ........... 219
Winterquartier für Marienkäfer ..... 219
Die Vogelfütterung im Winterquartier ................. 220

*Anhang*
Hersteller von Pflanzenstärkungs- und Düngemitteln .............. 221
Bodenanalysen ................. 222
Biologisches Saatgut ............. 222
Literaturempfehlungen ........... 222
Register ...................... 223

# Einleitung

Große Temperaturschwankungen innerhalb weniger Tage, Unwetter mit Hagel, Starkregen aus dem Nichts oder langandauernde Trockenphasen bestimmen mehr und mehr unser Wettergeschehen. Daran werden wir uns gewöhnen müssen. Nur in unserem eigenen kleinen Fleckchen Erde, unserem Garten, haben wir die Möglichkeit, direkt Einfluss zu nehmen auf das Mikroklima – und damit ein wenig Ausgleich zu schaffen und unseren pflanzlichen Schützlingen ein komfortables Umfeld.

Mit den Grundprinzipien des biologischen Anbaus haben wir einen Denkansatz, der sich seit vielen Jahrzehnten bewährt hat. Auch wenn sich im Detail einiges weiterentwickelt und den geänderten Bedingungen des Klimawandels anpasst hat, die Grundidee bleibt aktuell wie eh und je.

Beim Biogarten steht der Zustand des Bodens im Mittelpunkt. Nach dem Vorbild des Waldbodens mit seinen Kreisläufen von Werden und Vergehen wird auch beim naturgemäßen Gärtnern zunächst für ein lebendiges und vielfältiges Bodenleben gesorgt. Niemals bleibt der Boden unbedeckt und damit der sengenden Sonne oder zerstörerischem Starkregen schutzlos ausgeliefert. Die Pflege des Bodens erhöht den Humusgehalt und damit die Fähigkeit des Bodens, Wasser und $CO_2$ zu speichern und den Pflanzen zur Verfügung zu stellen – eine wichtige Voraussetzung für gesundes Wachstum.

In Zeiten des Klimawandels kommt der Gestaltung des Gartens eine noch bedeutendere Rolle zu. Naturhecken am Rande des Gartens sorgen für Temperaturausgleich und bieten Windschutz bis weit in die Beete hinein. Die Mischkultur hilft durch das Miteinander und Nebeneinander von Pflanzen mit unterschiedlichen Wurzellängen kostbares Wasser zu sparen. So können Dürreperioden besser überstanden werden. Eine abwechselnde Bepflanzung von hohen und niedrigen Pflanzen sorgt für Beschattung von Boden und Pflanzen, und die Anlage von Hügelbeeten sorgt in den Beeten, die dazwischen liegen, für mehr Feuchtigkeit, sodass hier jede Pflanze ihren Bedürfnissen entsprechend ihren Platz findet.

Mit dem vorliegenden Band halten Sie ein umfassendes Standardwerk über den biologischen Anbau im Hausgarten in Händen. Angefangen bei der Bodenpflege und der Herstellung von Kompost finden Sie Tipps und Empfehlungen für Anbau und Ernte von wohlschmeckendem Gemüse, knackigen Salaten, aromatischen Tomaten, würzigen Kräutern und köstlichen Beeren und anderen Früchten. Abgerundet wird die Thematik mit einfachen Bauanleitungen: Vom Kompostsilo, über Stützgerüste für allerlei Pflanzen bis hin zum Eigenbau von Gartenteichen und Nützlingsunterkünften.

Vieles hat sich seit der ersten Auflage im Jahre 1985 getan. „Bio"-Gärtnern ist nicht mehr die belächelte Ausnahme. Für den Kauf von biologisch angebautem Obst und Gemüse muss niemand mehr in Spezialgeschäfte in kleinen Nebenstraßen gehen oder zu den Hofläden der Bauern fahren. Auch Hilfs- und Düngemittel für den Eigenanbau stehen in der Gar-

tenabteilung der Baumärkte bereit oder sind einfach im Onlinehandel zu bestellen. Die Palette geht inzwischen weit über Algen- und Kräuterpräparate hinaus. Nützlinge, Bakterien und Mikroorganismen können für die Pflanzengesundheit und gegen alte und neue Krankheiten und Schädlinge erworben werden.
Geblieben ist die Freude an der Beschäftigung in und mit der Natur. Die Neugier darauf, wie sich wohl in diesem Jahr alles entwickelt – und natürlich das einzigartige Erlebnis, gesundes Essen aus eigenem Anbau auf den Tisch zu bringen.

Und da sind sich mittlerweile alle Ernährungs- und Gesundheitsexperten einig: Industriell wenig oder gar nicht verarbeitete Lebensmittel versorgen uns am nachhaltigsten mit allen wichtigen Vitaminen, Mineralstoffen, sekundären Pflanzenstoffen und führen automatisch zu einer ausgewogenen Zusammensetzung von Fett, Eiweiß und Kohlenhydraten. Die Ernte aus dem eigenen Anbau bietet dafür also beste Voraussetzungen.
Hinzu kommt: Immer mehr Menschen leiden unter Nahrungsmittelunverträglichkeiten der unterschiedlichsten Arten. Und

| *Gemüse wurde mit leicht-löslichen Mineralsalzen (Kunstdünger) gedüngt* | *Gemüse wurde mit organischem Material gedüngt* |
|---|---|
| *Starkes Auftreten von gesundheitsschädlichen Pflanzeninhaltsstoffen wie:*<br>• *freie Aminosäuren (werden vom Körper schwer verdaut)*<br>• *freie Oxalsäuren*<br>• *freie Solaninverbindungen (besonders bei Kartoffeln)*<br>• *zu hohe Nitratmengen* | *Wesentlich weniger gesundheitsschädliche Inhaltsstoffe, weniger Nitrat, weniger schwer verdauliche Aminosäuren. Dafür mehr gesundheitsförderliche Pflanzeninhaltsstoffe:*<br>*23 % höherer Gehalt an Trockensubstanz (d.h. höherer Nährwert)*<br>*18 % mehr Eiweiß*<br>*28 % mehr Vitamin C*<br>*19 % mehr Gesamtzucker*<br>*23 % mehr Aminosäuren, die wertvolles Eiweiß aufbauen*<br>*18 % mehr Kalium*<br>*10 % mehr Calzium*<br>*13 % mehr Phosphor*<br>*77 % mehr Eisen* |

es sind längst nicht mehr nur die Zusatzstoffe oder die strukturelle Veränderung der Nahrung durch die industrielle Verarbeitung, die unseren Stoffwechsel belasten. Auch hochgezüchtete Getreidesorten und genmanipulierte Lebensmittel tragen dazu bei.

Durch sorgfältige Auswahl der Sorten können wir im eigenen Garten selbst bestimmen, was auf den Tisch kommt. Alte oder lokale Sorten, also Sorten, die angepasst sind an unsere Klimazonen, sollten immer den Vorzug bekommen. Sie sind oft robuster und nicht auf Kunstdünger und chemische Pflanzenschutzmittel angewiesen.

Egal, ob wir uns über das ganze Jahr hinweg mit eigenem Gemüse und Obst versorgen wollen oder nur saisonal einige besondere Leckereien ernten, der eigene Anbau bedeutet auch eine gewisse Unabhängigkeit und die damit verbundene Selbstbestimmung. Kaum eine Beschäftigung verschafft uns Menschen soviel Glück und Befriedigung wie die in der Natur, wie die im eigenen Garten. Mein besonderer Dank gilt meinen Eltern, die mir dies mein ganzes Leben lang ermöglichten und mit dem vorliegenden Buch ihr Wissen und ihre Erfahrung – auch durch die vielen wunderbaren Skizzen und Bilder – festgehalten haben.

Ich hoffe, Sie haben an diesem Buch genauso viel Freude wie ich.

Und Ihr Garten auch …

Susanne Bruns
Sehnde, im November 2021

# 1. Der naturnahe Garten

Im naturnahen Garten kommt es wegen der vielfältigen Nahrungsbeziehungen zwischen Pflanzen und Tieren nur selten zum massenhaften Auftreten von Schädlingen und Krankheiten. Solche vielfältigen Beziehungen aufzubauen, zu fördern und zu festigen sollte schon bei der Anlage des Gartens das Ziel sein. Die wichtigsten Bereiche sind im Folgenden in ihren Grundzügen beschrieben. Weiteres findet sich im Kapitel Pflanzenschutz (S. 182 ff.).

## Grundregeln des biologischen Gartens

*Grundsatz:*
*Im Garten möglichst naturnahe Verhältnisse schaffen*

- *Boden*
  - *tiefgründig lockern, nicht umwenden* – *mit: Sauzahn, Grabegabel*
  - *stets bedeckt halten* – *durch: Gründüngung, Laub, Grasschnitt*
- *Pflanzen*
  - *standortgerecht setzen* – *beachten: Boden, Licht, Klima*
  - *in Mischkulturen anbauen* – *zusammensetzen: Pflanzen, die sich gegenseitig fördern*
- *Dünger*
  - *Boden-Kleinlebewesen füttern* – *mit: Kompost, Gründünger, Pflanzenjauchen, organischen Handelsdüngern*
- *Pflanzenschutz*
  - *Nützlinge fördern* – *durch: Kleinsäuger-, Vogel- und Nutzinsektenschutz*
  - *biologische Mittel einsetzen* – *verwenden: Wildkräuterextrakte, pflanzenkräftigende Präparate*

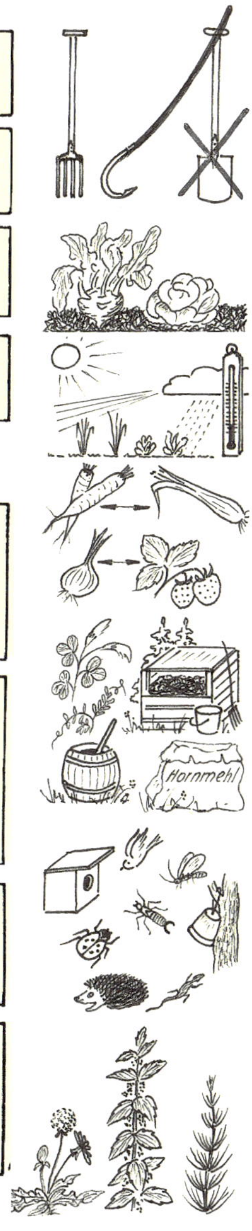

# Einheitsgarten oder Naturparadies

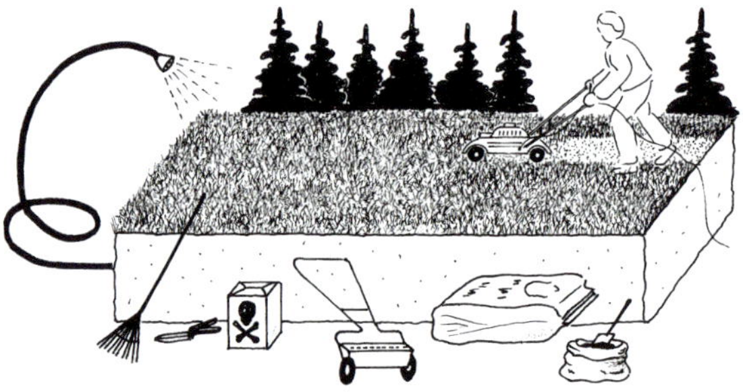

*Langweiliger Einheitsgarten*

*Ein Naturgarten bietet Vögeln auch im Winter reichlich Nahrung*

In der Mitte wächst Rasen, der mit viel Aufwand gepflegt wird, ringsherum ist ein mehr oder weniger breiter Streifen angeordnet, mit Tannen, Fichten und immergrünen Bodendeckern bewachsen. Fertig ist der langweilige Einheitsgarten, der sehr zum Aussterben vieler Insekten- und Wildkräuterarten beiträgt. Von Nutzen ist hier eigentlich nur der Spiel- und Liegerasen, der aber gar nicht mal sehr viel Platz einnehmen muss.

Gartenbesitzer, die nur wenig oder gar kein Obst und Gemüse anbauen wollen, könnten z. B. neben dem Spiel- und Liegerasen alle restlichen Flächen als Naturwiese oder -hecke anlegen und auf diese Art vielen Insekten und Vögeln Nahrung bieten. Ein solcher Garten ist eine Bereicherung für die Natur und hält das gesamte Jahr über interessante Beobachtungsmöglichkeiten für die ganze Familie bereit.

# *Vom Rasen zur Naturwiese*

Wird die ganze Arbeit der Natur überlassen, braucht es schon fünf Jahre, bis sich auf dem ehemals gepflegten Rasen eine artenreiche Pflanzengemeinschaft angesiedelt hat. In der Übergangszeit sollte der Rasen nur noch zweimal jährlich gemäht werden, vorzugsweise mit der Sense. Die Düngung wird eingestellt, eventuell kann zum Magern des Bodens Sand gestreut und gekalkt werden. Dann heißt es Geduld bewahren.
Bei einer Neuanlage entsteht der Mini-Naturpark schneller. Zum Magern des Bodens kann Sand eingebracht, und eine Wildblumen- oder Magerrasenmischung eingesät werden.

Diese Mischungen enthalten etliche einjährige Arten wie Kornblumen und Klatschmohn, die mit der Zeit durch die ausdauernden Arten zurückgedrängt werden. Der Handel hält viele schöne Mischungen für Naturwiesen in unterschiedlichen Lagen bereit.

*In einem Einheitsrasen wachsen 3 bis 4 Grasarten, in einer Naturwiese sind dagegen 20 bis 50 Pflanzenarten zu finden.*

*In einem Einheitsrasen können nur 4 Vogelarten Futter finden, in einer Naturwiese dagegen bis zu 17.*

*Vielen Insekten wird auf der Naturwiese Nahrung geboten.*

# Die Naturwiese und ihr Schnitt

Eine Naturwiese benötigt nur wenig Pflegearbeit. Sie ist artenreich und voller Leben und bietet vielen Insekten und auch Vögeln ausreichend Nahrung. Die Naturwiese ist im Winter der ideale Futterplatz für unsere einheimischen Standvögel. Eine Naturwiese wird zwei- bis dreimal im Jahr geschnitten, auch dann am besten mit der Sense.

*Der konventionelle Rasen ...*

*... ist pflege- und energieaufwendig und benötigt zu seiner Erhaltung eine ganze Menge technischer und chemischer Erzeugnisse.*

*Die Naturwiese ...*

*... ist leicht zu pflegen und bietet im Winter vielfältig Nahrung für Vögel.*

# Von Sensen und Sensenzubehör

Gute Sensen sind handgeschmiedet und haben eine lange Lebensdauer. Es gibt sie in verschiedenen Längen und Formen. Um zu entscheiden, ob man beser mit einem gebogenen oder einem geraden Sensenbaum arbeiten kann, empfiehlt sich die Teilnahme an einem Sensenkurs, die vielerorts angeboten werden.

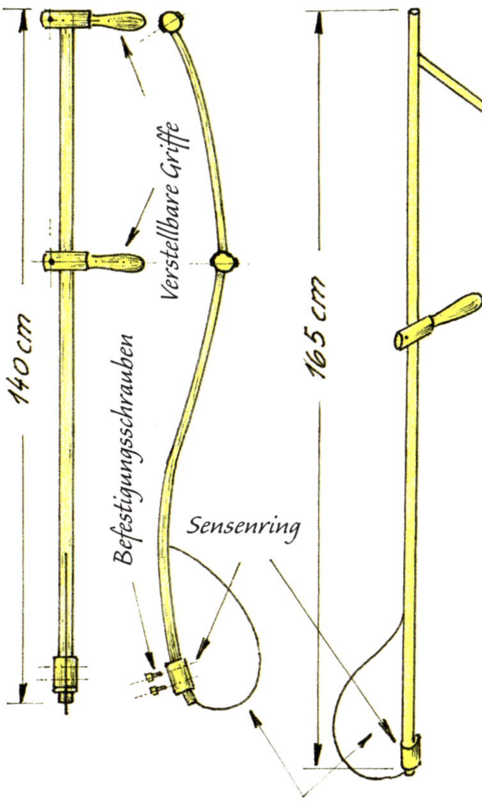


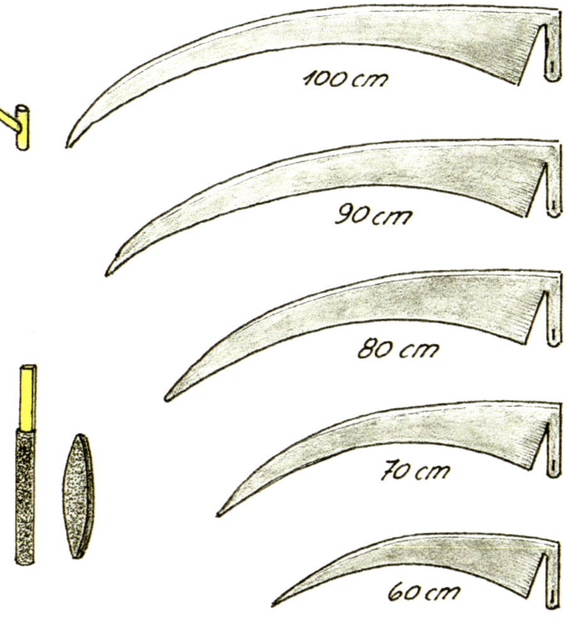

Dengelhammer und Dengelamboss

*Zwei Formen von Sensenbäumen aus Stahlrohr, einmal gebogen und einmal gerade. Beide Ausführungen gibt es auch in Eschenholz.*

*Das Blatt wird durch zwei Schrauben im Sensenring gehalten. Es ist abnehmbar (z. B. zum Dengeln).*

*Kurze Sensenblätter werden an starken Hanglagen und an Böschungen benutzt. Längere sind für größere ebene Flächen gedacht.*

*Die Heide- und Buschsense wird auch für Unterwasserpflanzen eingesetzt.*

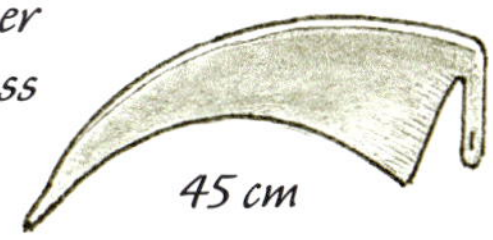


Heide- und Buschsense

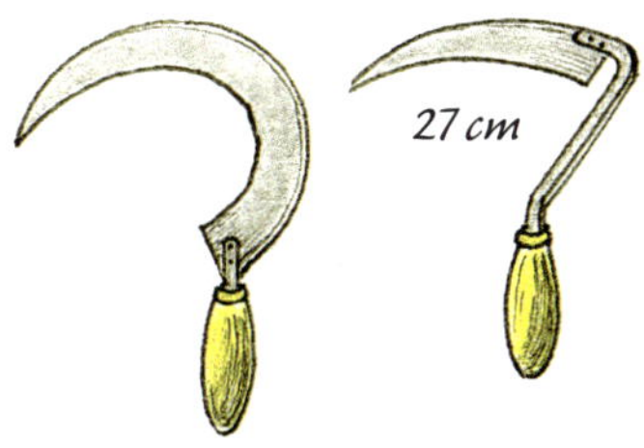


Rund- und Sensensichel

## *Arbeiten mit der Sense*

Die beste Zeit, eine Wiese mit der Sense zu mähen, ist frühmorgens, wenn das Gras so richtig taunass ist. Zu dieser Zeit steht das Gras sehr gut und ist noch nicht welk. Auch bei leichtem Regen ist ein guter Schnitt noch möglich, wohingegen starker Regen das Gras oft niederdrückt und dadurch das Mähen erschwert. Trockenes Gras ist lappig, gibt einen unsauberen Schnitt und macht die Sense stumpf.

Damit die Sense immer gut schneidet, wird sie im Laufe der Schnittarbeit öfter mit dem Sensenstreicher oder dem -wetzstein abgezogen.

Nach der Arbeit wird das Sensenblatt gereinigt, getrocknet und der Sensenschutz aufgesetzt. Bei längerem Nichtgebrauch sollte das Blatt leicht eingefettet werden.

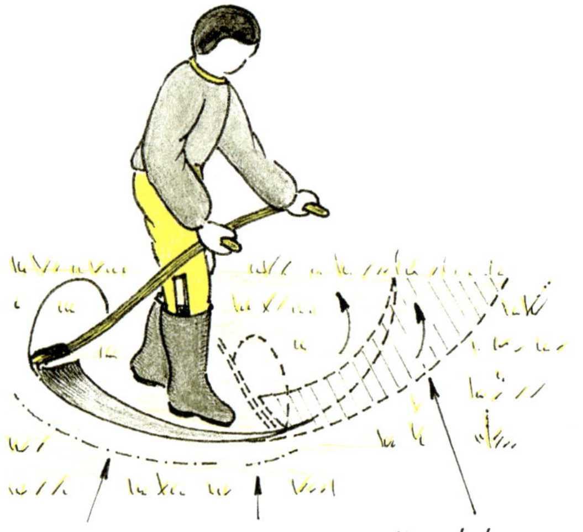

*Die Blattspitze während der Schnittführung ein wenig anheben, dabei soll das größere Blattstück gut aufliegend über den Boden gleiten.*

*Weit ausholen und während der Hüftdrehung das aufliegende Blatt leicht ellipsenförmig zum Körper führen.*

*Schärfen mit dem Sensenstreicher oder -wetzstein:*
*Es wird immer von der Schnittkante weg bogenförmig nach unten und gleichmäßig im Wechsel von Vorder- und Rückseite abgezogen.*

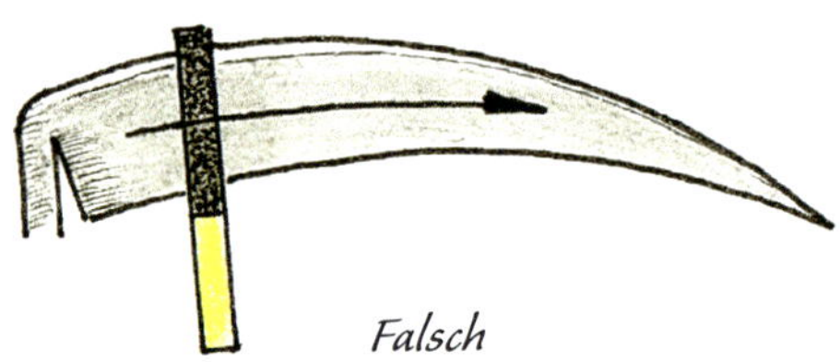

*Falsch*

*Richtig*

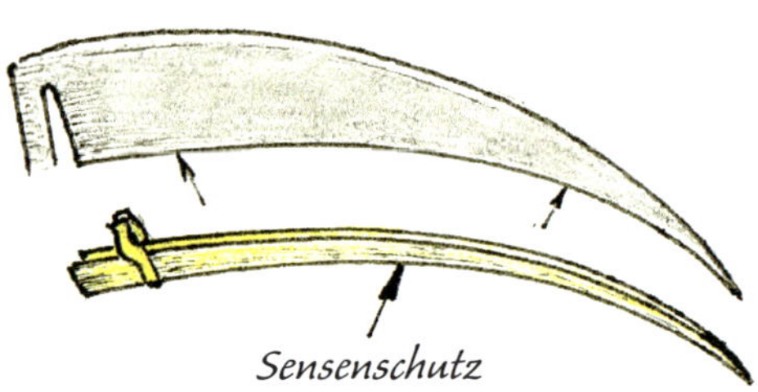

*Sensenschutz*

## *Das Dengeln*

Sensen dürfen nicht geschliffen werden, dabei würden sie zu viel an Substanz verlieren, nach kurzer Zeit anfangen zu flattern und damit für den Schnitt unbrauchbar werden. Das Sensenblatt wird gedengelt. Das Dengeln sollte besonders sorgfältig ausgeführt werden, zum Arbeiten sind Spezialwerkzeuge erforderlich wie Dengelhammer und -amboss.

*Durch leichte Hammerschläge, die aber nur den äußeren Schneidrand treffen dürfen, wird die Schneidkante dünn geklopft (ausgezogen) und damit scharf.*

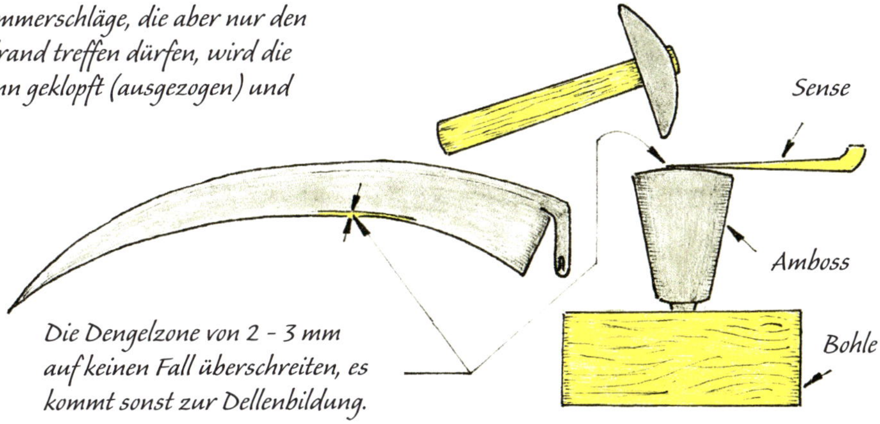


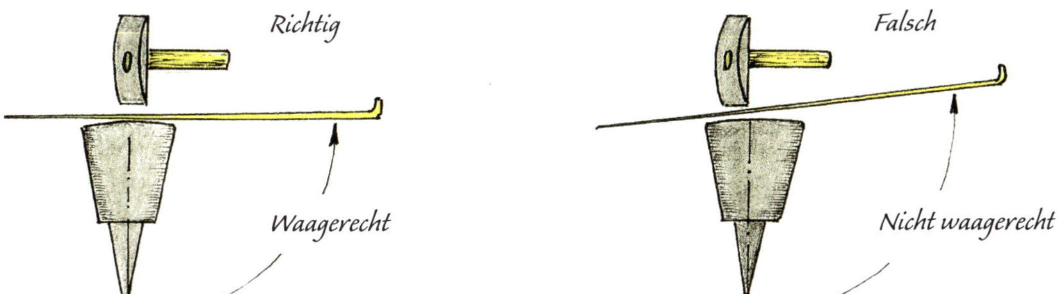


*Zu beachten ist auch, dass das Sensenblatt immer waagerecht auf dem Amboss, und die Schlagstelle niemals hohl liegt. Dazu ist eine Sitzhaltung nötig, bei der das Blatt auf beiden Oberschenkeln gut aufliegt. Frei in der Luft gehalten, würden die Arme bald erlahmen.*

*Amboss im Holzklotz einschlagen, für eine erhöhte Sitzgelegenheit*

*Amboss in eine Bohle einschlagen, für ein Sitzen auf ebenem Boden*

# Wasser im Garten

Generell stellen Wasserstellen wertvolle Lebensräume und belebende Elemente in Gärten und Grünanlagen dar. Entscheidend ist weniger die Größe, Form oder das Material, sondern vielmehr das Vorhandensein verschiedener Tiefenbereiche, von sumpfigen Uferzonen bis hin zu Tiefen von mindestens einem Meter. Damit kann das Wasser auch Überwinterungsplätze für Frösche, Lurche, Larven u.a.m. bieten.

Um den Tieren den Ausstieg zu ermöglichen, sollte das Ufer immer flach auslaufen.

Die denkbar kleinste Wasserstelle im Garten ist die Vogeltränke. Nicht nur zum Trinken, sondern zum Baden kommen die Vögel gern. Deshalb muss die tiefste Stelle etwa 8 cm tief sein. Übrigens: bei der Standortwahl sollte darauf geachtet werden, dass sich in der Nähe kein gutes Katzenversteck befindet (siehe auch Seite 213).

*Kleiner Naturteich*

*Vorteile beim Fertigteich:*

- *Stabile Ausführung (stoßfest)*
- *Winterfestes Material*
- *Absolut dicht*
- *Viele Formen möglich*
- *Standortwechsel möglich*

*Nachteile*

- *Oft zu steile Wände, dadurch schlechte Wasserzirkulation und tierunfreundlich*
- *Zu geringe Wassertiefe, für viele Pflanzen ungeeignet*
- *Wasser erwärmt sich schnell*
- *Ein Teil der Pflanzen und Tiere muss über Winter umquartiert werden.*

*Erdkröte*

*Jede Pflanzen- und Tierart benötigt eine bestimmte Wassertiefe.*

*Grasfrosch*

# Der Gartenteich

In der Natur ist der schattig gelegene Waldsee mit geringem Pflanzenbewuchs gleichermaßen zu finden wie der sonnig gelegene Weiher mit üppigem Pflanzenwachstum. Zwischen diesen beiden Beispielen liegen viele Abstufungen, die je nach Lage auch im Garten entstehen können.
Schon bei der Planung sollte man sich im Klaren sein, wie es in und über dem Teich aussehen soll. Wird z. B. ein arbeitsaufwändiger Fischteich oder eher ein pflegeleichter Naturteich gewünscht?
Ob Fisch- oder Schwimmteich, ob Fertigteich oder mit Folie bzw. Lehm frei gestaltet – fachliche Unterstützung ist sicherlich sinnvoll, um lange Freude am Teich zu haben. Der Teichbau im Garten ist ein vielschichtiges Thema. Es sollen deshalb hier nur einige grundsätzliche Gedanken als Entscheidungshilfe für die Planung gegeben werden.

## Das biologische Gleichgewicht

Fische im Teich bedeuten Nährstoffanreicherung, d.h. eventuell sind zur Aufrechterhaltung des biologischen Gleichgewichts Filter oder Wasserzusätze notwendig. Denn in mit Nährstoffen angereicherten Teichen kann es zu Wachstumsstörungen der Wasserpflanzen kommen. Diese machen sich unter anderem in mangelnder Stabilität des Pflanzengewebes bemerkbar. Besonders fällt dies bei den hohen Pflanzen, z. B. Rohrkolben und Schilf auf. Die durch Überdüngung im Zellgewebe aufgeschwemmten Halme und Blätter werden sehr früh vom Wind zerfleddert und abgeknickt. Sie verwelken vorzeitig, oft schon vor der Samenbil-

*Magerer Teichboden* *Überdüngter Teichboden*

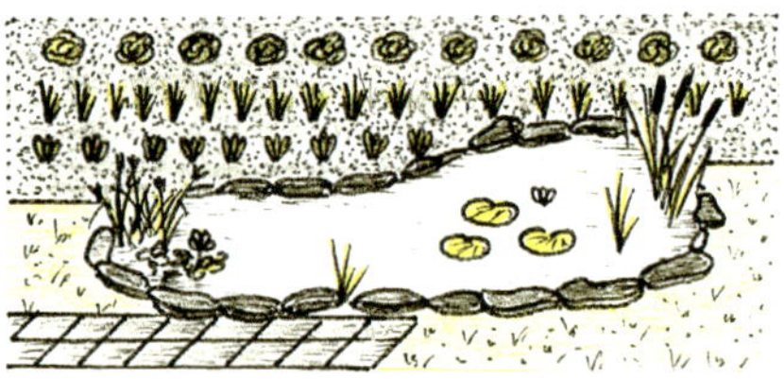

*Falsch: Kulturland in der Nähe des Teiches*

*Richtig: Ungedüngter Rasen oder Naturwiese ringsherum*

*Falsch: Bäume verschatten den Teich. Dazu: Laub im Wasser*

*Richtig: Die Wasserfläche erhält mindestens 6 Stunden Sonnenschein täglich.*

dung. Überdüngung kann zum Umkippen des Gewässers führen, dazu später mehr. Je größer der Teich ist, desto stabiler ist das biologische Gleichgewicht. Ab einer Wassermenge von etwa 10 Kubikmetern stellt sich ein stabiles Gleichgewicht fast von allein ein. Kleinere Teiche können mit Hilfe von Wasserfällen oder Sprudlern, die den Sauerstoffgehalt des Wassers steigern, unterstützt werden. Zu beachten ist außerdem die Bodenbeschaffenheit des Teiches. Je natürlicher, desto besser: Gerade im Schlamm des Teichbodens finden sich die wichtigen Bakterien, die das Gleichgewicht stabilisieren.

## Planungsüberlegungen

Um vor Überaschungen sicher zu sein, sollten die nachfolgend in Kurzform aufgezeigten Überlegungen bei der Planung eines Gewässers berücksichtigt werden:

### Standortwahl

Kulturland in der Nähe des Gewässers ist nicht sinnvoll, denn fruchtbare Ackerkrume wird durch den Wind in den Teich geweht. Besser in direkter Nähe ist ein ungedüngter Rasen, noch besser eine Naturwiese.

Bäume verschatten das Wasser und werfen ihr Laub in den Teich. Deshalb ist ein Standort unter oder in der Nähe von Bäumen ungünstig. Die Sonne sollte wenigstens sechs Stunden am Tag die Wasserfläche erreichen können.

Ein Teich ist ein lebendiges Element im Garten. Dazu gehören auch die Uferzo-

*Bei der Festlegung der Teichgröße (nicht unter 10 m²) genau überlegen, wie groß die einzelnen Pflanzenzonen und die verbleibende Wasserfläche sein sollen.*

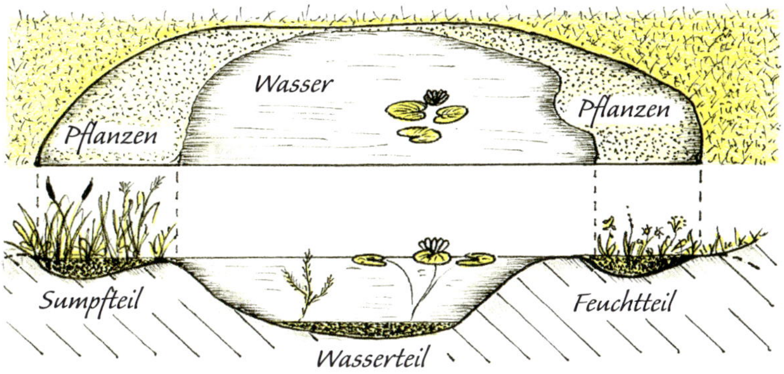


nen, in denen sich viele Tiere wohl fühlen können. Rundwege wirken hier störend. Als Zugang zum Teich reicht oft ein Stichweg.

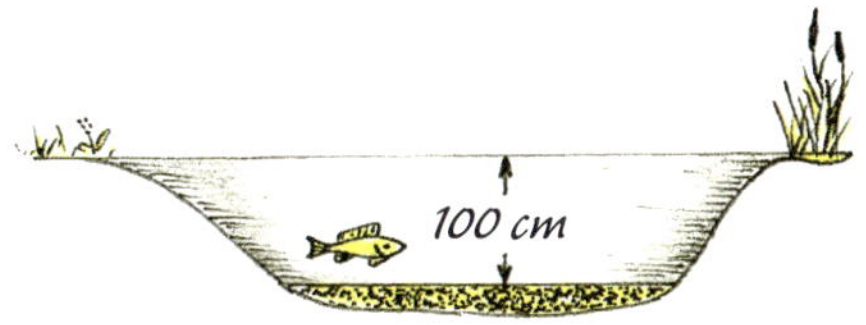


*Mindestwassertiefe*
*Jeder Zentimeter zusätzliche Tiefe verbessert die Wasserqualität für Tier und Pflanze.*

## *Wassertiefen und Uferzonen*

Bei der Festlegung der Teichgröße (Fläche nicht unter 10 m²) sind die Uferzonen einzubeziehen. Um ein vielfältiges Leben im und am Teich zu ermöglichen, gehören neben der offenen Wasserfläche eine flache Sumpfzone (bis 15 cm tief) und der etwas tiefere Feuchtteil (Tiefe bis 40 cm) dazu. In jeder Zone fühlen sich andere Pflanzen und Tiere wohl.

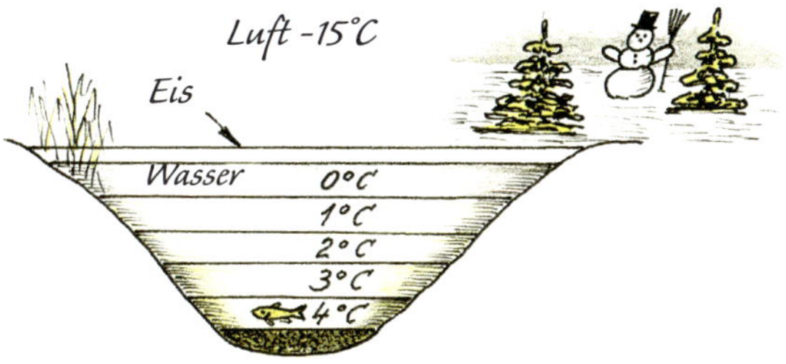


*Temperaturschichtung im Wasser bei eisbedeckter Oberfläche*

*Erdkröte*

*Jede Pflanzen- und Tierart benötigt eine bestimmte Wassertiefe*

*Grasfrosch*

Ein Gewässer sollte auf jeden Fall winterfest sein. Eine Teichsohlentiefe von einem Meter ist notwendig, damit auch in strengen Wintern das Wasser nicht bis zum Grund durchfriert. Mit jedem Zentimeter zusätzlicher Wassertiefe verbessert sich die Wasserqualität für Tier und Pflanze. Wasser hat die größte Dichte und damit das höchste Gewicht bei 4°C. Mit dieser Temperatur sinkt es immer nach unten. Wird es kälter, dehnt es sich aus, wird leichter und steigt auf. Wasser in Eisform hat die größte Ausdehnung und schwimmt immer oben. Auf dem Grund herrscht im Winter stets eine Temperatur von 4°C, bei der Tiere und Pflanzen unbeschadet durch den Winter kommen. Damit diese unterschiedlichen Temperaturschichten erhalten bleiben, sollte das Eis nicht aufgeschlagen werden, denn dadurch wirbeln die Temperaturzonen durcheinander.

Ein Teich mit Tiefenzonen von 100 cm macht wenig Arbeit und muss im Winter nicht ausgeräumt werden. In flachen Teichen (20 – 50 cm tief) erwärmt sich das Wasser sehr rasch und kann den für das Leben im Wasser dringend notwendigen Sauerstoff nicht halten. So enthält z. B. Wasser von 4°C doppelt soviel Sauerstoff wie das gleiche Wasser bei einer Temperatur von etwa 30°C, und die sind unter starker Sonneneinstrahlung schnell erreicht. Dieser Vorgang lässt sich leicht bei einer Pfütze beobachten, die von der Sonne beschienen wird: An den Rändern der Pfütze bilden sich mit zunehmender Temperatur kleine Bläschen, die nach und nach aufsteigen. Diese Bläschen enthalten den Sauerstoff, der dem Wasser verlorengeht. Das gleiche spielt sich auch in einem flachen Teich ab.

*Zu großer Fischbestand*

*Futterreste und Fischkot sinken auf den Grund.*

*Zu üppiger Pflanzenbesatz*

*Schlechte Lichtdurchlässigkeit der Wasseroberfläche.*

*Winderosion und Laubfall*

*Nährstoffreiche Ackerkrume und organischer Abfall im Wasser.*

*Zu flacher Teichbau*

*Großer Sauerstoffverlust durch schnelle Erwärmung.*

## *Der Teich „kippt um"*

Der Grund für das „Umkippen" des Gewässers ist fast immer Überdüngung. Auf Seite 20 unten ist zu sehen, wodurch die Nährstoffanreicherung entstehen kann.

Gelangen zu viele Nährstoffe in den Teich, wird das Wachstum der Pflanzen gefördert, vor allem das der kurzlebigen Algen. Sie sterben in großer Anzahl und sinken zu Boden. Hier werden sie von den Mikroorganismen und Kleinsttieren zu neuen Nährstoffen umgearbeitet, die wiederum das Wachstum beschleunigen. Alles wächst und stirbt mit zunehmendem Tempo, bis der Zeitpunkt erreicht wird, an dem die Mikroorganismen mit der Verarbeitung des anfallenden organischen Abfalls nicht mehr Schritt halten können.

Es kommt zu einer zunehmenden Wassertrübung, an deren Ende eine dunkle, braune Brühe steht.

Die Mikroorganismen benötigen für ihre Tätigkeit Sauerstoff. Dieser wird von den tieferliegenden Pflanzen durch Lichteinfall produziert. Durch das trübe Wasser kann das wichtige Licht nicht mehr an die Pflanzen gelangen und das biologische Gleichgewicht bricht zusammen. Nun treten andere Bakterien in Aktion, die völlig ohne Sauerstoff auskommen, die Fäulnisbakterien. Aufblubberndes Sumpfgas zeigt an, dass der Teich am „Umkippen" ist.

Regulierung des Pflanzen- und Fischbestands, Abfischen des Laubs, Sauerstoffanreicherung und windschützende Uferbepflanzungen können das Gewässer retten.

*Fertigteiche werden im Handel in vielen Größen und Formen angeboten*

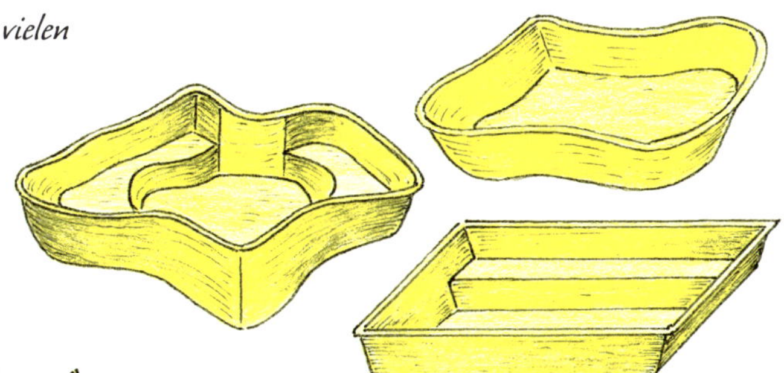

*Vorteile beim Fertigteich:*

- *Stabile Ausführung (stoßfest)*
- *Winterfestes Material*
- *Absolut dicht*
- *Viele Formen*
- *Standortwechsel ist möglich*

*Die Nachteile:*

- *Oft zu steile Wände, dadurch schlechte Wasserzirkulation und tierunfreundlich*
- *Zu geringe Wassertiefe, für viele Pflanzen ungeeignet*
- *Wasser erwärmt sich schnell*
- *Ein Teil der Pflanzen und Tiere muss über Winter umquartiert werden*
- *Viel Pflegearbeit*

# Bauanleitung Folienteich

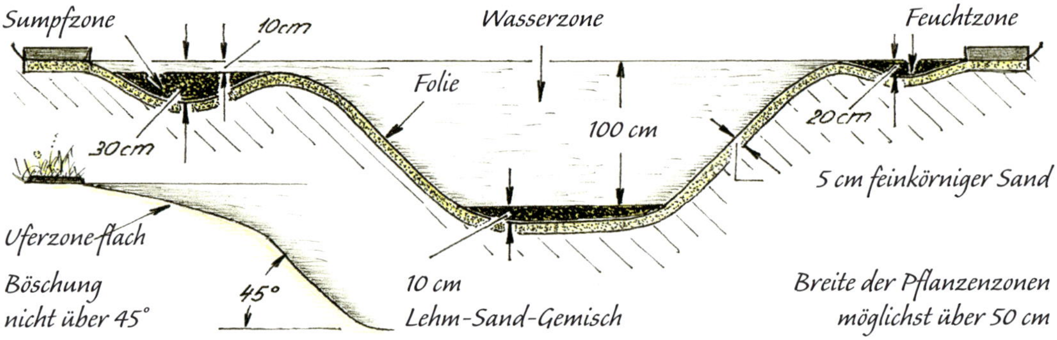

Die Teichumrisse mit Hilfe eines Seils oder Gartenschlauchs auf dem vorgesehenen Platz genau markieren.

Ringsherum Pflöcke einschlagen und mit der Wasserwaage (Schlauchwaage) genau auf 10 cm über den angenommenen Wasserspiegel einnivellieren.

Nun kann ausgeschachtet werden. Die anfallende Erde gleich wegkarren. Sie ist als Randzone nicht geeignet, weil sie zu sehr zusammensackt. Beim Abstechen etwas innerhalb der Markierung bleiben, damit noch kleine Umrisskorrekturen möglich sind.

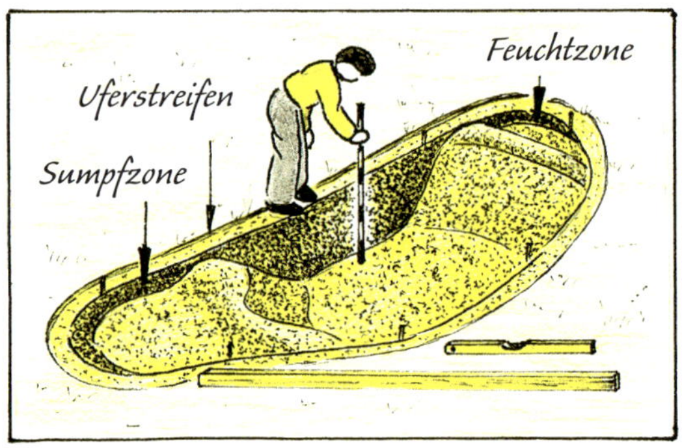


Pflanzenzonen stehen lassen, nicht nachträglich auffüllen. Immer wieder Zollstock und Wasserwaage benutzen, damit der Teich auch wirklich auf gewachsenem Boden ruht. Die hohen Gewichtsbelastungen führen sonst leicht zu Spannungen in der Folie.

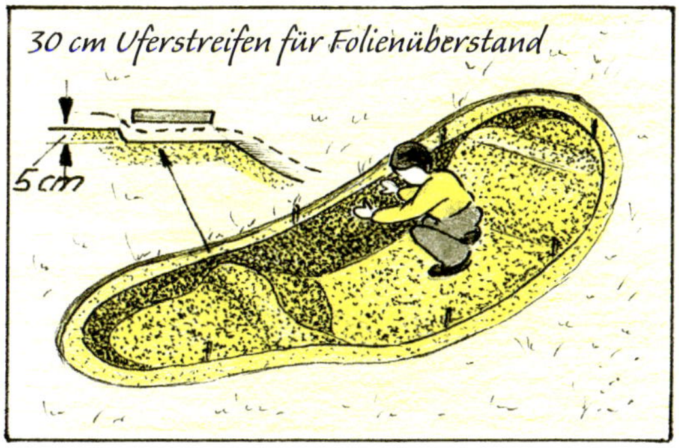


Alle Flächen nach spitzen Steinen absuchen und glätten.

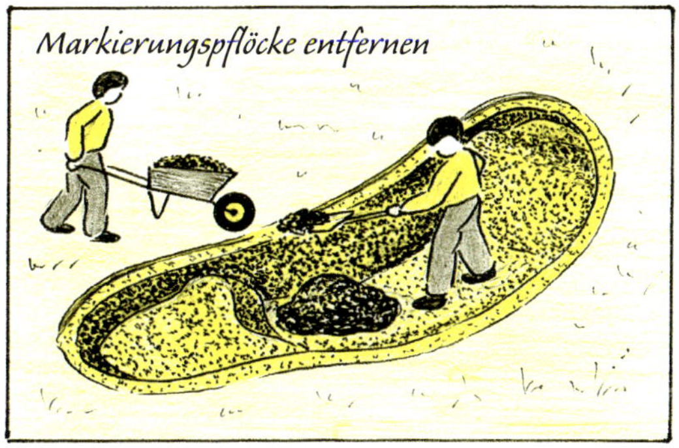


Die gesamte Grube mit einer 5 cm hohen Sandschicht auskleiden.

Bei einer Temperatur ab 20 °C lässt sich Folie am besten verlegen. Sie wird auseinander gebreitet, lose in die Grube gesenkt.

Folie zurechtrücken, so dass an allen Seiten etwa 50 cm Überstand vorhanden ist. Rand ringsherum mit Steinen beschweren.

Nun wird die Grube mit Wasser gefüllt. Damit der starke Wasserstrahl das unter der Folie liegende Sandbett nicht zerstört, wird die Schlauchdüse in einen Eimer gesteckt, so dass der Überlauf langsam die Teichgrube füllt.

Mit zunehmendem Wasserstand passt sich die Folie der Teichgrube an und zieht nach unten. Nach und nach werden die Steine entfernt. Große Falten können dabei geglättet werden, kleine sind unvermeidlich und belanglos.

Der Wasserspiegel zeigt jetzt genau an, wo noch kleine Randkorrekturen durchgeführt werden müssen. Danach lässt man den Teich mehrere Tage ruhen.

In der Ruhezeit hat sich die Folie gesetzt, und der Rand kann beschnitten werden. 30 cm Überstand sollten dabei nicht unterschritten werden.

## Beispiele für Uferzonen:

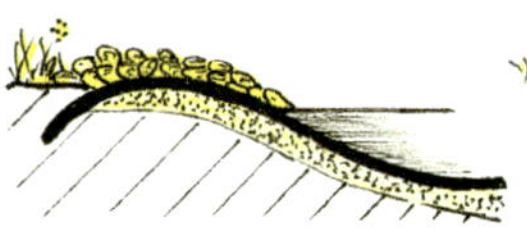

Natürlicher Übergang mit Grobkies

Rand aus Natursteinen

Plattenrand aus Flachsteinen

Hoher Wasserstand sickert in das Sandbett und unterspült die Folie.

Überstehende Platten sind für viele Tiere eine tödliche Falle. Besonders die nützlichen Laufkäfer sind hier die Opfer. Auch Steilufer sollten vermieden werden.

Sind alle Arbeiten sorgfältig ausgeführt, kann die Erde in die einzelnen Zonen eingebracht werden. Die Erde (das Substrat) muss nährstoffarm sein. Ein Gemisch aus 2/3 Sand und 1/3 Lehm ist völlig ausreichend. Die Schichtdicken sind auf Seite 22 angegeben.

## *Teich mit Lehmabdichtung*

Lehm ist ein Material, das in der Natur anzufinden und somit gut für einen Naturteich geeignet ist. Fetter Lehm mit mindestens 30 % Tonanteil wird in einer 15 - 18 cm dicken Schicht auf dem Teichboden aufgebracht und mit einem Handstampfer gleichmäßig auf eine Dicke von 10 bis 12 cm verdichtet. Zwar ist eine solche Abdichtung recht arbeitsaufwändig (besonders das sorgfältige Verdichten an den Schrägen), sie ist aber eine ökologisch vorteilhafte Alternative zur Folienabdichtung und gut für den Selbstbau geeignet.

Ob der Teich so, mit vorgefertigten, ungebrannten Lehmziegeln aus der Ziegelei oder mit dem trockenem und besonders quellfähigen Tonmineral Montmorillonit aus Säcken abgedichtet wird, empfehlenswert ist immer, eine zusätzliche Schutzschicht aus Grobsand oder Feinkies aufzubringen, mindestens im Bereich der Uferzone, damit Sonne und Wind den Lehm dort nicht austrocknen können – dann entstehen Trockenrisse.

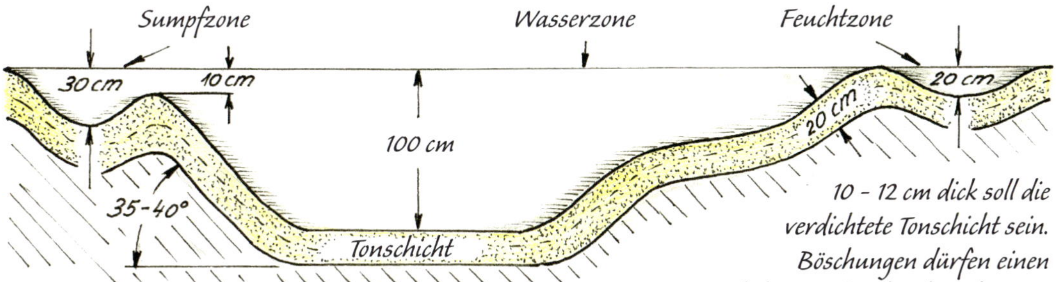


*10 - 12 cm dick soll die verdichtete Tonschicht sein. Böschungen dürfen einen Winkel von 40° nicht überschreiten.*

*Die Grube wird so ausgeschachtet, dass sie in der Tiefe und nach allen Seiten ca. 15 - 18 cm größer ist als der gewünschte Teich.*

*Die gesamte Teichfläche wird mit ungebrannten Tonziegeln lückenlos ausgelegt und gut verstampft. Ebenso mit der 2. Schicht verfahren (Trockene Tonziegel vorher anfeuchten).*

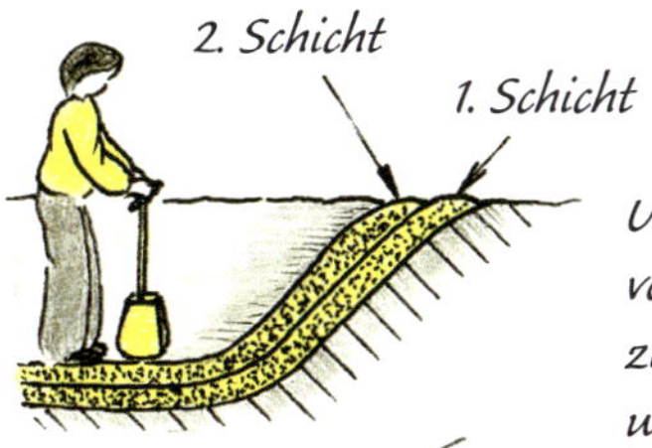

*Um die Uferzone vor Austrocknung zu schützen, werden Kieselsteine eingedrückt.*

*Die Lehmschicht kann betreten werden.*

*Manche Steine müssen passend geschnitten werden.*

*Tiefwurzelnde Pflanzen werden in passende Gefäße gepflanzt.*

# Die Hecke im naturnahen Garten

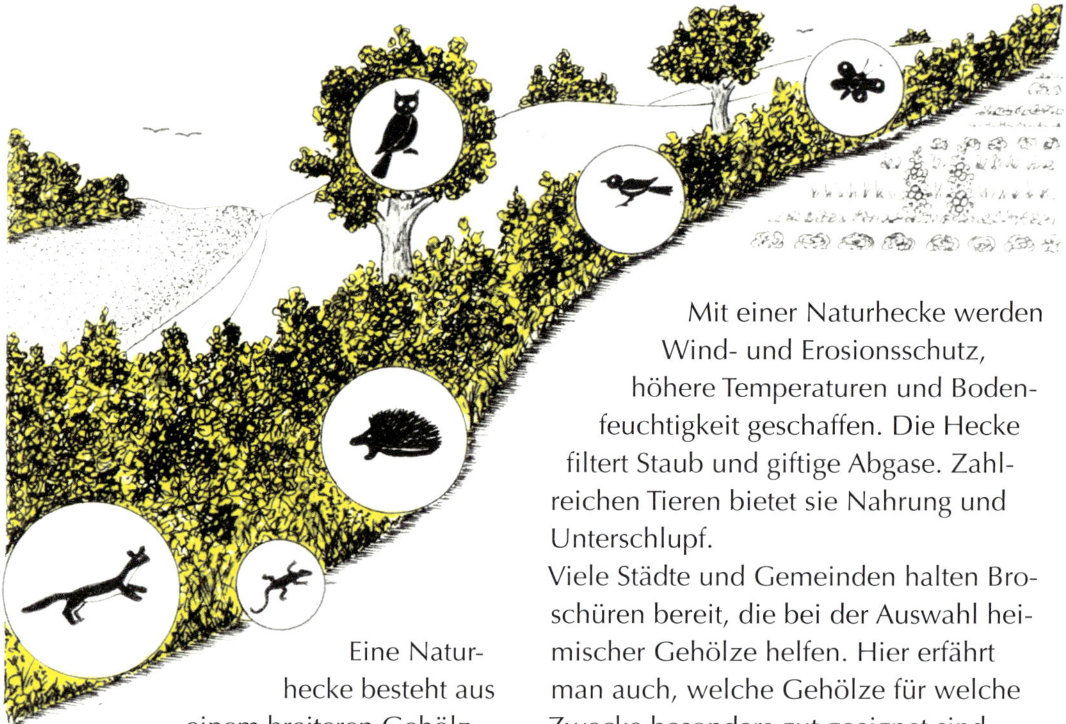

Eine Naturhecke besteht aus einem breiteren Gehölzstreifen (mindestens 3 m), der aus unterschiedlich hohen, heimischen Sträuchern aufgebaut ist. Auch flächige Gebüschgruppen (Knicks) werden zu den Hecken gezählt.

Mit einer Naturhecke werden Wind- und Erosionsschutz, höhere Temperaturen und Bodenfeuchtigkeit geschaffen. Die Hecke filtert Staub und giftige Abgase. Zahlreichen Tieren bietet sie Nahrung und Unterschlupf.

Viele Städte und Gemeinden halten Broschüren bereit, die bei der Auswahl heimischer Gehölze helfen. Hier erfährt man auch, welche Gehölze für welche Zwecke besonders gut geeignet sind.

Zu einer vollständigen Naturhecke gehört natürlich auch eine Krautschicht. Der Unterwuchs sollte aus Waldpflanzen bestehen, z. B. Buschwindröschen, Lerchensporn und Schlüsselblume.

## Die Hecke als Staubfilter

Besondere Filterwirkung gegen Staub haben Feldahorn und Heckenrose. Die Heckenrose schützt außerdem vor Autoabgasen.

Heckenrose

## Die Hecke als Nahrungsspender für Vögel und Säugetiere

Esche, Erle, Birke, Haselnuss, Rotbuche, Eiche, Vogelkirsche, einheimische Nadelbäume, Wildrose, Holunder, Sanddorn, Schneeball, Liguster, Hartriegel, Pfaffenhütchen, Himbeere, Brombeere u.a. bieten unseren Tieren Nahrung.

# Steine im naturnahen Garten

*Steinhaufen sind ideale Lebensräume für Eidechsen. Ebenso entsteht neuer Lebensraum für Würmer, Asseln, Spinnen und die verschiedenen Insekten als Beutetiere für geschützte Reptilien, Amphibien und Säugetiere wie Igel, Marder u.a.*

Steingarten, Steinhaufen und Geröllflächen mit der dazugehörigen Vegetation haben vielfältige ökologische Vorteile: Sie sind ideale Lebensräume für viele nützliche Insekten, Amphibien, Reptilien und kleinere Säugetiere.
In Steinhaufen finden zahlreiche Hummelarten Brutplätze. Größere Insekten und Amphibien helfen bei der Schädlingsbekämpfung im Gemüsegarten. Die Höhlungen dienen z. B. dem Mauswiesel als Wohnraum, dem Hauptfeind der Wühlmaus.

Alle genannten Tierarten finden hier auch für den Winter Unterschlupf.
In den Fugen und Ritzen siedeln sich mit der Zeit allerlei Blütenpflanzen an, die von Insekten, besonders von Schmetterlingen besucht werden.
Steinflächen erweitern die Vielfalt im Garten und das wiederum stabilisiert das ökologische Gleichgewicht.
Bei der Auswahl der Steine für den eigenen Garten ist es sinnvoll, landschaftstypische Steine zu bevorzugen.

*Steinhaufen sollten so angelegt werden, dass möglichst viele Hohlräume entstehen, in denen die verschiedenen Tiere überwintern können.*

# Blumen im Naturgarten

Einen Beitrag zur Ernährung und damit zum Überleben vieler auch für die Schädlingsbekämpfung nützlicher Insekten leisten wir, wenn wir einfache, ungefüllte Blumen für unseren Garten wählen. Alle gefüllt blühenden Sorten bieten keinerlei Nahrung, da hier die Pollenträger züchterisch in zusätzliche Blütenblätter verwandelt wurden.

Margarite (Zucht)

Margarite (Natur)

# Unkräuter – Zeigerpflanzen

Unkräuter sind Pflanzen, die dort wachsen, wo sie unerwünscht sind, zum Beispiel, weil sie das Wachstum der kultivierten Pflanzen beeinträchtigen.
An anderen Plätzen heißen dieselben Pflanzen Beikraut oder Wildkraut. Viele der Pflanzen, die sich ohne menschliches Zutun im Garten ausbreiten, sind wertvolle Heilpflanzen, andere liefern aufgrund ihres frühzeitigen Wachstums die Zutaten für erste Frühlingssalate aus dem Garten. Wo solche Pflanzen nicht stören, können sie stehenbleiben. Zwischen Beerenobst, z. B. zwischen den Erdbeerreihen, ist ein mäßiger Wildkrautbewuchs sogar für die Befruchtung förderlich, da die Kräuter vielerlei Insekten anlocken.

Es wird zwischen Samen- und Wurzelunkräutern unterschieden. Samenunkräuter haben eine ein- bis zweijährige Lebensdauer. Sie streuen jedes Jahr riesige Mengen Samen aus. Der Vorrat an Samen im Boden ist beträchtlich.
Wurzelunkräuter vermehren sich zwar auch durch Samen (z. B. Löwenzahn), lästiger sind jedoch die Arten, die sich durch Wurzelausläufer ausbreiten. Sie sind kaum auszurotten, weil die oft metertiefen Wurzelausläufer schwer erreichbar sind. Dazu gehören Quecke, Giersch, Ackerwinde und Schachtelhalm. Stetes Abhacken der handhohen neuen Triebe kann die Pflanzen allmählich schwächen.

*Hacken, Mulchen und Gründüngung helfen, dass die Probleme mit dem Unkraut von Jahr zu Jahr kleiner werden.*

## *Maßnahmen gegen Unkraut im Nutzgarten*

- Vor jeder Aussaat den Boden flach lockern.
- Reihensaat bevorzugen, um in den Zwischenräumen hacken zu können.
- In den Reihen Unkraut von Hand entfernen.
- Regelmäßig jäten, damit sich die Wildkräuter nicht aussamen.
- Auf allen brachliegenden Flächen Gründünger einsäen.
- Sobald der Boden erwärmt ist, mit Mulchmaterial ständig bedeckt halten.
- Auch im Herbst und Winter den Boden flächenkompostieren oder mit Gründünger einsäen.

## *Maßnahmen gegen Unkraut unter Bäumen und Sträuchern*

- Boden flach lockern
- Einsaaten und (oder) Pflanzung von Bodendeckern oder Kleearten (niedrigwachsend).
- Ganzjährig mulchen.

## *Maßnahmen gegen Unkraut im Rasen*

- Einjährige Unkräuter im neu angelegten Rasen nicht ausreißen. Mehrmals mähen bevor sie blühen und Samen ansetzen, dann verschwinden sie.
- Wurzelunkräuter, wie Löwenzahn, Hahnenfuß u.v.a., mit dem Messer tief und immer wieder herausschneiden.
- Rasen mähen, rechen und lüften (vertikutieren).

*Sogenannte Unkräuter*

# Zeigerpflanzen

Auffallend ist, dass bestimmte Pflanzen bei Veränderung des Bodens gehäuft auftreten und andere wegbleiben.
Treten Unkräuter einer bestimmten Art in großer Menge auf, können sie Hinweise auf den Bodenzustand geben, z. B. auf Mangel- oder Überschüsse von Nährstoffen, oder auf Bodenverdichtungen und Staunässe.
Die folgenden Pflanzengruppen sind nur einige Beispiele für Zeigerpflanzen und sind keinesfalls vollständig.

Bei Staunässe und Bodenverdichtungen finden sich vermehrt

- Ackerschachtelhalm *(Equisetum arvense)*
- Kriechender Hahnenfuß *(Ranunculus repens)*
- Ackerminze *(Mentha arvensis)*
- Huflattich *(Tussilago farfara)*
- Breitwegerich *(Plantago major)*
- Gänsefingerkraut *(Potentilla anserina)*
- Strahllose Kamille *(Matricaria discoidea)*

Nährstoffarme Böden bieten gute Bedingungen für

- Echte Kamille *(Matricaria chamomilla)*
- Ruchgras (*Anthoxanthum*-Arten)
- Ackerschachtelhalm *(Equisetum arvense)*
- Binsengewächse (*Juncus*-Arten)
- Windhalm *(Apera spica-venti)*
- Hederich, Ackerrettich *(Rhaphanus rhaphanistrum)*
- Knötericharten (*Polygonum*-Arten)
- Ackerfrauenmantel *(Alchemilla vulgaris)*

Einen guten Humusgehalt und lockeren Boden zeigen an:

- Vogelmiere, Hühnertritt *(Stellaria media)*
- Wolfsmilcharten (Euphorbia-Arten)
- Franzosenkraut, Knopfkraut (*Galinsoga*-Arten)
- Erdrauch *(Fumaria officinalis)*
- Ackervergissmeinnicht *(Myosotis arvensis)*
- Taubnesselarten (*Lamium*-Arten)

## Zeigerpflanzen für Bodenstruktur

### Für stauende Nässe

Schachtelhalmarten (Equisetum-Arten)

Kriechender Hahnenfuß (Ranunculus repens)

Huflattich (Tussilago farfara)

Ackerminze (Mentha arvensis)

# Zeigerpflanzen für Bodenstruktur

## Lockere Böden, weder nass noch trocken (leichtere Böden)

1 Sommeradonisröschen (Adonis aestivalis)
2 Feldrittersporn (Consolida regalis)
3 Lichtnelkenarten (Caryophyllacea-Arten)

## Schwer verdichtete Böden

4 Gänsefingerkraut (Potentilla anserina)
5 Breitwegerich (Plantago major)
6 Strahllose Kamille (Matricaria discoidea)

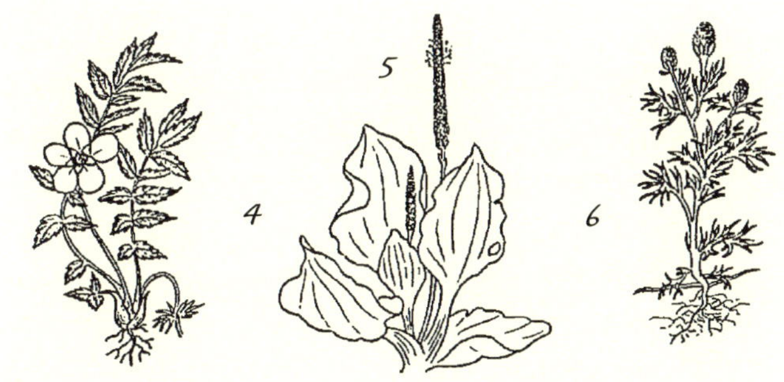


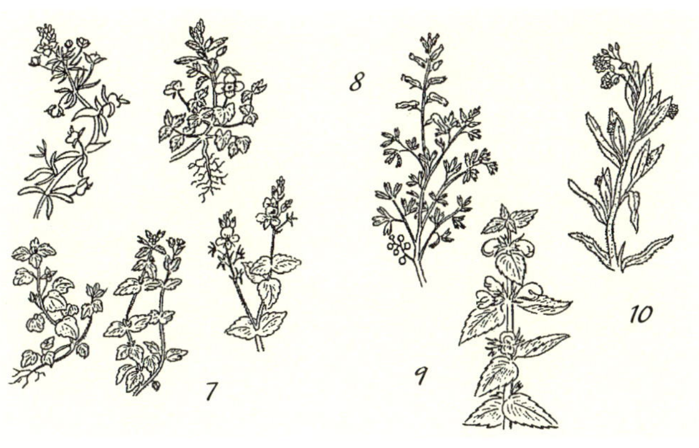


## Gut durchlüftete, eher feuchte Böden

7 Ehrenpreisarten (Scrophulariaceae-Arten)
8 Erdrauch (Flumaria officinalis)
9 Rote Taubnessel (Lamium purpureum)
10 Ackervergissmeinnicht (Myosofis arvensis)

## Austrocknende, steinige Böden

11 Echter Frauenspiegel (Legousia speculum-veneris)
12 Reiherschnabel (Erodium cicutarium)
13 Sichelmöhre (Falcaria vulgaris)

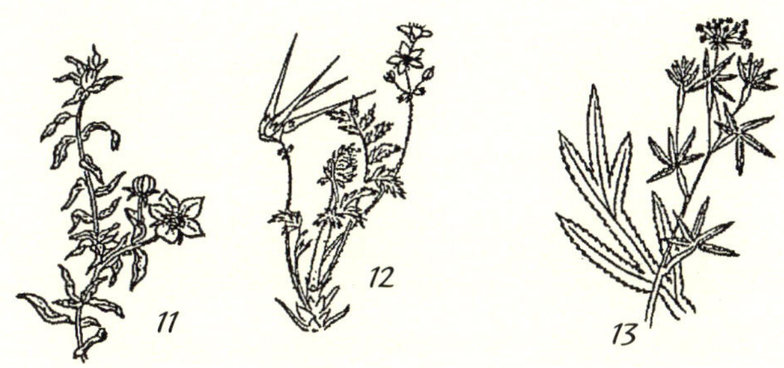

## Sehr humusreiche Böden

14 Vogelmiere (Stellaria media)
15 Einjähriges Bingelkraut (Mercurialis annua)
16 Kleine Brennnessel (Urtica urens)
17 Franzosenkraut (Galinsoga parviflora)
18 Wolfsmilcharten (Euphorbia-Arten)

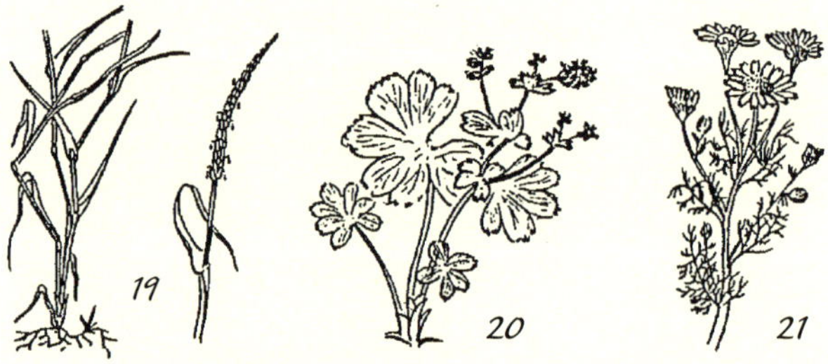


## Stickstoffzeiger: Mäßiger N-Gehalt

19 Ackerfuchsschwanz (Alopecurus myosuroides)
20 Ackerfrauenmantel (Aphanus arvensis)
21 Geruchlose Kamille (Tripleurospermum maritimum)

## Stickstoffzeiger: Reichlicher N-Gehalt

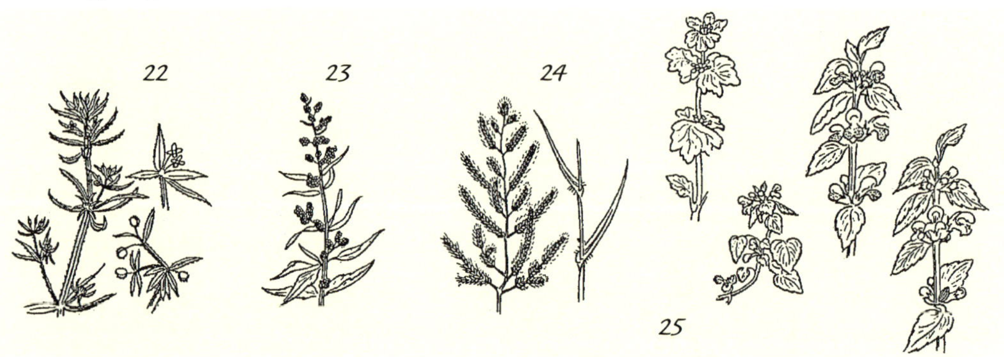


22 Klettenlabkraut (Galium aparine)
23 Weisser Gänsefuß (Chenopodium album)
24 Hühnerhirse (Echinochloa crus-galli)
25 Taubnesselarten (Laminaceae-Arten)

# Zeigerpflanzen für den Humusgehalt im Boden

## Sehr geringer Humusgehalt

26 Ruchgras (Anthoxanthum odoratum)
27 Ackerschachtelhalm (Equisetum arvense)
28 Binsengewächse (Juncaceae-Arten)
29 Knötericharten (Polygonaceae-Arten)

## Geringer Humusgehalt

30 Windhalm (Apera spica-venti)
31 Hederich (Raphanus raphanistrum)
32 Ackerfrauenmantel (Alchemilla vulgaris)
33 Echte Kamille (Matricaria chamomilla)

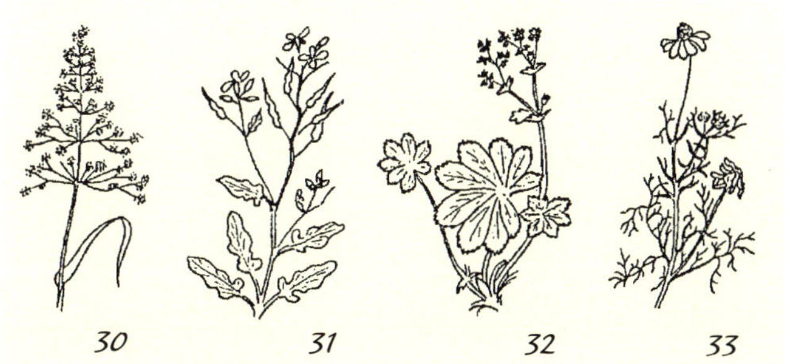


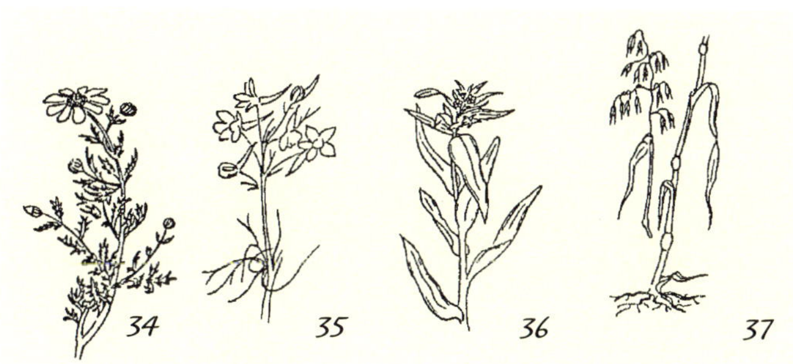


## Mittlerer Humusgehalt

34 Hundskamille (Anthemis arvensis)
35 Feldrittersporn (Consolida regalis)
36 Ackersteinsame (Buglassoides arvensis)
37 Flughafer (Arena fatua)

## Guter Humusgehalt

38 Weißer Gänsefuß (Chenopodium album)
39 Taubnesselarten (Laminaceae-Arten)

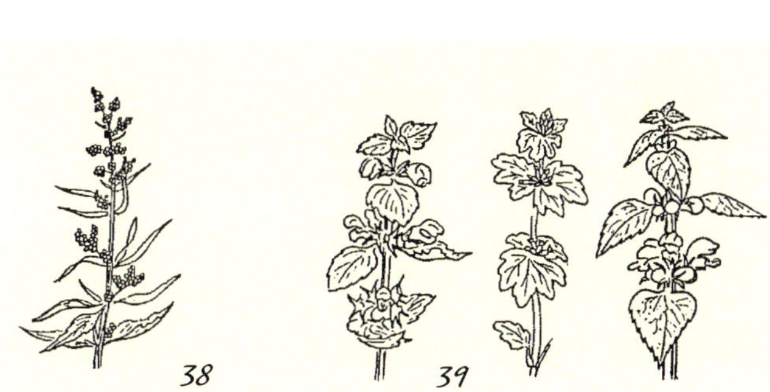

# 2. Gartenplanung und Landbearbeitung

Bei der Planung des Gartens ist als erstes zu bedenken, welche Ansprüche an ihn gestellt werden. Wie viel Platz braucht z. B. der Wohnteil mit Spielrasen, Sitzfläche, Stauden, Blumen und Kinderspielplatz? Ist ein Stück Naturgarten, der dem Schutz vieler Tiere dient, mit Teich, Hecke und Naturwiese erwünscht?
In welchem Maße soll der Garten die Familie mit Obst und Gemüse versorgen? Hier gilt es, den Bedarf an Kräutern, Gemüse und Obst mit dem vorhandenen Platz und der zur Verfügung stehenden Arbeitszeit in ein realistisches Verhältnis zu bringen. Denn wer nur am Wochenende und nach Feierabend Zeit für Gartenarbeit übrig hat, kann keine volle Selbstversorgung betreiben.
Übrigens: Zur vollständigen Selbstversorgung mit Gemüse und Obst wird für den täglichen Verzehr pro Person und Jahr 80 m² Gemüse- und Kräuter- und ca. 100 m² Obstanbaufläche benötigt, davon 40 m² für Beerenobst.

Wer auch seine Kartoffeln selbst anbauen will, benötigt außerdem je nach Verbrauch noch einmal 50 – 100 m².
Obstbäume: Ausgewachsene Obstbäume brauchen viel Platz. Für Apfel- oder Birne als Hochstamm sollte eine Fläche von 9 x 9 m vorgesehen werden, für Süßkirsche (Hochstamm) 8 x 8 m, für Pflaume (Mittelstamm) 9 x 7 m und für Birne, Apfel und Sauerkirsche (als Busch) 5 x 6 m, um nur einige Baumarten zu nennen.

Bei der Gartenplanung ist auch zu überlegen, in welchem Maße der jeweilige Standort besonnt sein sollte. Kinderspielplätze benötigen eher schattige Ecken im Garten, Kräuter und Gemüse hingegen einen sonnigen Standort. Gewächshäuser brauchen im Frühjahr viel Sonne, Frühbeete das ganze Jahr hindurch, also beim Bau auf den richtigen Standort achten. Der Kompost sollte im Halbschatten liegen.

Es ist hilfreich, wenn zu allen Bereichen etwa 80 cm breite Wege führen, die sich auch mit Schubkarren befahren lassen. Auch zwischen den Gemüsebeeten erleichtern Plattenwege von 25 - 30 cm Breite die Gartenarbeit beträchtlich. Ziegel- oder Natursteine als Belag sind zudem auch schön anzusehen. Rein praktisch gesehen genügen jedoch einfache glatte Betonplatten zum Einfassen der Beete. Es ist sinnvoll, die Hauptwege sorgfältig anzulegen, so dass sie auch im Winter problemlos mit der Schubkarre befahrbar sind.

# Wieviel Garten braucht der Mensch?

## Weitgehende Selbstversorgung

Hier wird der Anbau von Gemüse, Beeren und Rhabarber im eigenen Garten vorausgesetzt:
Getreide, Kartoffeln und Obst werden zugekauft. Bei geschickter Anbauplanung kann mit teilweiser Doppelnutzung durch Vor- und Nachfruchtkulturen gerechnet werden. Den genauen Flächenbedarf zeigt die Abbildung.

*Ca. 70 m² Fläche pro Person, und zwar:*
*26,4 m² Beerenobst*
*35,5 m² Gemüsefläche*
*6,0 m² Wege und Kompost*
*0,5 m² Frühbeet*
*1,0 m² Kräuterbeet*

## Teilweise Selbstversorgung

Je nach Vorliebe und Geschmack lässt sich die gezeigte Flächenaufteilung zwischen Früchten und Gemüse zugunsten der einen oder anderen Seite verschieben. Nicht nur flächenintensive Früchte und Gemüsesorten werden dazugekauft.

*Ca. 50 m² Fläche pro Person, und zwar:*
*26,5 m² Beerenobst*
*18,0 m² Gemüsefläche*
*6,0 m² Wege und Kompost*

## Geringe Selbstversorgung

Der Nutzgarten wird hier ausschließlich zur Ernte von kleinen Mengen Frischgemüse der jeweiligen Jahreszeit ausgerichtet. Je nach Ansprüchen und Vorlieben sind individuelle Unterschiede im Flächenbedarf möglich.

*Als Durchschnittswert kann hier ein Flächenbedarf von 25 m² pro Person gerechnet werden.*

# Wegebau

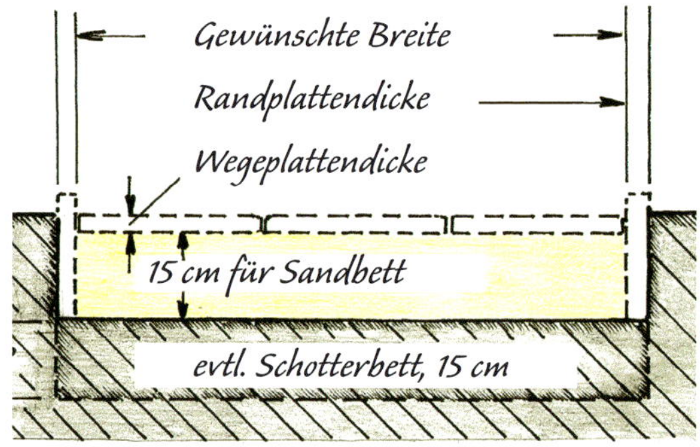


Das Angebot an Platten, in Formen und Maßen, ist sehr reichhaltig. Am schönsten sind Natursteine oder gebrannte Ziegel. Waschbetonplatten im Gartenbereich sind nicht sehr sinnvoll, denn sie verschmutzen rasch und lassen sich nur mühsam reinigen.

Liegt der Verlauf der Wege fest, wird zunächst das Wegebett ausgehoben. Auf den Hauptwegen werden senkrechte Randsteine gesetzt, damit die Platten nicht mit der Zeit seitlich wegrutschen. Die Dicke der Randsteine ist beim Aushub zu berücksichtigen. Bei schweren Böden ist es besser, unter dem Feinsplitt noch eine 15 cm dicke Schicht groben Split oder Schotter einzubringen. Schon beim Ausheben sollte das spätere Gefälle berücksichtigt werden. Statt feinem Splitt kann auch Sand zum Verlegen des Pflasters benutzt werden. Dieser hat aber den Nachteil, dass Wildkräuter hier leicht Wurzeln fassen und Ameisen den Sand nach oben tragen.

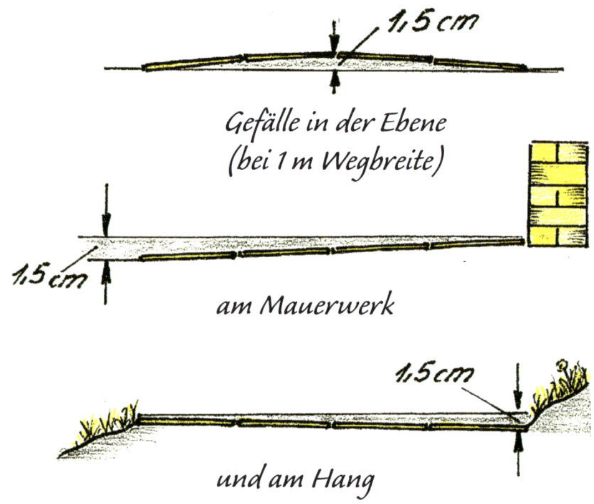


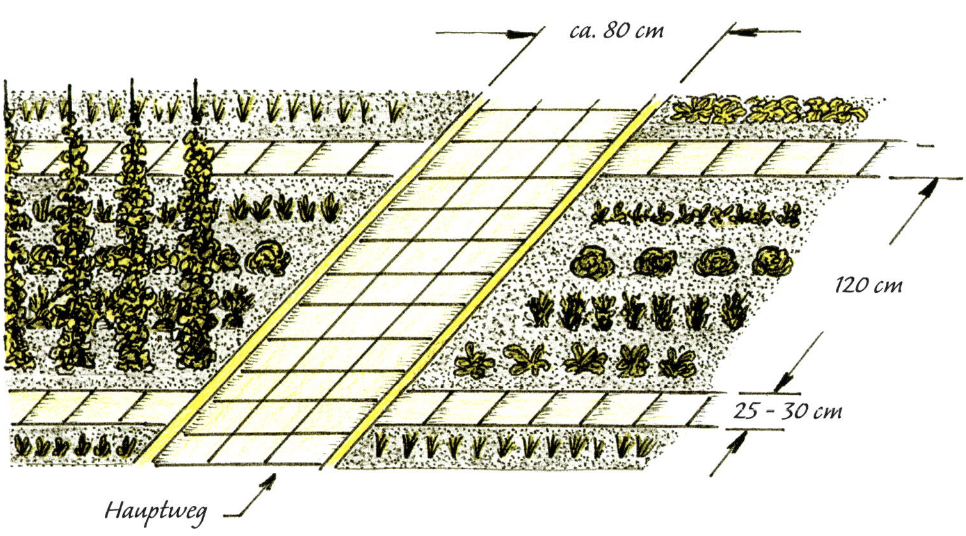

Damit Regenwasser gut abfließen kann, werden Hauptwege mit einem leichten Gefälle von 1,5 % (1,5 cm Höhenunterschied auf 1 m Wegbreite) angelegt, verteilt in der Ebene zu beiden Seiten. Bei Gebäuden und an Mauern wird Wasser immer vom Bauwerk weggeleitet. An Hängen legt man das Gefälle zum Hang hin.
Das ausgehobene Wegebett wird nun Schicht um Schicht mit den Füllmaterialien gefüllt, festgestampft und anschließend die oberste Schicht mit einem Brett abgezogen. Ab und zu sollte mit der Wasserwaage geprüft werden, ob die Steine richtig liegen und ob ausreichend Gefälle vorhanden ist. Die Laufwege zwischen den Gemüsebeeten erhalten ein Bett von nur 5 cm Dicke, Randsteine sind nicht notwendig.
Das so vorbereitete Bett kann jetzt mit Platten belegt werden. Die Randsteine werden je nach Geschmack bündig oder auch überstehend gesetzt. Die Oberfläche der obersten Schicht wird etwa einen Zentimeter tief gelockert, damit die Steine gut liegen. Beim Festklopfen zwischen Stein und Hammer immer ein Schlagholz legen, also nicht direkt auf den Stein schlagen, er könnte zerspringen.
Mit der Vielzahl der angebotenen Steine lassen sich sehr unterschiedliche Muster gestalten.
Sind die Platten verlegt, werden die Fugen eingeschlämmt. Dazu wird Feinsplitt oder Sand auf dem Belag aufgebracht und mit Hilfe von Wasser in die Fugen geschlämmt. Ist alles wieder trocken, und sind die Fugen gut gefüllt, können die Reste einfach weggefegt werden.

*Durch Frost hochgedrückte Platten bei einem Weg ohne Sandbett*

*Das ausgehobene Wegebett mit Sand füllen ...*

*... feststampfen ...*

*... gestampfte Sandfläche mit einem Brett abziehen.*

Beim Festklopfen des Belags immer zwischen Stein und Hammer ein Schlagholz legen. Niemals direkt auf den nackten Stein schlagen. Er würde sonst zerspringen.

Schlagholz

Sandfläche etwa 1 cm tief leicht lockern, Stein auflegen, zurechtrücken und anklopfen. Immer wieder mit der Wasserwaage kontrollieren.

Aus der Vielzahl der angebotenen Steine lassen sich die unterschiedlichsten Muster gestalten.

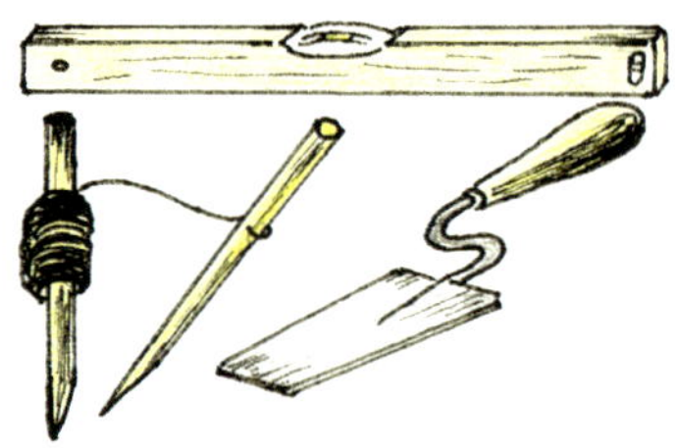

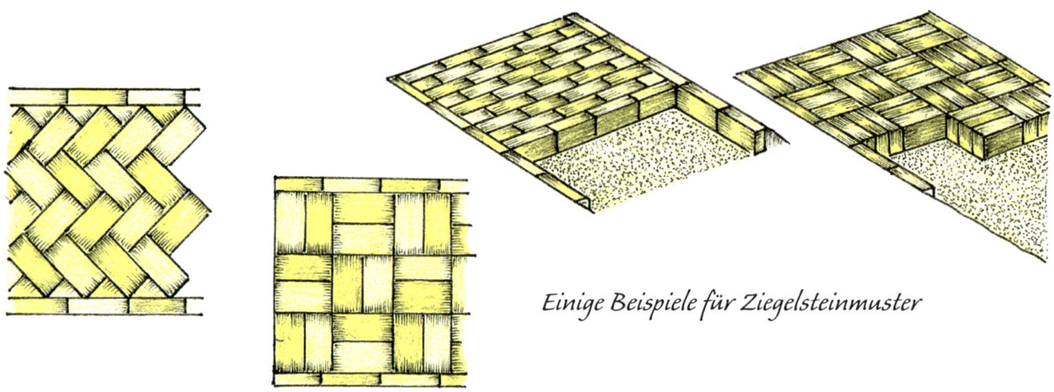

Einige Beispiele für Ziegelsteinmuster

Hügelbeet

# Hügel- und Hochbeete

Hügel- und Hochbeete mit ihrem nährstoffreichen Kern lassen einen mehrjährigen Gemüseanbau ohne zusätzliche Düngegaben zu. Die humose Erde erwärmt sich im Frühjahr rasch und trägt zu einer Ernteverfrühung bei. Ein weiterer Vorteil ist, dass viel organisches Material eingesetzt werden kann, das bei Ernte, Baumschnitt oder Rasenumbruch anfällt. Ist der Kern nach einigen Jahren zersetzt und der Hügel eingesunken, bleibt ein Beet mit bester, humoser Gartenerde zurück. Nachteilig ist die rasche Austrocknung von Hügel- und Hochbeeten. Deshalb müssen sie immer gut gegossen werden (daher: beim Aufbau eine Gießrille nicht

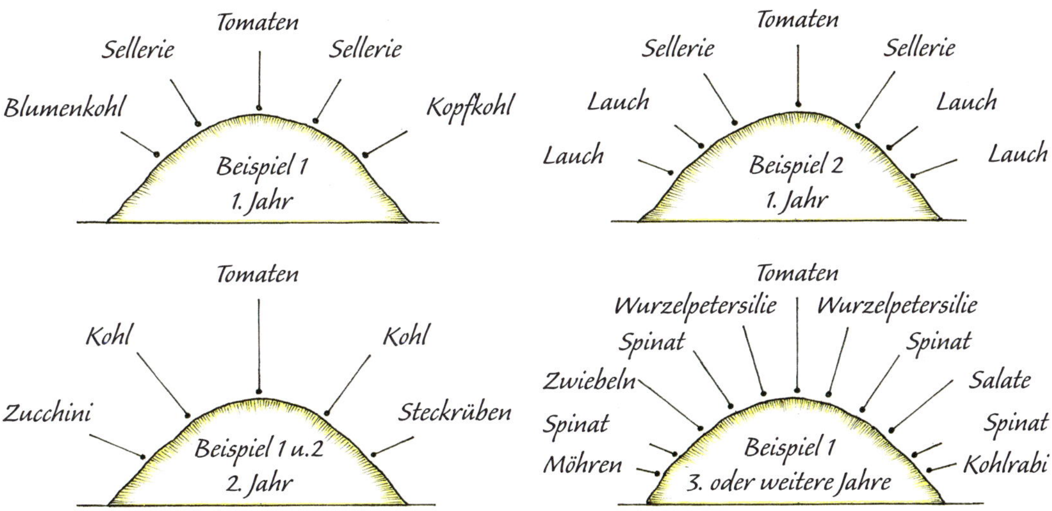


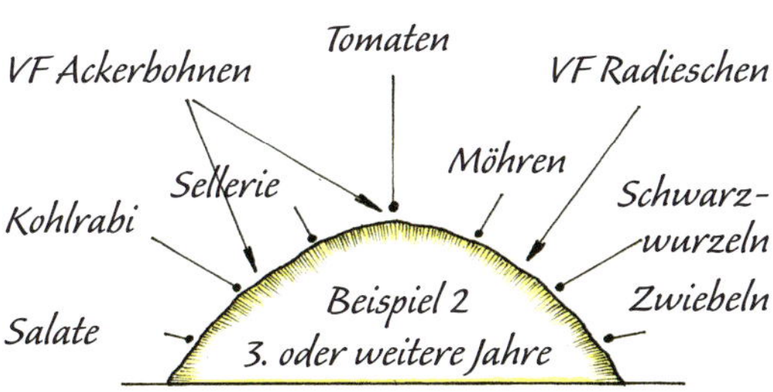


*Pflanzbeispiele*

*VF = Vorfrucht*

*Im 4. Jahr werden Hoch- und Hügelbeete noch einmal mit Reifkompost versehen*

vergessen). Außerdem ist das Mulchen hier besonders wichtig. Zu beachten ist zudem, dass im ersten Jahr kein nitratanreicherndes Gemüse wie Spinat oder Rote Bete angebaut werden soll. Ein übermäßiger Nitratgehalt ist bei sachgerechtem Aufbau aber nicht zu befürchten, da besonders die Zersetzung von Holz und Laub viel Stickstoff im Boden bindet, der den Pflanzen dann nicht zur Verfügung steht.
Hügel- und Hochbeete können etwa sechs Jahre lang benutzt werden. Die Wärmewirkung verringert sich aber von Jahr zu Jahr. Danach werden sie wie ein normales Beet benutzt.

*Hilft gegen Wühlmäuse: die Mulde für das Hügel- oder Hochbeet mit Maschendraht auslegen*

Die Vorteile:

- Eine Vergrößerung der Anbaufläche.
- Eine starke Humusverbesserung des Bodens.
- Wenig Arbeit in den fünf Jahren nach dem Bau.
- Früherer Anbau möglich, da das Beet nicht betreten werden muss.
- Ernteverfrühung durch Verrottungswärme. Dies kann durch die Verwendung von Folie oder Vlies noch erhöht werden.

Folgende Punkte sind beim Bau zu beachten:

- Gegen Wühlmausbesuch im Garten, die Mulde mit feinem Maschendraht auslegen.
- Der günstigste Zeitpunkt zum Bau ist im März oder im Spätherbst.
- Die obere Erdschicht muss 20 cm dick sein.
- Mehr als 20 % Reifkompost gehören nicht in die Erde.
- Zur Bodenverbesserung kann Steinmehl oder in sandigen Böden Bentonit untergemischt werden.
- In den ersten beiden Jahren gehören Starkzehrer in der richtigen Mischkulturzusammenstellung auf das Beet.

Die Beetlänge kann beliebig gewählt werden, sollte aber möglichst über vier Meter liegen. Der Aushub kann für den äußeren Mantel genutzt werden. Um das Hügelbeet herum wird nach der Fertigstellung am besten ein Rahmen aus 10 cm breiten Brettern angebracht – das Beet bleibt dann besser in Form und der Weg sauber.

# Bauanleitung Hügelbeet

Zum Bau eines Hügelbeets benötigte Materialien sind:

Äste und Zweige vom Baum- und Strauchschnitt

Grassoden

Laub

Grobkompost

Äste dürfen bis Armdicke genommen werden

Gartenerde gemischt mit 20 % Reifkompost

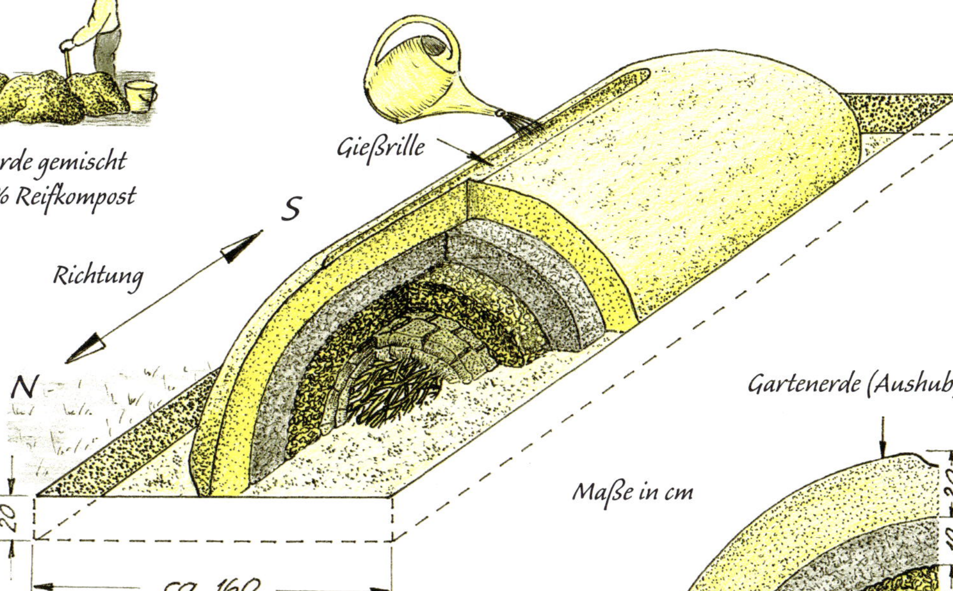


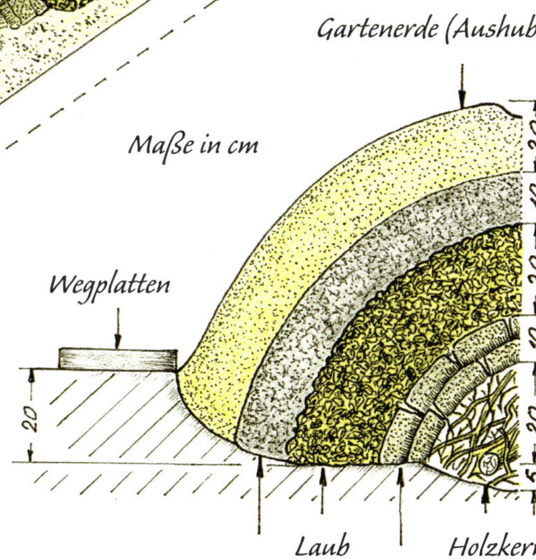


Die Beetlänge kann beliebig gewählt werden, sollte aber möglichst nicht unter 4 m liegen.

Der Aushub kann für den äußeren Mantel genommen werden.

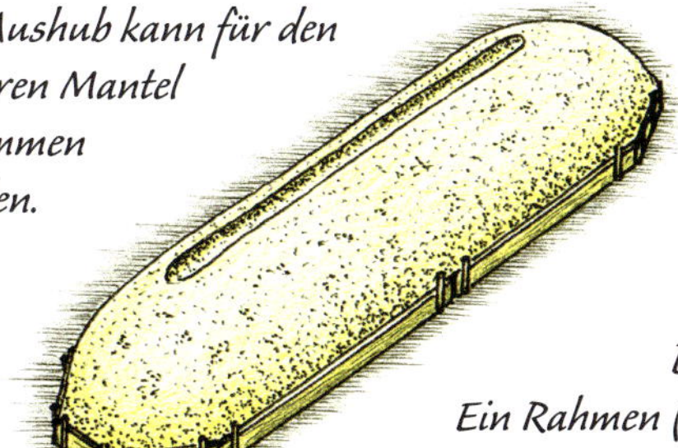

Die Gießrille ist wichtig, da Hügelbeete leicht austrocknen. Ein Rahmen (aus ca. 10 cm breiten Brettern) um das Hügelbeet herum (siehe Abbildung links) hilft, dass es besser in Form und der Weg sauber bleibt.

# Aufbau des Hügelbeets:

Platz aussuchen, dabei die Nord-Süd-Richtung beachten.

Hügelbeetgrube ca. 20 cm auszuheben. Maschendraht auslegen.

Holzkern einbringen.

Holzkern mit Grassoden abdecken. Die Grasnarbe zeigt dabei nach unten.

Grassodenlage mit Laub bedecken.

Eine Lage Grobkompost auf die Laubschicht aufbringen.

Äußeren Mantel aus Gartenerde und 20 % Reifkompost aufschichten.

Jede gelegte Lage muss gut angefeuchtet werden.

Außerdem erhalten die Lagen Holz, Grassoden und Laub, jeweils eine Prise Hornspäne oder Rizinusschrot (wie Salz auf Brot).

Zum Schluss wird auf dem Rücken des Hügelbeets eine Gießrille angebracht.

Vormittag Nachmittag

Osten

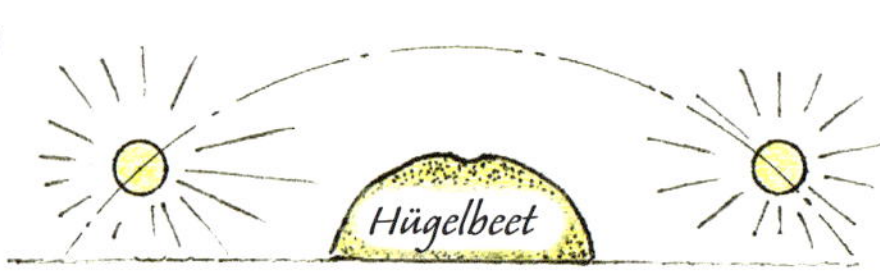


Westen

Die Nord-Süd-Richtung gewährleistet die Sonneneinstrahlung auf beiden Seiten des Hügelbeets.

# Bauanleitung Hochbeet

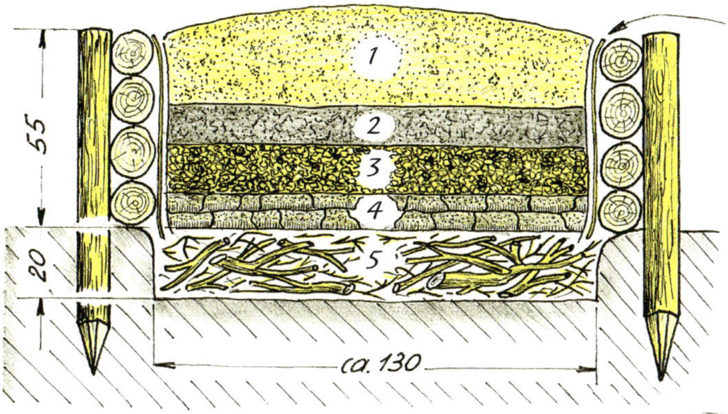


Folienschürze am oberen Holz angenagelt (verhindert Erdabschwemmungen bei Wolkenbrüchen und beim Gießen). Die Folie wird mit einem Draht im Abstand von ca. 10 cm durchlöchert

1 20 cm Gartenerde gemischt mit 20 % Reifkompost
2 10 cm Grobkompost
3 15 cm Laub
4 10 cm Grassoden (Grasnarbe nach unten)
5 20 cm Holz

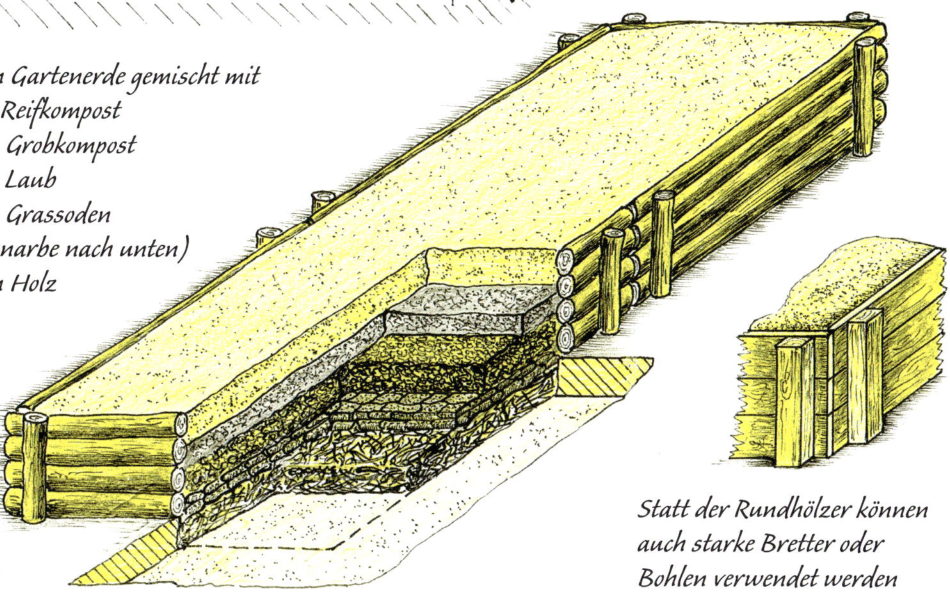

Statt der Rundhölzer können auch starke Bretter oder Bohlen verwendet werden

Da das Hochbeet in den ersten Monaten stark zusammensackt, sollte die oberste Schicht etwas hügelförmig aufgebracht werden

Die Verrottung des Hügelbeetkerns schafft im ersten Jahr eine Wachstumswärme wie in einem warmen Mistbeet, in den folgenden drei Jahren noch wie in einem kalten Frühbeet. Nach Lockerung des Bodens wird der Tunnel je nach Witterung Ende Februar bis Anfang März aufgestellt, der darunter liegende Boden erwärmt sich rasch, und nach einigen sonnigen Tagen kann gesät oder gepflanzt werden.

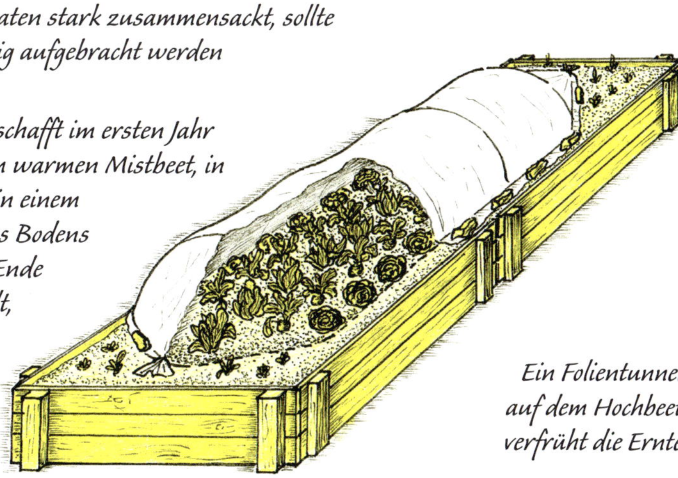

Ein Folientunnel auf dem Hochbeet verfrüht die Ernte

# Bodenbearbeitung im naturnahen Garten

Mit dem Sauzahn wird das Beet gelockert

Arbeiten mit der Grabegabel

Mit der Harke die Erde fein verteilen

Ist der Boden im Frühjahr abgetrocknet, kann er zum Bearbeiten betreten werden. Das ist auf sandigen und humushaltigen Böden zeitiger der Fall als auf lehmigen und tonigen.
Wurde das Land über Winter abgedeckt, werden zuerst die Reste des Abdeckmaterials mit einem Rechen abgeharkt.
Danach das Beet mit dem Sauzahn in diagonaler Richtung von Kante zu Kante durchziehen und auf diese Art lockern.
In schweren und unabgedeckten Böden mag dies nicht durchführbar sein, dann empfiehlt sich, zum Lockern die Grabegabel zu benutzen. Dazu sticht man die Gabel jeweils im Abstand von 10 cm in den Boden und bewegt sie wippend vor und zurück. So wird Streifen für Streifen durchgearbeitet.
Anschließend bekommt die Oberfläche eine feine Krümelstruktur, damit auch feine Saaten sofort einen guten Bodenkontakt haben. Hacke und Harke sind hier die richtigen Werkzeuge. Es sollte immer nur soviel Land vorbereitet werden, wie an dem jeweiligen Arbeitstag bestellt werden kann.

Auf keinen Fall wird das Land umgegraben, weil die Bodenschichten nicht durcheinander geraten dürfen. In jeder Bodentiefe leben andere Organismen. Geraten sie in andere Zonen mit anderer Luftversorgung, sterben sie ab und es dauert etwa sechs bis acht Wochen, bis sich wieder ein funktionsfähiges Bodenleben aufgebaut hat.

Vor dem Ausbringen der Saat wird der Boden nach Bedarf mit Dünger versorgt. Im biologischen Gartenbau ist Prinzip, die Pflanze nicht direkt mit löslichen Düngemitteln, sondern indirekt über die Bodenorganismen zu ernähren. Die beste Düngung für die Mineralstoffversorgung ist Kompost, ergänzt durch Gesteinsmehl und Algenkalk zum Erreichen eines pflanzenverträglichen pH-Wertes.

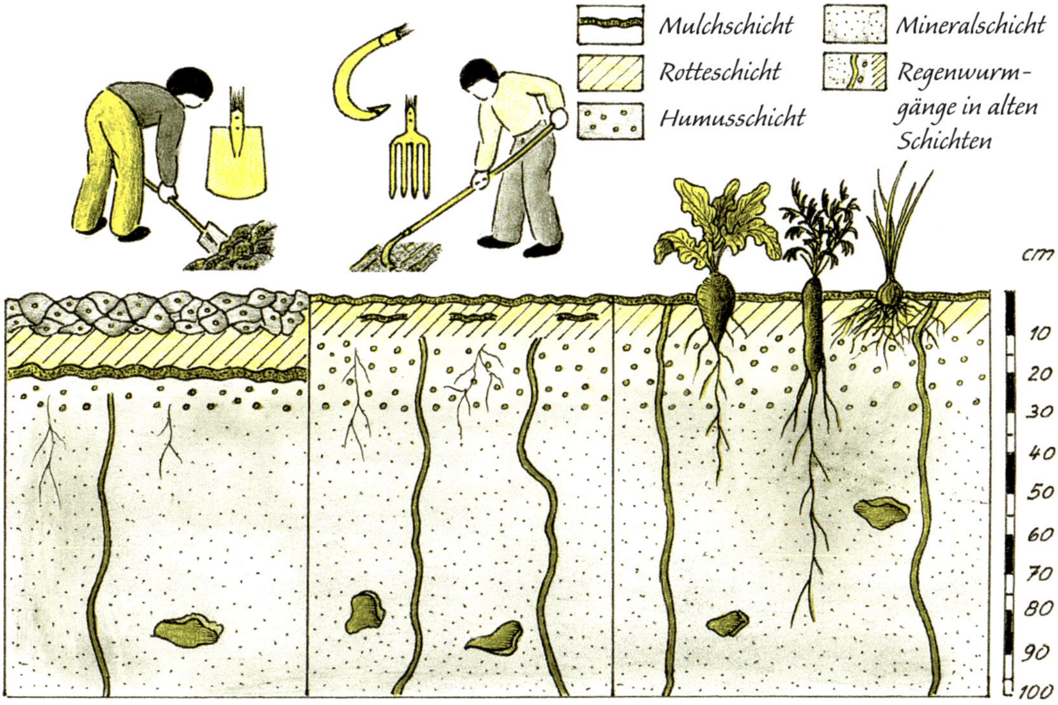


*Boden mit dem Spaten gewendet. Mulch und Rotteschicht begraben. Verdichtungen*

*Boden mit dem Sauzahn oder der Grabegabel gelockert. Nur Mulch- und Rotteschicht werden gemischt.*

*Wurzeltiefen:*
*Flachwurzler bis 30 cm*
*Mittelwurzler bis 60 cm*
*Tiefwurzler bis 90 cm*

# Gartengeräte

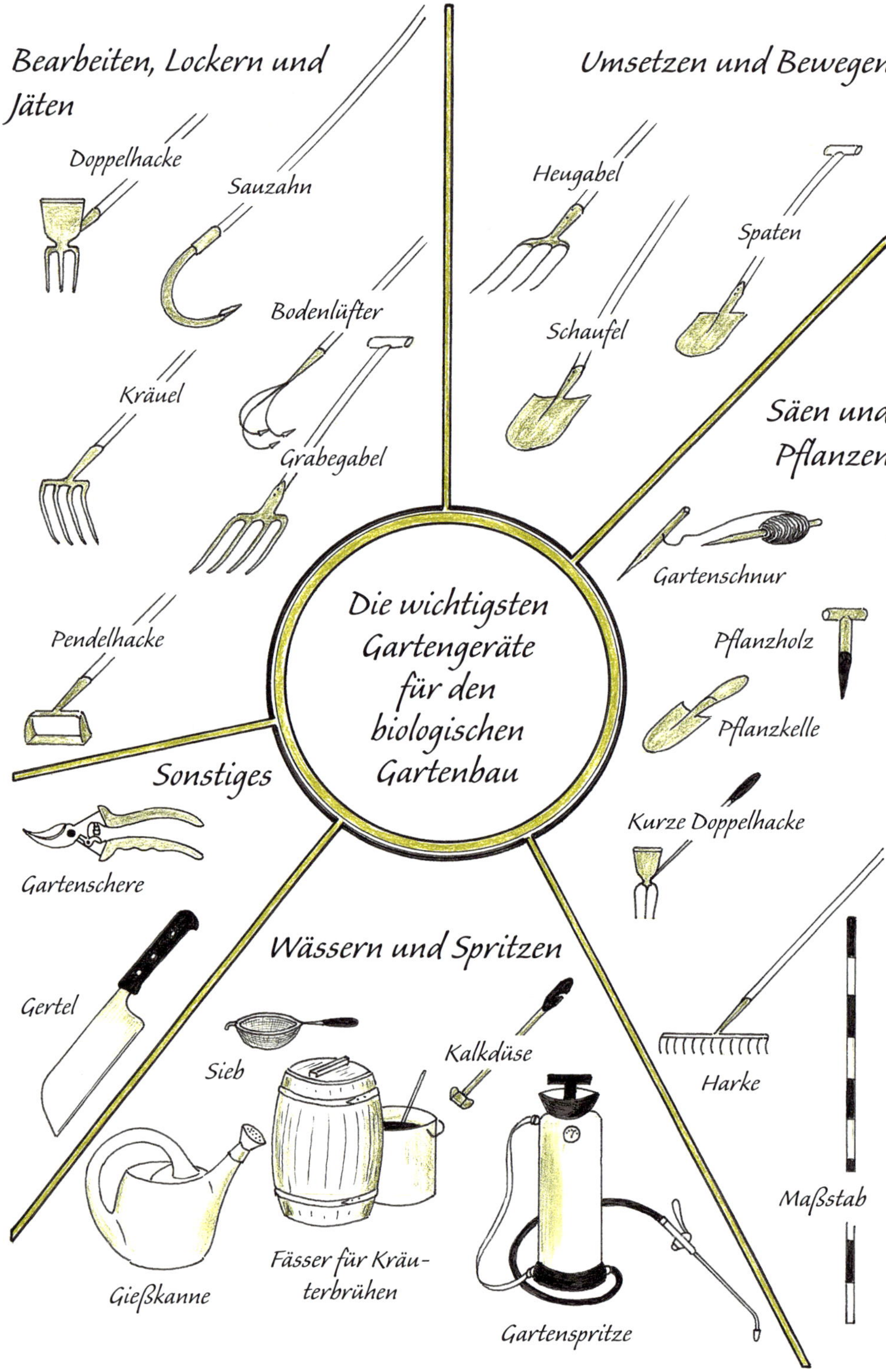

# *Vom Boden, seiner Bedeckung und Ernährung*

## *Einige Kulturböden und ihre Eigenschaften*

| *Bodenart* | *Gute Eigenschaften* | *Schlechte Eigenschaften* | *Verbesserungs-maßnahmen* |
|---|---|---|---|
| *Sandiger Lehmboden*  | Ist für fast alle Kulturen verwendbar. Wasserhaltende und -steigende Kraft ist gut. Durchlüftung ausreichend. Bodenbearbeitung normal. | Besitzt keine nennenswerten schlechten Eigenschaften, wenn regelmäßig für Humuszufuhr gesorgt wird. | Auch für diese Bodenart ist es angebracht, mit Bodenbedeckung zu arbeiten, weil dadurch viel Hack- und Gießarbeit eingespart wird. Algen- oder kohlensauren Kalk benutzen. |
| *Lehm- und Tonboden*  | Wasserhaltende und -steigende Kraft ist sehr gut. Dünger werden ausreichend festgehalten. Stark mit Humus versorgt, ist er einer der besten Kulturböden. | Durchlüftung lässt zu wünschen übrig. Erwärmt sich im Frühjahr nur langsam. Schwer zu bearbeiten. Verlangt viel Handarbeit. | Mit Hilfe von Bodenbedeckung wird die Oberfläche durch Regen und Gießen nicht verschlämmt, was der Bodendurchlüftung zugute kommt. |
| *Sandboden*  | Schnelle Erwärmung. Sehr gute Durchlüftung. Lässt sich bei jedem Wetter bearbeiten. | Schnelle Abkühlung. Schlechte wasserhaltende und -steigende Kraft. Dünger verrottet sehr schnell und verschwindet im Untergrund. Viel Gießarbeit. | Mit Bentonit und Urgesteinsmehl ganzjährig flächenkompostieren. |

# Das Bodenleben

Der Boden ist keine tote Materie, sondern ein lebendiger Organismus. Das gesamte organische Gefüge des Bodens (bestehend aus Bodenflora und Bodenfauna) wird als das Edaphon bezeichnet (siehe rechte Seite).

Jede Bodenschicht hat ihre eigene Zusammensetzung von Lebewesen. So brauchen die Organismen der oberen dünnen Schicht Licht und Luft, während in den unteren Bodenschichten eine licht- und sauerstoffärmere Atmosphäre herrscht. Vor diesem Hintergrund wird verständlich, warum das Umgraben eher schadet als nützt.

Die Rotte (Erklärung siehe rechts) wird durch eine große Anzahl von Milben, Asseln, Käfern, Larven, Springschwänzen und vielen anderen Tieren eingeleitet. Regenwürmer verwandeln in ihrem Körper organische und mineralische Teile zu fruchtbarster Erde. Regenwurmkot enthält im Vergleich zum normalen Gartenboden ein Vielfaches der wichtigsten Pflanzennährstoffe, wie Stickstoff, Phosphor, Kalium, Magnesium und Calcium. Regenwurmgänge verbessern die Wasser- und Luftzirkulation. Spalt-Schimmelpilze und pilzähnliche Bakterien bewirken eine Verrottung (keine Fäulnis) der organischen Stoffe.

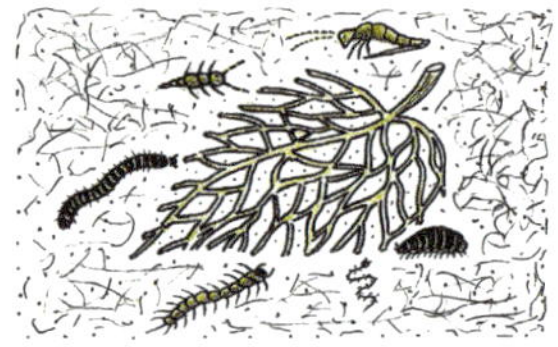

*Die Rotte bezeichnet den Bodenlebewesen nährenden Umbau von Nähr- und Wirkstoffen aus der Organik zu pflanzenverfügbaren Nährstoffen und strukturgebenden Stoffen für den Boden (Humusaufbau). Der Gegenspieler der Rotte ist die Fäulnis.*

*Spalt-Schimmelpilze*

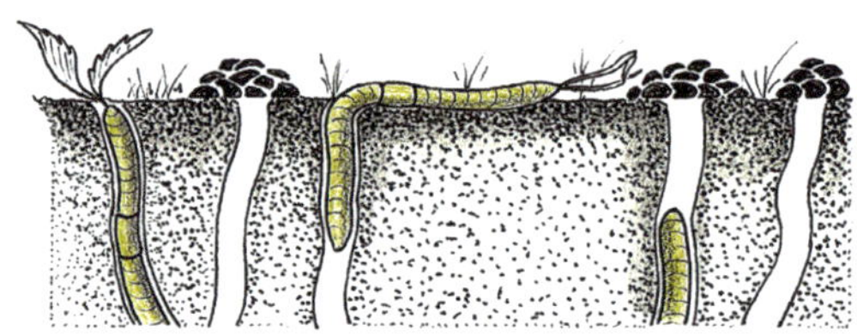

*Regenwurmgänge*

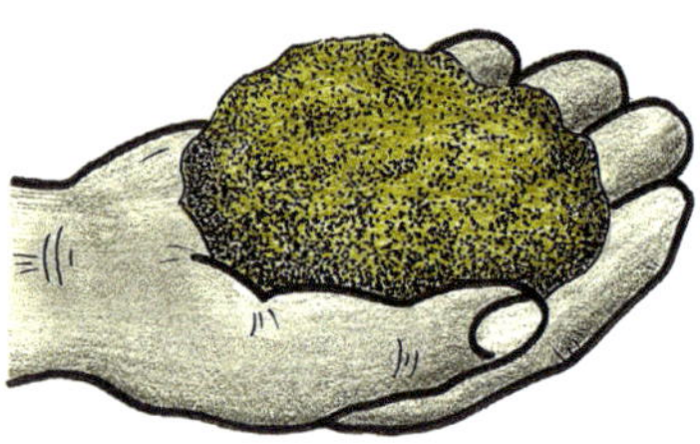

*Eine Handvoll Gartenerde enthält:*
*100 Insekten und Milben*
*110 Gliederwürmer*
*250 Springschwänze*
*2500 Fadenwürmer*
*7.500.000 Protozoen*
*12.500.000 Algen*
*10.0000.000 Pilze*
*125.000.000 Bakterien*

*Krümelstruktur*
*0,2 - 1 mm Größe*

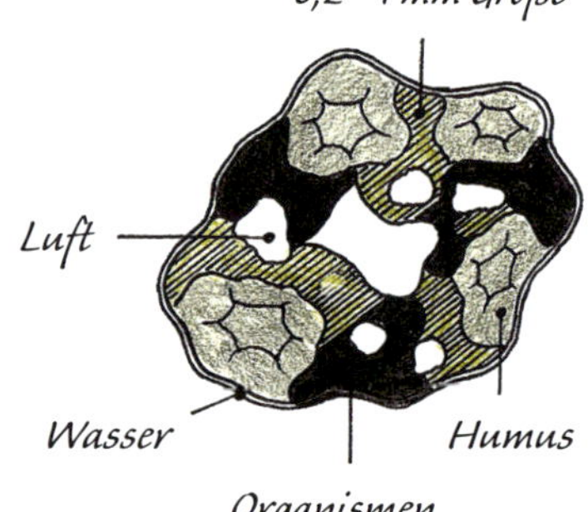


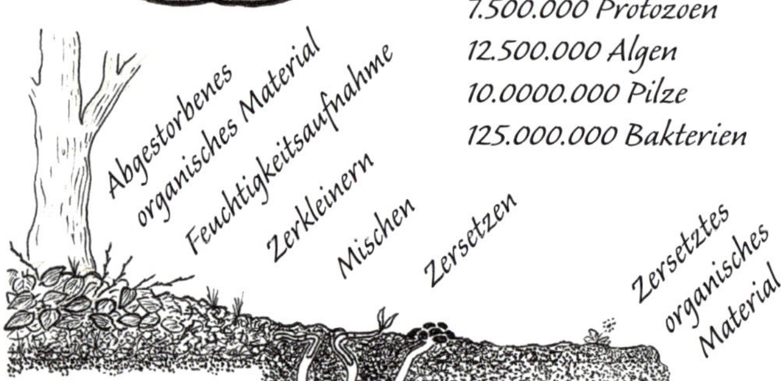


*Rotteverlauf*

Das Edaphon

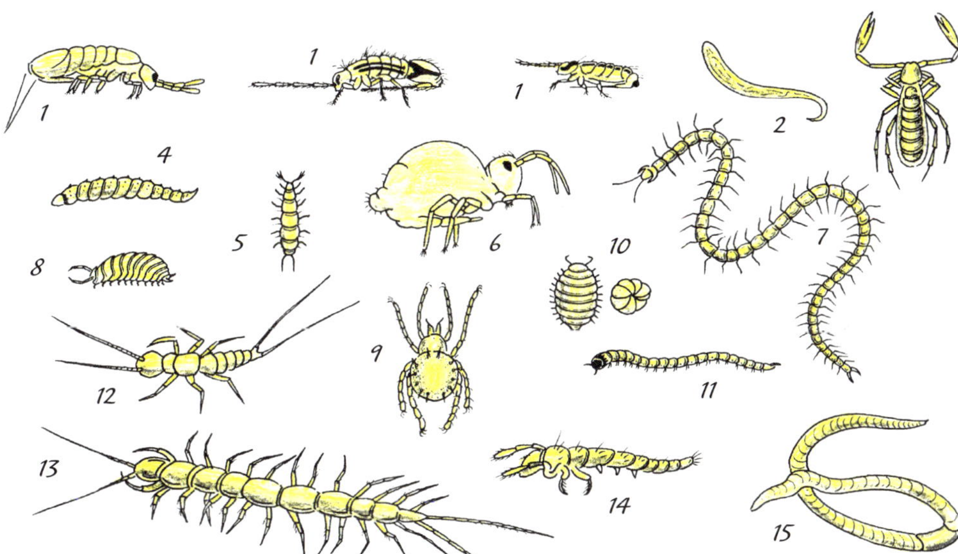


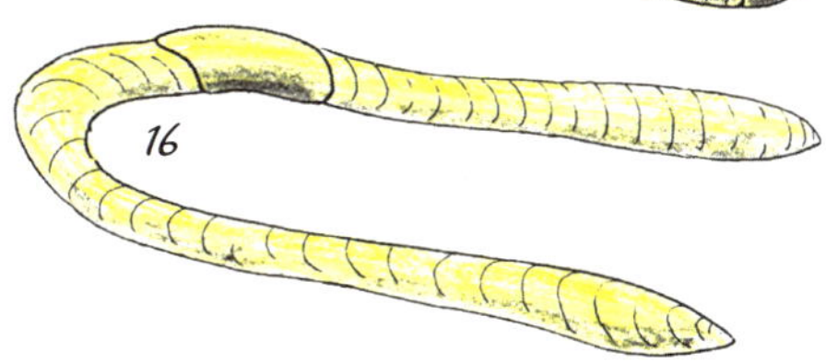


| | | | | | |
|---|---|---|---|---|---|
| 1 | Springschwänze | 1,5 - 6 mm | | | |
| 2 | Fadenwurm | 1 mm | | | |
| 3 | Pseudoskorpion | 3 mm | | | |
| 4 | Haarmückenlarve | 1,5 mm | | | |
| 5 | Wenigfüßler | 1 mm | | | |
| 6 | Kugelspringer | 2 mm | | | |
| 7 | Erdläufer | 20 - 40 mm | 12 | Doppelschwanz | 5 mm |
| 8 | Assel | 12 mm | 13 | Steinläufer | 15 - 25 mm |
| 9 | Erdmilbe | 0,5 mm | 14 | Beintastler | 1,5 mm |
| 10 | Saftkugler | 10 mm | 15 | Kompostwurm | 70 mm |
| 11 | Doppelfüßler | 10 mm | 16 | Großer Regenwurm | 200 mm |

# Luft im Boden

Pflanzen benötigen zum guten Gedeihen Sauerstoff ($O_2$) im Wurzelbereich und Kohlendioxid ($CO_2$) im Bereich der oberirdischen Pflanzenteile. Ständig fließender Gasaustausch zwischen Boden und der Luftschicht dicht über dem Boden ist wichtig für die biologische Aktivität des Bodenlebens und begünstigt dadurch ein zügiges Pflanzenwachstum.

Sind die einzelnen Bodenkrümel mit Wasser übersättigt, wie es bei Dauerregen oder Staunässe der Fall ist, befindet sich nicht mehr genügend Luft im Boden und das entstehende Kohlendioxid kann den Boden nicht verlassen. Die Pflanzen sind im Wachstum gehemmt.
Solche verdichteten Böden müssen gut durchlüftet werden, z. B. mit dem Bodenlüfter oder mit einer Hacke.

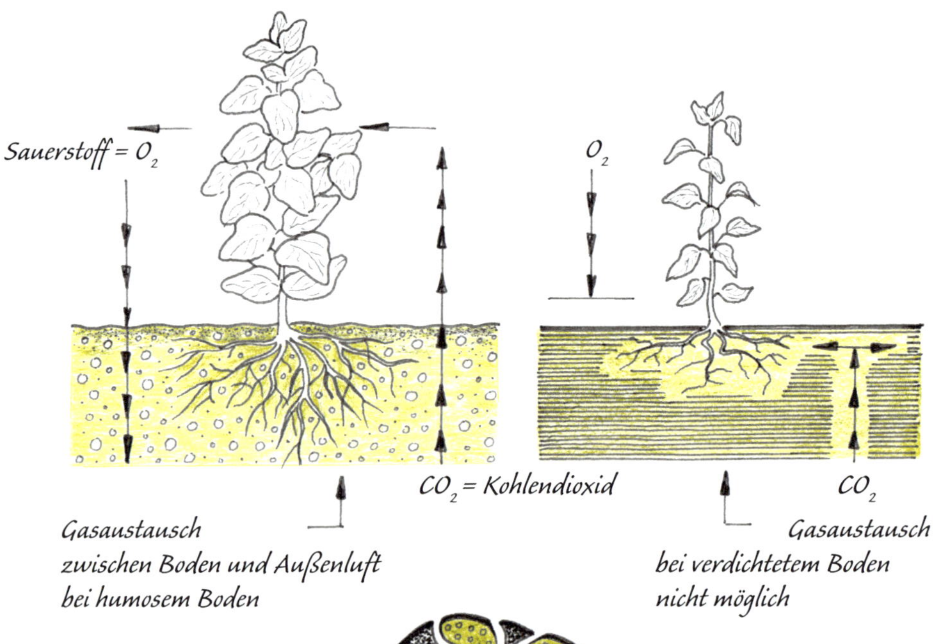


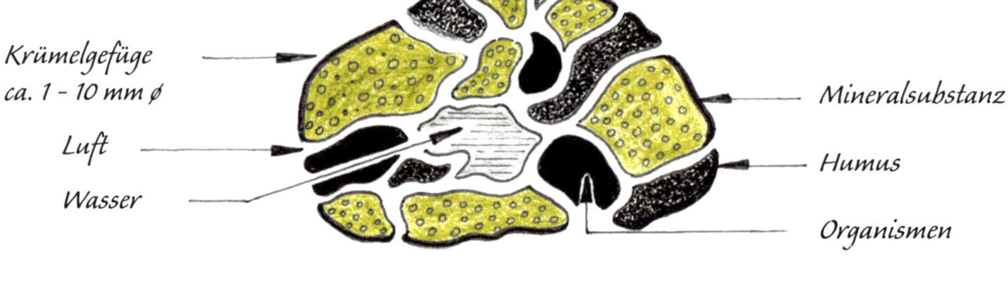

# Bodenprobe

Um falsches oder zu reichliches Düngen zu vermeiden, ist es empfehlenswert, den Gartenboden auf seinen Nährstoffgehalt untersuchen zu lassen. Dazu wird an verschiedenen Stellen des zu untersuchenden Gartenbereiches Erde entnommen und miteinander vermischt. Nutz- und Ziergarten werden dabei getrennt behandelt, ebenso wird für Obstbau und Spargelanbau auch der Unterboden in der Tiefe von 20 bis 40 cm getrennt untersucht.

Die Probe kann so entnommen werden, wie in der Anleitung abgebildet ist (für Gartenkolonien oder -vereine lohnt es sich, spezielle Bohrstöcke zu verwenden, die bei den Untersuchungsanstalten erhältlich sind).
Zur Untersuchung wird die Probe entweder an die in jedem Bundesland ansässigen Landwirtschaftlichen Untersuchungsanstalten (LUFA) geschickt oder an private Labore (siehe Anhang Seite 222).

*10 verschiedene Stellen im Garten zur Bodenentnahme bestimmen.*

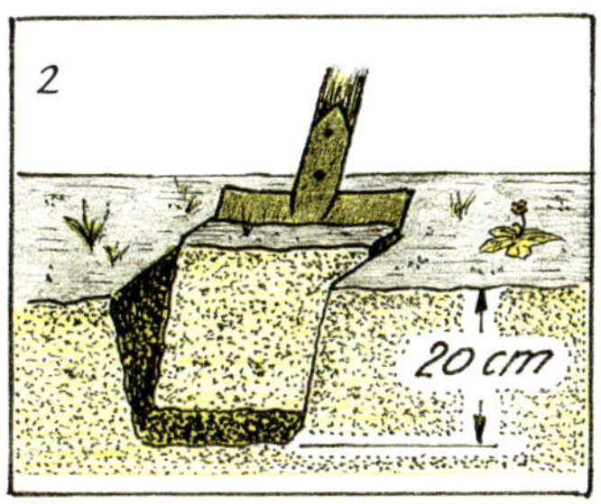


*Mit dem Spaten 20 cm tief in die Erde stechen und eine Erdscholle herausnehmen.*

*Mit dem Löffel über die gesamte Länge des Spatenblattes eine Erdprobe abstreifen ...*

*... und in einen Eimer füllen. Alle 10 Proben müssen gut untereinander verrührt werden.*

*Von dem Gemisch 200 - 500 g in einen Gefrierbeutel o.ä. einfüllen.*

*Versandfertig machen. Begleitschreiben über Mängel an Pflanzen beifügen.*

# Gründünger

Gründünger fördert die Gesundheit unserer Böden. Gründüngung dient der Beschattung des Bodens, der Regulierung des Wasserhaushaltes, der Aktivierung des Bodenlebens, der Untergrundlockerung, dem Humusnachschub, der Nährstoffanreicherung und der Unkrautunterdrückung. Leguminosen, als Gründünger verwendet, sammeln Stickstoff aus der Luft und machen ihn auch für andere Kulturpflanzen verfügbar (siehe hierzu Seite 57).

## Ganzjährige Einsaaten

Die ganzjährige, beetweise Gründüngung bietet sich für große Gärten als vierte Frucht im Fruchtwechsel an. Der Garten wird in vier Beetflächen eingeteilt. Im jährlichen Wechsel wird jeweils eine Fläche mit Gründünger eingesät. Als ganzjährige Gründünger können Kleemischungen, Rotenburger Kombigemenge und Lupinen verwendet werden.

*Beispiel*

*1. Jahr*

*2. Jahr*

*3. Jahr*

*.... und so fortlaufend weiter im Wechsel*

*Als ganzjährige Gründünger können Kleemischungen, Rotenburger Kombigemenge und Lupinen genommen werden.*

*Kleemischungen aus:*

*Das Rotenburger Kombigemenge ist zusammengestellt aus:*

*Winterwicken, Lupinen, einjährigen Klee- und Grassorten und Erbsen*

# Einsaat der Gründüngung

Vor der Einsaat den Boden mit Steinmehl versorgen ...

... und gut mit Sauzahn oder Kultivator lockern.

Für die beetweise Einsaat breitwürfig aussäen ...

... und sorgfältig verteilt einharken.

Wird der Gründünger reihenweise gesät, vorher eine Saatrille ziehen ...

... und nach der Einsaat wieder zuharken. Dann die Erde andrücken.

| Gründüngungsart | Grünmasse | Wurzelmasse | Stickstoff | Wurzeltiefe |
|---|---|---|---|---|
| Kleemischungen | ++ | ++ | ++ | ++ |
| Lupine | ++ | ++ | ++ | +++ |
| Einjähriges Kleegras | +++ | +++ | +++ | ++ |
| Ackerbohne | ++ | ++ | +++ | +++ |
| Rotenburger Kombigemenge | +++ | +++ | +++ | ++ |
| Gelbsenf | ++ | + | + | ++ |
| Phacelia | +++ | + | + | + |

\+ gering ++ mittel +++ viel

## *Voraussaaten*

Voraussaaten sind Spinat, Ackerbohne, Gelbsenf und Phacelia. Für die Aussaat oder Pflanzung der Hauptkultur wird der Gründünger reihenweise entfernt und bleibt zum Schutz der jungen Pflänzchen stehen, bis diese in ihrer Ausbreitung behindert werden. Der Gründünger wird abgehackt oder herausgezogen und kann dann als Mulchschicht liegenbleiben.

## *Nachsaaten*

Nachsaaten werden als lebende Bodenbedeckung nach der Ernte ausgesät. Nicht winterharte Sorten (siehe nebenstehende Tabelle) frieren ab und dienen so als leichter Frostschutz für das Bodenleben.

## *Untersaaten*

Untersaaten können mit Vorteil unter Beerensträuchern vorgenommen werden. Hier ist besonders der Weiß- und Erdklee zu nennen. Feldsalat kann unter Gemüsekultur gesät und geerntet werden, z. B. unter Porree und Grünkohl. Erdbeeren tragen besser und sind gesünder, wenn zwischen den Reihen ein gemäßigter Pflanzenwuchs herrscht.

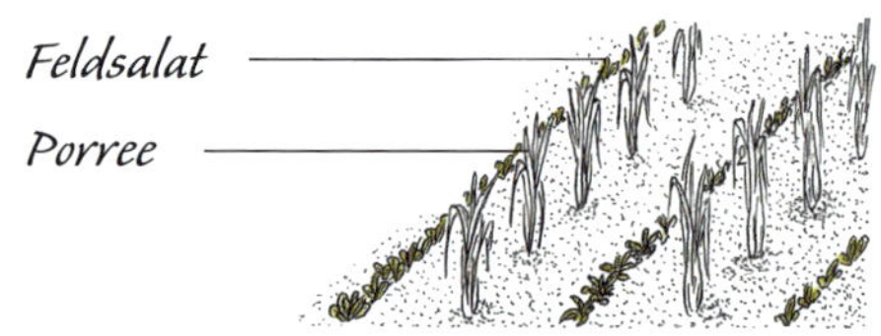


Selbst im kleinsten Garten ist Platz für Gründünger, der ertragssteigernd wirkt und die Pflanzengesundheit fördert. Überall zwischen den Kulturpflanzen können Phacelia und Tagetes als Nematodenvertreiber (Nematoden sind Bodenschädlinge) stehen.
Kapuzinerkresse wächst gut unter Bäumen. Dort ist auch Platz für die Pflanzen, die für die Herstellung der verschiedenen Pflanzenschutzmittel benötigt werden: Brennnessel, Comfrey, Meerrettich u.a.m.
In den Gassen zwischen den Beerensträuchern hat sich Weißklee als Stickstofflieferant bewährt.

*Pflanzenanzucht unter Bäumen zur Herstellung von Schutzmitteln*

# *Empfehlungen für nicht überwinternde Gründüngung*

| *Anwendung* | *Aussaat* | *Gründüngungspflanzen* | *Saatmenge g/100 m²* | *Saattiefe cm* | *Besonderheiten* |
|---|---|---|---|---|---|
| *Ganzjährig* | März - April | Einjährige Mischung:<br>- Alexandrinerklee<br>- Perserklee<br>- Hafer | 1600<br>300<br>300<br>1000 | 2 - 3 | Stickstoffsammler, 3 - 5 Schnitte möglich, kann für Mulch verwendet werden, Futter für Kleintiere, |
| | April - August | Lupine | 2000 | 2 - 4 | hervorragender Stickstoffsammler, bester einjähriger tiefwurzelnder Bodenaufschließer |
| *Vorsaat* | Ab Anfang Februar | Ackerbohne | 1500 | 8 - 10 | Stickstoffsammler, gute Trockenheitstoleranz |
| | | Spinat | 500 | 1 - 2 | Als Gemüse und Gründüngung, neue Kulturen können dazw. gesät werden, auch winterhart, |
| | Ab Anfang März | Senf | 200 | 1 - 2 | Schnell wachsend, Pfahlwurzler, Kreuzblütler, nicht vor Kohlgewächsen |
| | | Phacelia | 200 | 1 - 2 | Gute Bienenweide, Saat muss gut mit Erde bedeckt sein, |
| | | Feldsalat | 300 | 1- 2 | Als Gemüse und Gründünger, auch winterhart. |
| *Nachsaat* | Juli - August | Sommerwicken-Hafer-Gemenge | 1000 | 3 - 4 | Erträgt Fröste bis -5 °C, Stickstoffsammler (Wicke) mit Hafer als Stützfrucht |
| | Mitte August | Alexandriner-Perserklee (rein oder gemischt) | | | Stickstoffsammler, 1 - 2 Schnitte möglich |
| | Ende August | Phacelia | 300 | 1 - 2 | Rasch wachsend, tief wurzelnd, gute Bienenweide, erträgt Fröste bis -7 °C, |
| | | Sonnenblume | 500 | 2 | Rasch wachsend, nach 8 - 10 Wochen im Knospenstadium viel Grünmasse |
| | Anfang September | Ölrettich | 300 | 2 - 3 | Kreuzblütler, Pfahlwurzel, für verdichtete Böden, |
| | Ende September | Senf | 500 | 1 - 2 | Nicht vor Kohlgewächsen, |
| | | Kresse | 500 | 1 - 2 | als Gemüse und Gründüngung |

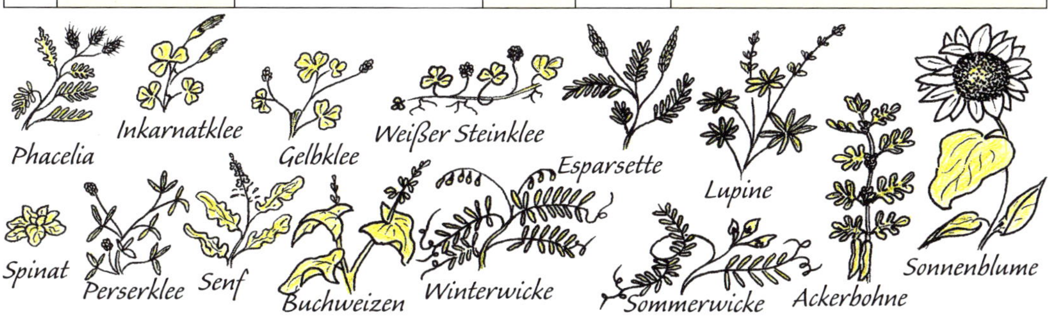

# *Empfehlungen für die Gründüngung*

| Anwendung | Aussaat | Gründüngungs-pflanzen | Saatmenge g/100 m² | Saattiefe cm | Besonderheiten |
|---|---|---|---|---|---|

*Überwinternde Gründüngung*

| Anwendung | Aussaat | Gründüngungs-pflanzen | Saatmenge g/100 m² | Saattiefe cm | Besonderheiten |
|---|---|---|---|---|---|
| Nachsaat | August bis September | Landsberger Gemenge: | | 2 - 3 | Stickstoffsammler, gemischt mit starkem Wurzelbildner (Raygras), gut vor Karotten und Kartoffeln |
| | | - Inkarnatklee | 300 | | |
| | | - Zottelwicke | 200 | | |
| | | - Raygras | 120 | | |
| | | Zottelwicke / Winterroggen | 800<br>1000 | 2 - 3 | Stickstoffsammler, guter Bodenregenerator, |
| | September | Spinat | 500 | 1 - 2 | als Gemüse und Gründünger, |
| | | Feldsalat | 300 | 1 - 2 | als Gemüse und Gründünger, |
| | September bis Oktober | Winterroggen | 2500 | 1 - 3 | gutes Durchwurzelungsvermögen, späteste Gründüngung |

*Spezialfälle: Bei neuen Gärten mit unaufgeschlossenen, durch Baumaschinen verdichtete Böden, oder bei sehr alten, übermüdeten und kranken Gartenböden*

| | | | | | |
|---|---|---|---|---|---|
| | März bis August | Luzerne | 300 | 1- 2 | Tiefstwurzler, Stickstoffsammler, Futter für Kleintiere, 2 - 3 Schnitte pro Jahr, mehrjährige Kultur |
| | | Steinklee (Meliolus albus) | 300 | 1 - 2 | Tiefwurzler, gewaltige Grünmasse, Stickstoffsammler, vertreibt Mäuse durch Cumaringehalt, Bepflanzung von Baumscheiben, |
| | Ab März | Tagetes mit Ringelblume (Calendula) | 300 | 2 - 3 | mehrjährige Kultur, zur Regeneration bei Nematodenproblemen, dazu Blumenschmuck |

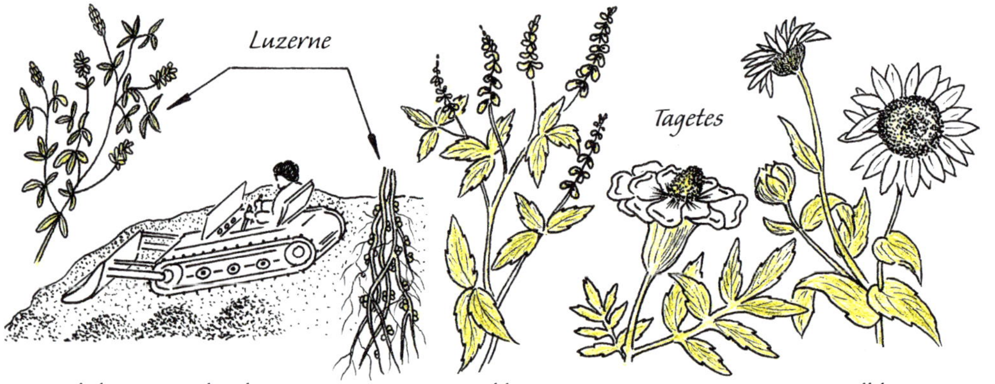


*Verdichtetes Bauland* *Steinklee* *Ringelblume*

# Leguminosen

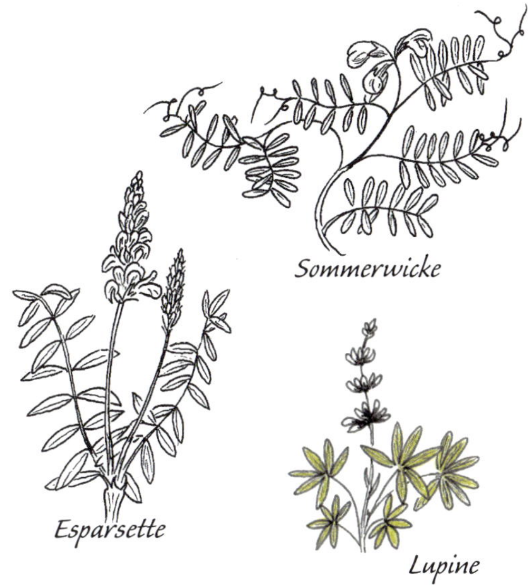


Die große Familie der Leguminosen ist die beste und billigste Stickstofffabrik. Mit Hilfe bestimmter Bakterienarten gelingt es den Leguminosen, den in der Luft reichlich vorhandenen Stickstoff pflanzenverfügbar zu machen. Ihre Wurzeln sollen darum im Boden bleiben. Im Anbau vertragen sich Leguminosen untereinander nicht und auch nicht in der Folge. Einige gut bekannte Leguminosen sind Lupine, Serradella, Luzerne, Klee, Wicke, Erbse und alle Bohnenarten.

Wurzelknöllchen beherbergen symbiotische Bakterien, die den Luftstickstoff binden können. Diese Bakterien dringen an den Wurzelhaaren der Pflanze ein und veranlassen diese, ein Knöllchen zu bilden, sozusagen das Haus für die Bakterien. Die Pflanze versorgt die Knöllchen mit Nährstoffen, die Knöllchenbakterien wandeln wiederum Stickstoff aus der Luft ($N_2$) in organisch gebundenen und damit pflanzenverfügbaren Stickstoff um. Der Stickstoff wird so reichlich produziert, dass er der Pflanze nicht nur zum Eigenbedarf reicht, sondern auch noch für die nachfolgende Kultur zur Verfügung steht, ein lockerer Boden und ausreichender pH-Wert vorausgesetzt.

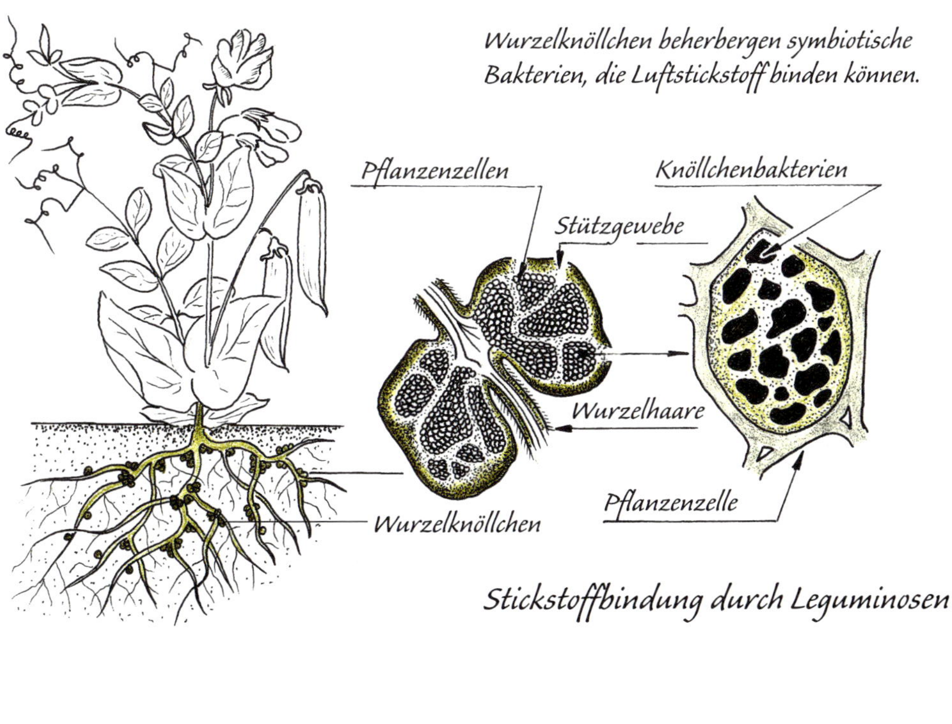


Stickstoffbindung durch Leguminosen

# *Die Versorgung des Gartens mit Dünger*

Wird ein Garten neu angelegt oder ein bisher konventionell bewirtschafteter Garten auf biologischen Anbau umgestellt, sollte man wissen, welche Nährstoffe fehlen. Eine Bodenanalyse gibt Aufschluss darüber (siehe Seite 51). Im biologischen Anbau macht die Pflanzendüngung einen Umweg über das Bodenleben, d.h. die Pflanzen werden nicht direkt mit leicht löslichen Mineralsalzen ernährt, sondern die Bodenlebewesen gefüttert. Das führt zu einer harmonischen Versorgung der Pflanzen mit Mineralstoffen. Die beste Nahrung dafür sind Kompost, Gründüngung und Bodenbedeckung in feiner Form. Trotzdem dauert es, je nach bisheriger biologischer Aktivität, zwei bis drei Jahre, bis sich reges Bodenleben aufbaut.

Damit die Übergangszeit nicht entmutigend wird, kann bei Bedarf organischer Volldünger eingesetzt werden. Dazu gehören die im Bio-Handel erhältlichen Mischungen und die verschiedenen Mistarten.

Geflügelmist (dazu gehört auch Peru-Guano) kann im Frühjahr zusammen mit den anderen Bodenverbesserern in die oberen drei Zentimeter eingearbeitet werden (sparsam verwenden, denn Geflügelmist ist sehr kräftig). Mist darf nicht zu tief in den Boden eingebracht werden, da er sonst nicht verrotten kann.

*Dünger ausstreuen*

*Düngerreste im Frühjahr mit der Harke sammeln*

Ein langsam und nachhaltig wirkender Stickstofflieferant ist Hornmehl, wobei das feinere Hornmehl schneller pflanzenverfügbar ist. Der an sich gute Stickstofflieferant Rizinusschrot ist inzwischen umstritten, da er, wenn er bei der Herstellung unzureichend gereinigt wird, Reste von giftigem Rizin enthalten kann, die für im Garten buddelnde Haustiere, aber auch für kleine Kinder gefährlich sein können. Bei allen Stickstoffdüngern ist zu beachten, dass sie nur im Frühjahr ausgebracht werden dürfen.

Für eine gleichmäßige Düngewirkung wird Mist zuerst grob kompostiert. Dazu sollte er locker aufgeschichtet und mit Erde und Stroh untermischt drei Monate ruhen. Danach kann er bodenbedeckend auf das Beet gebracht werden und wird hier Stück für Stück abgebaut (Flächenkompostierung). Dieser Dünger ist gut geeignet für Starkzehrer wie Kohl, Tomaten und Sonnenblumen. Die Reste können als Winterabdeckung auf dem Beet liegen bleiben.

## *Vorsichtige Herbstdüngung*

Da in der kalten Jahreszeit die Vegetation ruht, ist dies der falsche Zeitpunkt für eine Stickstoffdüngung: Der Stickstoff wird nicht mehr von den Pflanzen oder anderen Organismen gebunden und mit Regen- und Schmelzwasser ausgeschwemmt und gelangt so ins Grundwasser.

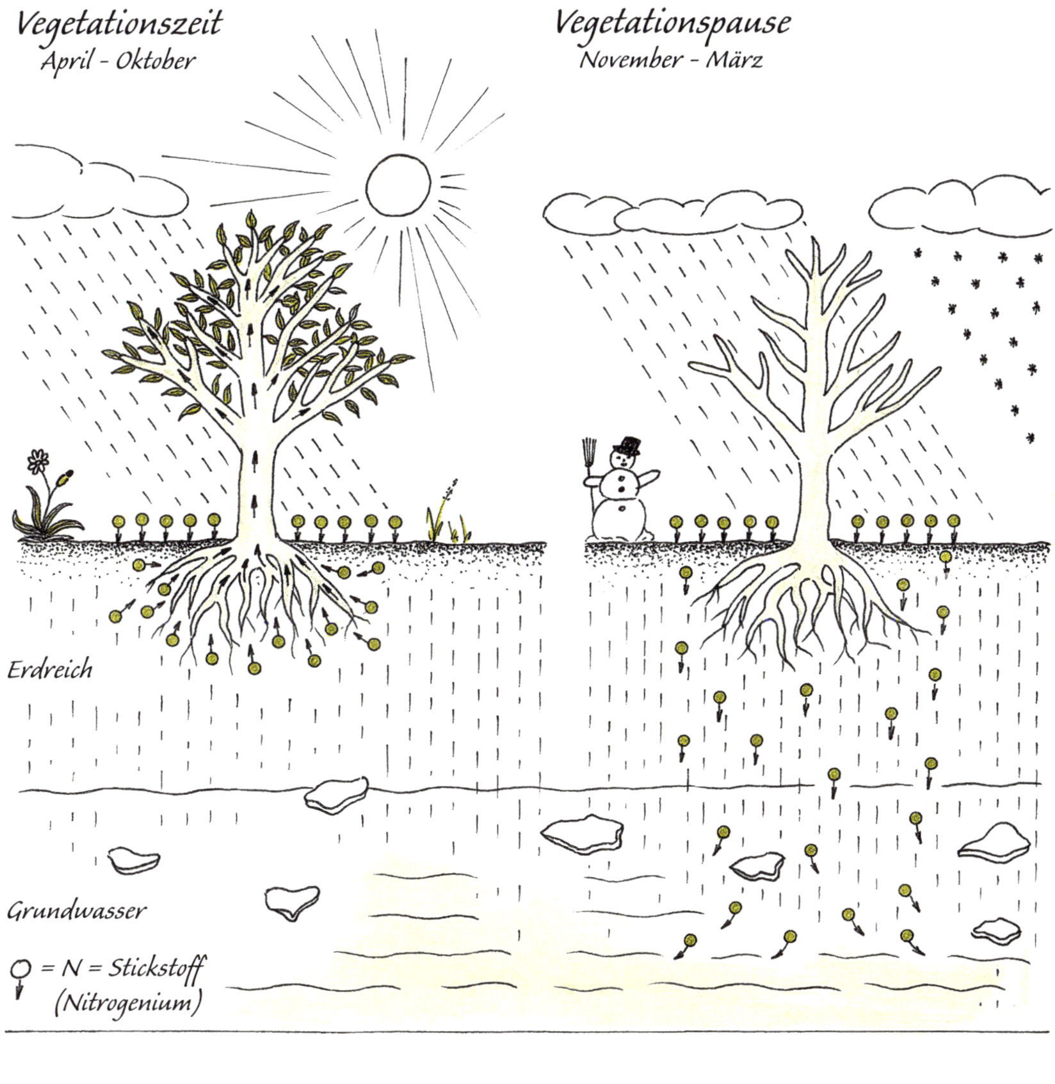

# Wirkung der organischen Düngung auf die Pflanzengesundheit

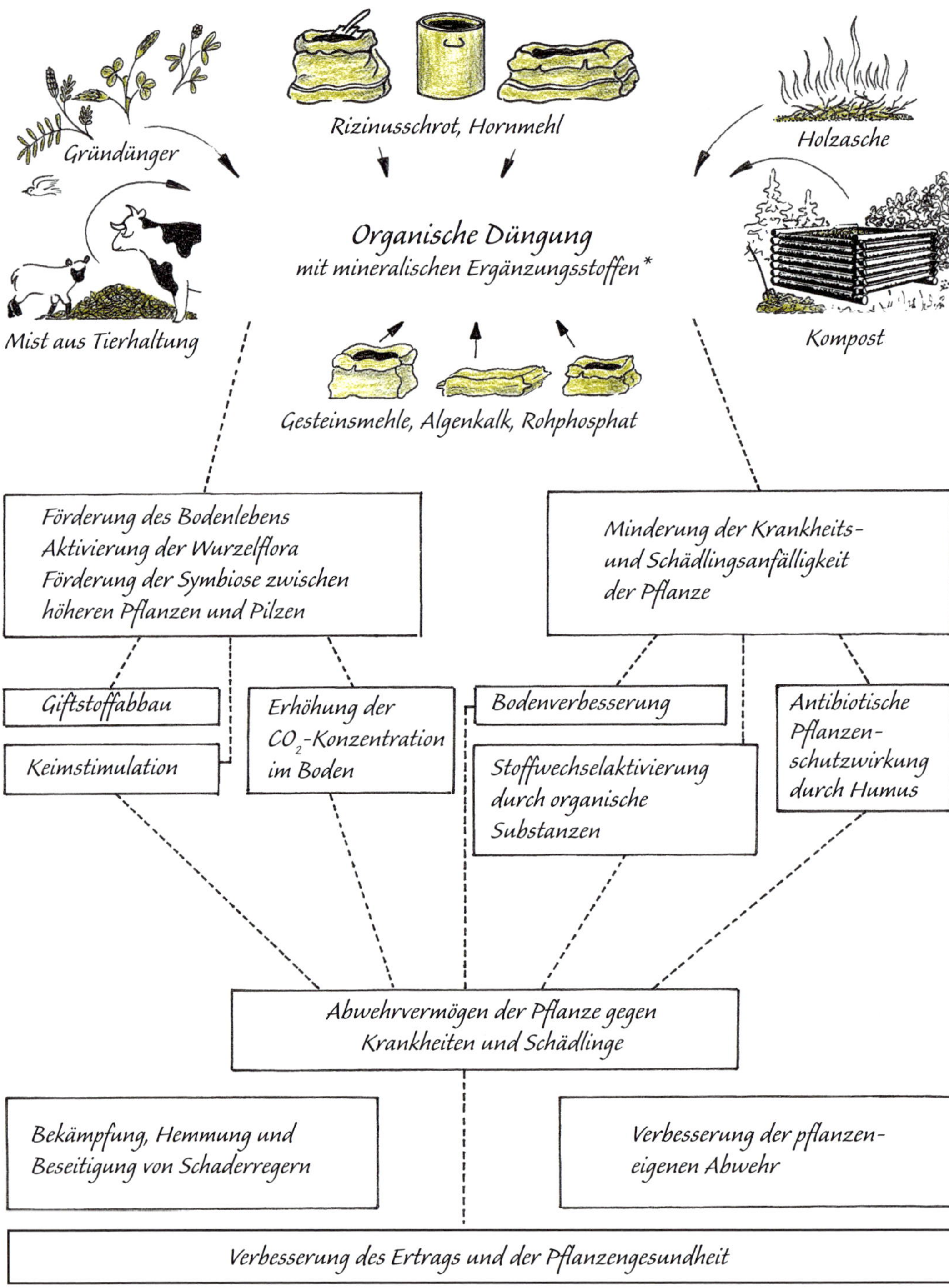


*in nicht wasserlöslicher Form, diese müssen erst vom Bodenleben aufgeschlossen werden

## *Die Hauptnährstoffe*

| *Nährstoff* | *Wirkung* | *Erscheinungsbild* | | *Vorkommen* | |
|---|---|---|---|---|---|
| | | *Mangel* | *Überschuss* | *Natur* | *Handelsprodukt* |
| *Stickstoff (N)* | Starkes Triebwachstum. | Gelbfärbung der Blätter, geringe Erträge. | Geringere Lagerfähigkeit bei Obst und Gemüse, anfälliger für Krankheiten und Schädlinge, hoher Wasser- und Nitritgehalt. | ca. 80 % in der Luft, Bindung u.a. durch Knöllchenbakterien. Org. gebunden, z. B. in Gründünger, Kompost, Stallmist. | Hornmehl oder Hornspäne, Kompost, Schweineborsten. |
| *Phosphor (P)* | Förderung der Blüten-, Fruchtbildung und Reife, wichtig für die Kräftigung der Wurzeln im Frühling | Verfärbung der Blätter violett bis rotbraun | Blockierung der Aufnahme von Spurenelementen, z. B. Eisen, Kupfer und Zink | Rohphosphat, Hühnermist, Schweinemist oder -gülle | Hyperphosphat, Algenphosphat, getrockneter Hühnermist, Thomasmehl |
| *Kalium (K)* | Fördert Wachstum, Festigkeit des Zellgewebes, Kälteresistenz und Widerstandskraft der Pflanzen | Schlechtes Wachstum, Verfärbung der Blattränder (gelblich - rötlich). Beeinträchtigung des Wohlgeschmacks von Obst und Gemüse | Schlechter Wuchs und Ertrag | Tierische Ausscheidungen, insb. Jauchen, Holzaschen, Granitstaub, Basaltmehle, auch in Laubkompost, Farnkraut und Beinwell, kalihaltige Salzvorkommen | Patentkali (26 % Kali und 5 % Magnesium), Holzasche; Kalium sehr leicht löslich in beiden Düngern. Gewisse Basaltmehle |
| *Calcium (Ca)* | Aktivierung des Bodenlebens, fördert Krümelstabilität im Boden. Erhöhung des pH-Wertes, wichtig für die Stabilität des Pflanzengewebes | Übersäuerung des Bodens, schlechte Bodenstruktur, geringere Erträge von minderer Qualität | Humusabbau, fordert großen Nachschub an organischem Material, zu hoher pH-Wert des Bodens | Mergel, Jurakalk, Dolomit, Marmor, Algenkalk | Düngekalk (aus Mergel oder Jurakalk), Algenkalk, Thomasmehl (mit P) |
| *Magnesium (Mg)* | Aktivierung der Enzyme für die Eiweißbildung, wichtigster Baustein für das Blattgrün (Chlorophyll) | Gelbliche Verfärbung der Blätter zwischen Rippen und Blattrand | Verminderte Calciumaufnahme | Holzasche, Talk, Olivin, Serpentin, Speckstein, magnesiumhaltige Salzvorkommen, Algenprodukte | Patentkali, Algenprodukte, bestimmte Gesteinsmehle |

## Einige Spurenelemente

| Spuren-element | Erscheinungsbild bei Mangel | Möglichkeiten der Behebung des Mangelzustandes |
|---|---|---|
| Eisen (Fe) | Absterben des ganzen Pflanzengewebes bei starkem Mangel, gelbgrüne Verfärbung der Blätter (Chlorose); kleine braune Flecken in der Blattmitte. Störung des Fruchtansatzes. | Eisen kann durch zu hohen Kalkgehalt im Boden gebunden werden. Daher: gute Durchlüftung und Drainage des Bodens. Nur Gesteinsmehle mit geringem Kalkgehalt bei der Kompostierung verwenden. Komposte aus Laub oder Rindenabfällen verwenden. |
| Kupfer (Cu) | Hellgrüne bis gelbgrüne Verfärbung der Blätter. Blattspitzen werden trocken und hängen als trockene und verdrehte Teile herab, auch zusammengerollte Blätter möglich. Geringe Halmfestigkeit beim Getreide.<br>Keine Samenbildung. | Zu hoher Phosphorgehalt im Boden kann zur Blockierung von Kupfer führen. Daher Phosphorgehalt im Boden beachten. Kupfer ist in geringen Mengen in Gesteinsmehlen (Basalt, Urgestein) enthalten sowie in Algenprodukten. Bewährt hat sich auch das Einlegen von Kupferstücken in den Vorratsbehälter für Gießwasser. |
| Bor (B) | Kleine und deformierte Blätter. Bei Roten Rüben verkorkte Stellen an Stengeln und Wurzeln. Herz- oder Trockenfäule bei Rüben. Hohle Stengel bei Blumenkohl. | Verwendung von Algenmehl und Gesteinsmehlen bei der Kompostbereitung. Laub- und Rindenkomposte einsetzen. Verhinderung der Austrocknung des Bodens. |
| Molybdän (Mb) | Schlechter Wuchs, Blattränder verfärben sich gelb bis braun, vor allem bei Tomaten und Gurken.<br>(Molybdän ist wichtig für die Bindung von Luftstickstoff bei Knöllchenbakterien.) | Molybdän wird in saurem Boden gebunden. pH-Wert des Bodens durch Gesteinsmehle mit hohem Kalkgehalt oder Algenkalk erhöhen (direkt auf den Boden oder als Kompostzusatz). Wicken und Luzerne als Gründüngung holen Molybdän aus dem Untergrund herauf. |

# Nährstoffe und Wirkung einiger Düngemittel

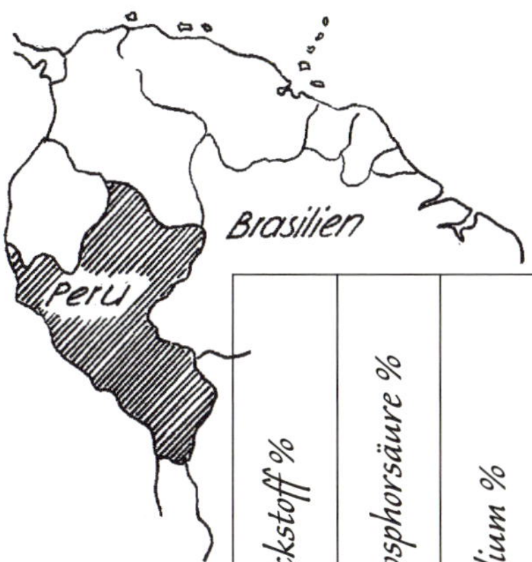

| | Stickstoff % | Phosphorsäure % | Kalium % | Magnesium % | Kalk % | Silizium % | Org. Substanz % | Spurenelemente % | Einfluss auf pH-Wert (Säuregrad) | Düngewirkung in % im 1. Jahr | 2. Jahr | 3. Jahr |
|---|---|---|---|---|---|---|---|---|---|---|---|---|
| *Organische Düngemittel* | | | | | | | | | | | | |
| Hornmehl | 9-14 | 4-5 | - | - | 6 | - | 80-85 | arm | neutr. | 50 | 30 | 20 |
| Rizinus-schrot | 6 | 2,5 | 1,5 | | | | 70-80 | mittel | neutr. | | | |
| Hühnermist | 1,5 | 1,5 | 1 | - | 3 | - | 30-35 | reich | neutr. | 75 | 15 | 10 |
| Pferdemist | 0,5 | 0,3 | 0,4 | - | 0,2 | - | 30 | mittel | neutr. | 60 | 25 | 15 |
| Kuhmist | 0,4 | 0,2 | 0,5 | - | 0,5 | - | 25 | mittel | neutr. | 45 | 35 | 20 |
| Peru-Guano | 7 | 11 | 2,5 | 1 | 12 | - | 50 | reich | neut. | 60 | 25 | 15 |
| *Anorganische Düngemittel* | | | | | | | | | | | | |
| Thomasmehl | - | 16-20 | - | 1-4 | 45-50 | - | - | reich | alkal. | 25 | 50 | 25 |
| Holzasche | - | 2-4 | 6-10 | - | 30-35 | - | - | reich | alkal. | 80 | 20 | - |
| Kalium-magnesia | - | - | 26 | 5 | - | | | - | sauer | 75 | 20 | 5 |
| Algenkalk | - | - | - | 2-3 | 32 | - | - | reich | alkal. | 45 | 35 | 20 |
| Urgesteins-mehl (Gotth.) | - | 0,2 | 2,6 | 2,5 | 10,5 | 55 | - | reich | alkal. | langsam | | |
| Steinmehl m. Magnes. | - | Spur | 0,8 | 6,4 | 22 | 39 | - | reich | alkal. | langsam | | |
| Basaltmehl | - | 0,9 | 0,6 | 3,8 | 12,5 | 75 | - | reich | alkal. | langsam | | |
| Steinmehl (Donatus) | - | 0,2 | 2,7 | 0,7 | 8,3 | 49 | - | reich | alkal. | langsam | | |

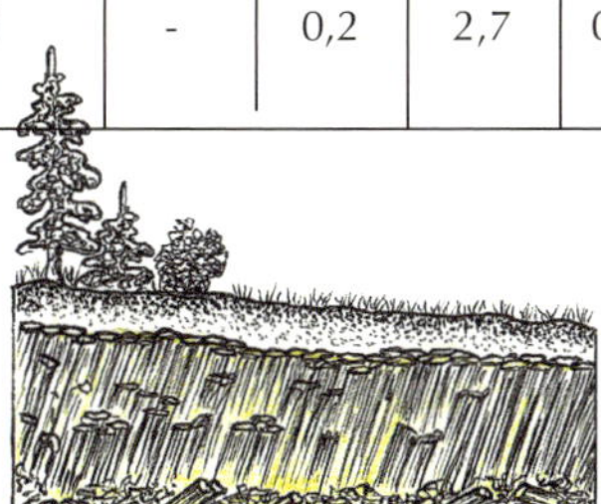

# Der pH-Wert des Bodens

Der pH-Wert ist eine Maßzahl für die Konzentration aktiver Wasserstoffionen in einer Lösung. Eine Lösung nennen wir sauer, wenn die $H^+$-Ionen überwiegen, alkalisch, wenn die $OH^-$- Ionen in der Mehrzahl sind. Der pH-Wert des Bodens bezieht sich also immer auf das darin enthaltene Wasser. Der pH-Wert gibt Aufschluss darüber, in welchem Umfang Nährstoffe von Pflanzen aufgenommen werden können (siehe nebenstehende Tabelle). Je nach Pflanze sind unterschiedliche pH-Werte erforderlich. So ist der Boden in Moorgebieten von Natur aus eher sauer, Pflanzen und Bodenbakterien haben sich angepasst. Gemüse kann hier nicht wachsen.

Der pH-Wert des eigenen Gartenbodens lässt sich einfach mit den im Handel erhältlichen Messmethoden ermitteln. In der Regel wird der Boden eher zu sauer sein (saure Niederschläge durch Schwefelemissionen). Durch stete Zugaben von Kalk verändert sich der Boden mit der Zeit hin zu günstigeren Werten.

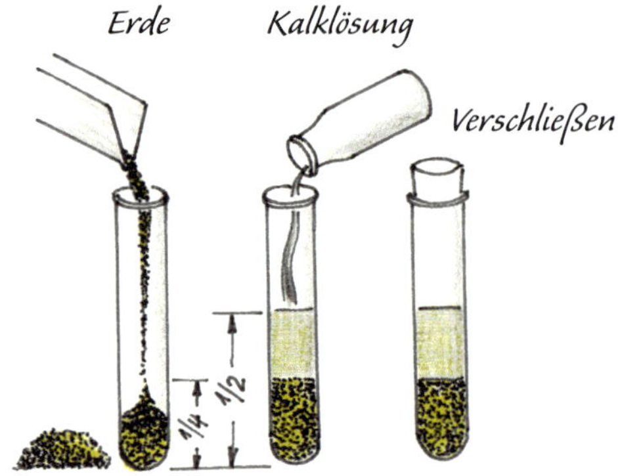

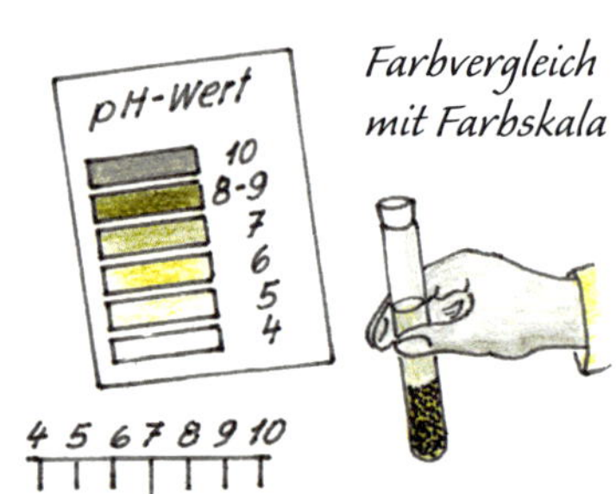

# pH-Werte für Pflanzen und Boden

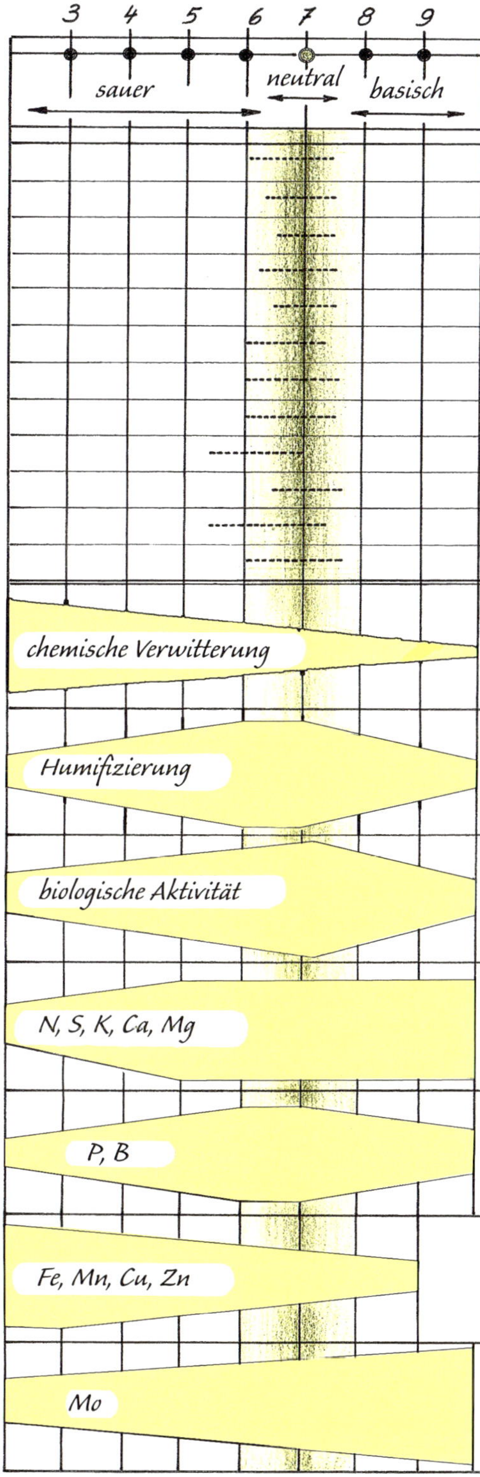


Lauch, Petersilie, Möhre

Blumenkohl, Rotkohl, Rote Rüben

Weißkohl, Wirsing, Zwiebeln

Spargel, Sellerie, Schwarzwurzeln

Rosenkohl, Erbsen, Endivien

Gurke, Salat

Spinat, Rettich, Radieschen, Kohlrabi

Grünkohl, Bohne

Tomate, Kartoffel

Weizen

Roggen

Gerste

Je saurer der Boden, um so rascher erfolgt die chemische Verwitterung

Die Humusbildung erfolgt bei einem pH-Wert von 5 - 7 am leichtesten

Bei einem pH-Wert etwas über 7 nimmt die biologische Aktivität zu, dann wieder ab

Je saurer der Boden, um so schwerer werden diese Nährstoffe aufgenommen

Phosphor und Bor werden bei einem pH-Wert von 6 - 7 am leichtesten aufgenommen

Eisen, Mangan, Kupfer und Zink stehen der Pflanze um so schwerer zur Verfügung, je basischer der Boden wird

Bei Molybdän sinkt die Verfügbarkeit, je saurer der Boden wird

# Die wichtigsten Düngemittel im Bioanbau

## Algomin

Algomin ist ein biologisch hochaktiver Düngekalk mit hohem Magnesiumanteil. Die zahlreichen Nähr- und Wirkstoffe (Spurenelemente) in diesem Algenkalk bringen Ergebnisse, die weit über die Wirkungen eines herkömmlichen Kalks hinausgehen.

*Algomin wird aufgestäubt oder in Wasser gelöst auf die Pflanzen gebracht*

### Wirkung

- Außergewöhnliche Bodenlockerung durch vermehrte Bakterientätigkeit
- Verbesserung des Wasserrückhaltevermögens des Bodens
- Schnelles Erreichen des gewünschten pH-Wertes
- Rückgang von Unkräutern, vor allem von Moos im Rasen

*Korall-Algen werden auf offener See in 15 - 60 m Tiefe geerntet*

- Deutliche Ertragssteigerung durch eine bessere Aufschließung der Nährstoffe im Boden
- Erhöhte Resistenz gegen Pilz- und Viruskrankheiten sowie gegen Schädlinge
- Besserer Geschmack und längere Haltbarkeit von Obst und Gemüse

### Anwendung

Je nach Bedarf (pH-Wert-abhängig) im Herbst oder im zeitigen Frühjahr bis zu 70 g pro m² Fläche auf die Beete streuen und einarbeiten.
Zusätzlich kann Algomin als Pilzverhütungsmittel und bei Spurenelementemangel auf (die feuchten) Pflanzen aufgestäubt oder in Wasser gelöst über die Blätter gegossen werden.
Bei der Kompostbereitung sollte pro m³ (1000 l) Kompostmasse 5 kg Algomin eingemischt werden.

*Der ideale pH-Wert beträgt bei:*

| | |
|---|---|
| Ton- und Lehmboden | 6,5 - 7,0 |
| lehmiger Sandboden | 6,0 |
| Sandboden | 5,5 |

*Die NAB-Mischung (1/3 Netzschwefel, 1/3 Algomin, 1/3 Bentonit) wird als Pilzbekämpfungsmittel eingesetzt*

## Bentonit

Bentonit wird in großen Lagerstätten gefunden und abgebaut.
Bentonit enthält verschiedene Tonminerale, davon ca. 50 % Montmorillonit, ca. 20 % Illit und etwa 5-10 % Kaolonit.
Tonminerale weisen die Eigenschaft auf, Wasser und Nährstoffe zu binden und langsam wieder abgeben zu können.

### Anwendung

Für leichte (sandige) Böden öfter kleine Mengen aufs Land bringen, bei mittleren, leichten und kalkhaltigen Böden dem Kompost zusetzen, ca. 3 kg pro $m^3$ Fläche.
Bentonit ist als Haftmittel bei Spritzbrühen und als Baumanstrich unentbehrlich (siehe Seite 163).

## Gesteinsmehle

Unsere Böden sind durch intensiven Anbau und einseitige Düngung an Mineralstoffen verarmt. Magnesiummangel ruft bei Menschen Abgeschlagenheit, Kopfschmerzen und Konzentrationsstörungen hervor. Bormangel macht Kartoffeln schorfig, Möhren rissig und Rüben bekommen Herzfäule. Kalk- und Titanmangel lässt Äpfel stippig werden. Kupfermangel macht Tiere unfruchtbar und Menschen anfällig für Knochenbrüche.

### Anwendung

5 - 7 kg auf 100 kg Kompost, bzw. 15 kg auf 100 $m^2$ Gartenfläche

**Chemische Analyse**

| Benennung | Anteil in % | Nilschlamm |
|---|---|---|
| Kieselsäure $SiO_2$ | 50,31 % | 50,10 % |
| Aluminiumoxid $Al_2O_3$ | 15,23 % | 17,70 % |
| Eisenoxid $Fe_2O_3$ | 9,68 % | 11,51 % |
| Natriumoxid $Na_2O$ | 5,42 % | 1,15 % |
| Calciumoxid $CaO$ | 4,86 % | 4,82 % |
| Magnesiumoxid $MgO$ | 4,37 % | 3,43 % |
| Kohlendioxid $CO_2$ | 3,20 % | 1,18 % |
| Kaliumoxid $K_2O$ | 2,83 % | 1,15 % |
| Titanoxid $TiO_2$ | 1,05 % | 2,20 % |
| Phosphor $P_2O_5$ | 0,38 % | 0,24 % |
| Schwefeltrioxid $SO_3$ | 0,11 % | 0,25 % |

Außerdem Spurenelemente in geringen Mengen: Bor, Chrom, Jod, Kobalt, Kupfer, Mangan, Molybdän, Nickel, Zink

*Der Nilschlamm bildete die Grundlage der Fruchtbarkeit in den Überschwemmungsgebieten des Nils.*

*Bei der Neupflanzung von Bäumen wird Steinmehl an die Wurzeln gegeben. Auch bei der Schädlingsbekämpfung kann Steinmehl eingesetzt werden.*

Die Gesteinsmehle enthalten viele Mineralstoffe und Spurenelemente in einem ausgewogenen Verhältnis. In den Boden gebracht, werden diese langsam verfügbar, das heißt, die Pflanze erhält allmählich durch die Aktivität des Bodenlebens die Stoffe, die sie für ihre Entwicklung benötigt.
Der hohe Kieselsäuregehalt von Gesteinsmehlen lässt Boden, Pflanze und Mensch gesunden, verleiht Stengeln Festigkeit, hilft (fein überstäubt) gegen Pilze und andere Schädlinge und erhöht die feinen Aromastoffe in Obst und Gemüse.

### Anwendung

Bei Erdbeeren wird das Steinmehl direkt über die Pflanzen gestreut, bei der Neuanlage des Gartens flach in den Boden eingearbeitet.
Erbsen, Bohnen und Möhren: Auch hier wird das Steinmehl ebenfalls direkt über die Saat gestreut und anschließend mit Kompost bedeckt.Direkt an die Stauden gestreut wird das Steinmehl bei Stachel-, Johannis- und Himbeeren.
Bei der Neupflanzung von Bäumen und Sträuchern wird der Boden gut mit Steinmehl durchmischt und beim Pflanzen zusätzlich Steinmehl an die Wurzeln gegeben.

## Steinmehl-Anwendung

| | | |
|---|---|---|
| Zum Kompost: | 5 - 7 kg | je 100 kg Kompost |
| | 50 - 70 kg | je t Kompostmasse |
| Im Obstbau: | 10 - 15 kg | je 100 m² Fläche |
| Zum Verstäuben: | 1 - 2 kg | je 100 m² Pflanzenbestand |
| Zum Spritzen: | 0,3 kg | mit 10 l Wasser verrührt |
| Im Stall: | 0,5 kg | täglich je GVE (Großvieheinheit) |
| Aufs Grünland: | ca. 1000 - 1200 kg | je ha und Jahr |
| Für Getreide und Hackfrucht: | ca. 800 - 1000 kg | je ha und Jahr |
| Für Mais: | ca. 1000 - 1200 kg | je ha und Jahr |
| Im Gartenbau: | 15 kg | je 100 m² |

# *Humus und Bodenfruchtbarkeit*

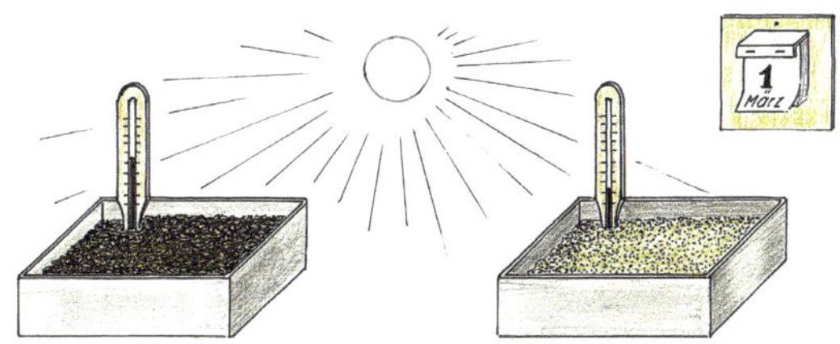

*Ausreichend Humus im Boden hilft Erosion zu vermeiden, wirkt feuchtigkeitsregulierend und wärmespeichernd*

Der Wert von Humus für die Fruchtbarkeit und Gesundheit unserer Böden ist unumstritten. Auf den meisten Äckern gibt es heutzutage nicht mehr als 2 % Humus, weil Gründünger, Kompost und Mist nur noch selten eingesetzt werden. Jede Ernte verbraucht Humus. Optimale Gartenböden sollten 6 – 10 % Humus enthalten. Der Humusgehalt des Bodens lässt sich mit der Zeit steigern und durch geeignete Bodenpflegemaßnahmen erhalten. Ein guter Humusanteil im Boden wirkt vorbeugend gegen Erosionsschäden (Auswaschung und Abtragung). Er wirkt feuchtigkeitsregulierend, da er die Feuchtigkeit wie ein Schwamm aufsaugt und nur langsam wieder abgibt. Humoser Boden nimmt durch die dunkle Farbe Wärme gut auf und kann sie durch das poröse Gefüge gut speichern. Deshalb können humose Böden im Frühjahr zeitiger bearbeitet werden. Neben Gründünger (siehe Seite 52) und Mulchen (siehe Seite 82) ist der Kompost der wichtigste Humuslieferant im Garten.

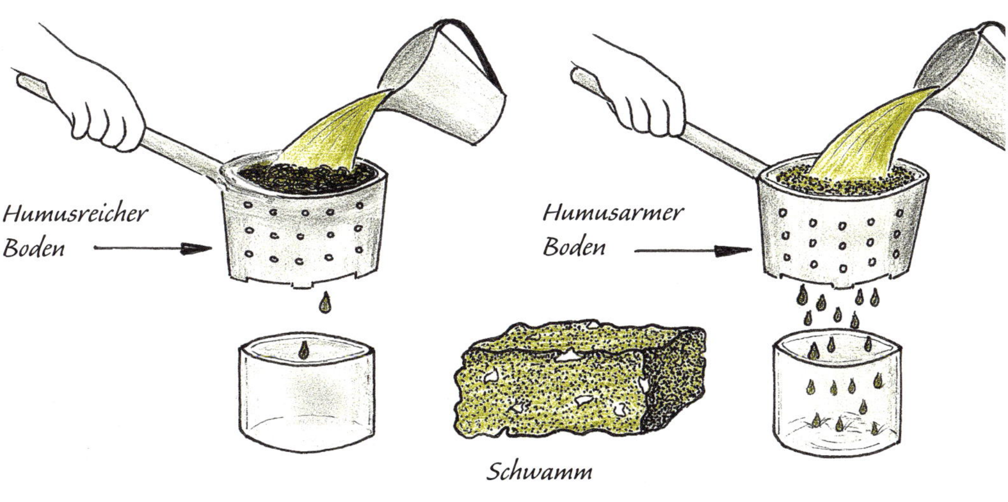

# Humus und Bodenfruchtbarkeit

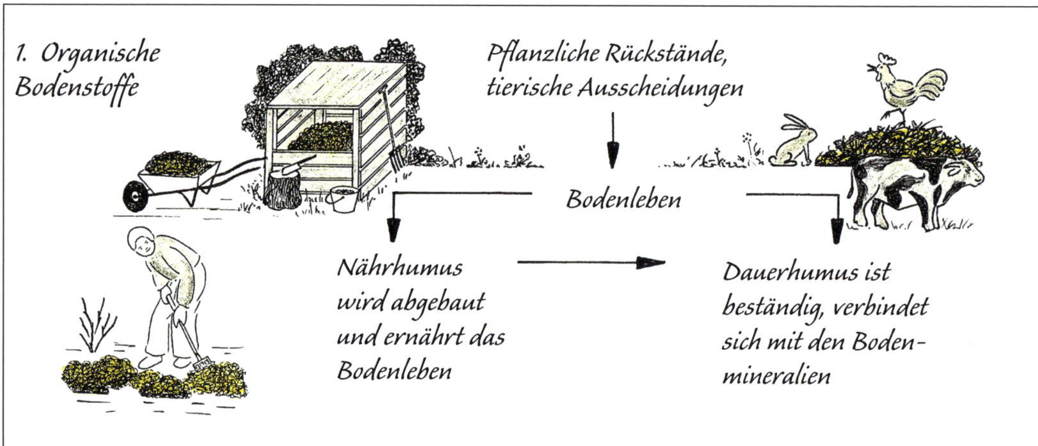


| | | |
|---|---|---|
| 2. Wirkung auf die Nähstoffversorgung der Pflanze | Ein gutes Bodenleben bindet Stickstoff aus der Luft.<br>Nährhumus entlässt bei der Mineralisierung Stickstoff, Phosphor, Schwefel und andere Mineralstoffe, zudem schließt er Nährstoffe einschließlich Spurenelemente aus den Mineralien auf | Enthält Vorrat, gibt langsam verfügbare Nährstoffe ab<br>Lagert verfügbare Nährstoffe an und verhindert deren Auswaschung |
| 3. Bodenstruktur | Ein gutes Bodenleben trägt zur Entstehung und Stabilisierung der Bodenstruktur bei | Macht leichte Böden bindiger, erhöht deren Wasserspeicherung, macht schwere Böden porös, verbessert deren Durchlüftung und Erwärmung, bildet Krümelstruktur |
| 4. Gesundheit und Qualität | Liefert Wirkstoffe, pflanzliche Hormone, Antibiotika, steigert biologische Aktivität, diese drängt Schadorganismen zurück | Hat vielseitigen Wirkstoffcharakter, steigert biologische Aktivität, Standort einer artenreichen Mikrolebewelt, diese drängt Schadorganismen zurück |

# Herstellen von Kompost

Beim Kompostwalm werden zerkleinerte Abfälle an einer Seite gesammelt, alle 14 Tage mit Erde gemischt und zum Kompostieren angelagert. Der Walm wächst in eine Richtung, bis die fertige Länge erreicht ist. Nun ruht der Walm bis zur fertigen Rotte. Es sind also zwei Komposthaufen notwendig.

*Kompostwalm*

Der rottende Kompost muss nun beobachtet werden. Ist er zu trocken, wird angefeuchtet (am besten mit Brennnesseljauche), zu nasser Kompost, der in Fäulnis überzugehen droht, wird mit trockenem Material vermischt und neu aufgesetzt. Verläuft die Rotte richtig, duftet Kompost angenehm nach Walderde.

## Das C/N-Verhältnis

Das richtige Verhältnis zwischen Kohlenstoff (C) und Stickstoff (N) ist entscheidend für das richtige Wohlfühlklima der Mikroorganismen im Kompost. Ist es zu

hoch, fehlt Stickstoff und es dauert lange, bis der überschüssige Kohlenstoff oxydiert wird. Der Kompost braucht länger zum Verrotten. Abhilfe schafft hier die Zugabe von Volldünger, Dung oder Hornmehl.

*Durchschnittliche C/N-Werte*

| *Material* | *C/N-Wert* |
|---|---|
| Harn | 0,8 |
| Strohhalt. Rindermist | 20 - 25 |
| Pferdemist | 25 |
| Rasenschnitt | 12 - 15 |
| Küchenabfälle | 12 |
| Haferstroh | 48 |
| Weizenstroh | 130 - 150 |
| Sägemehl | 200 - 500 |

## Mistkompost

In älteren Gartenbüchern wird Mistkompost besonders hoch bewertet. Auch heute noch ist Mistkompost für Starkzehrer und zur Setzlingsanzucht eine feine Sache. Mist aus Massentierhaltung kommt aber für den Biogarten nicht in Frage, da hier Rückstände von Pharmaka u.ä. enthalten sein können. Auch wenn Rindermist für den Garten am wertvollsten ist, so wird man doch am einfachsten an Pferdemist kommen. Gemischt mit Erde und Steinmehl (kein Kalk und Hornspäne) wird der Mistkompost aufgesetzt. Die Höhe einer Kompostmiete aus Pferdemist darf nicht mehr als 80 cm betragen, weil die Erhitzung sonst zu groß wird.

*Trockenes und feuchtes Kompostmaterial gut durchmischen.*

*Erde, Gesteinsmehl, Algenkalk und Hornspäne als Zuschlag zugeben.*

*zu nass* *zu trocken* *richtig*

*Die Faustprobe bringt Klarheit, ob der Kompost die richtige Konsistenz hat.*
*Dann den Kompost in einen Behälter schaufeln (unten) oder an einen vor Regen und Hitze geschützten Walm anbauen (links unten).*

*Ab und zu kontrollieren:*
*Ist der Kompost zu trocken, wird Wasser zugegeben.*

*Zeigt sich Fäulnis, wird der Walm oder das Silo mit trockenem Material neu aufgesetzt.*

## Was gehört auf den Kompost?

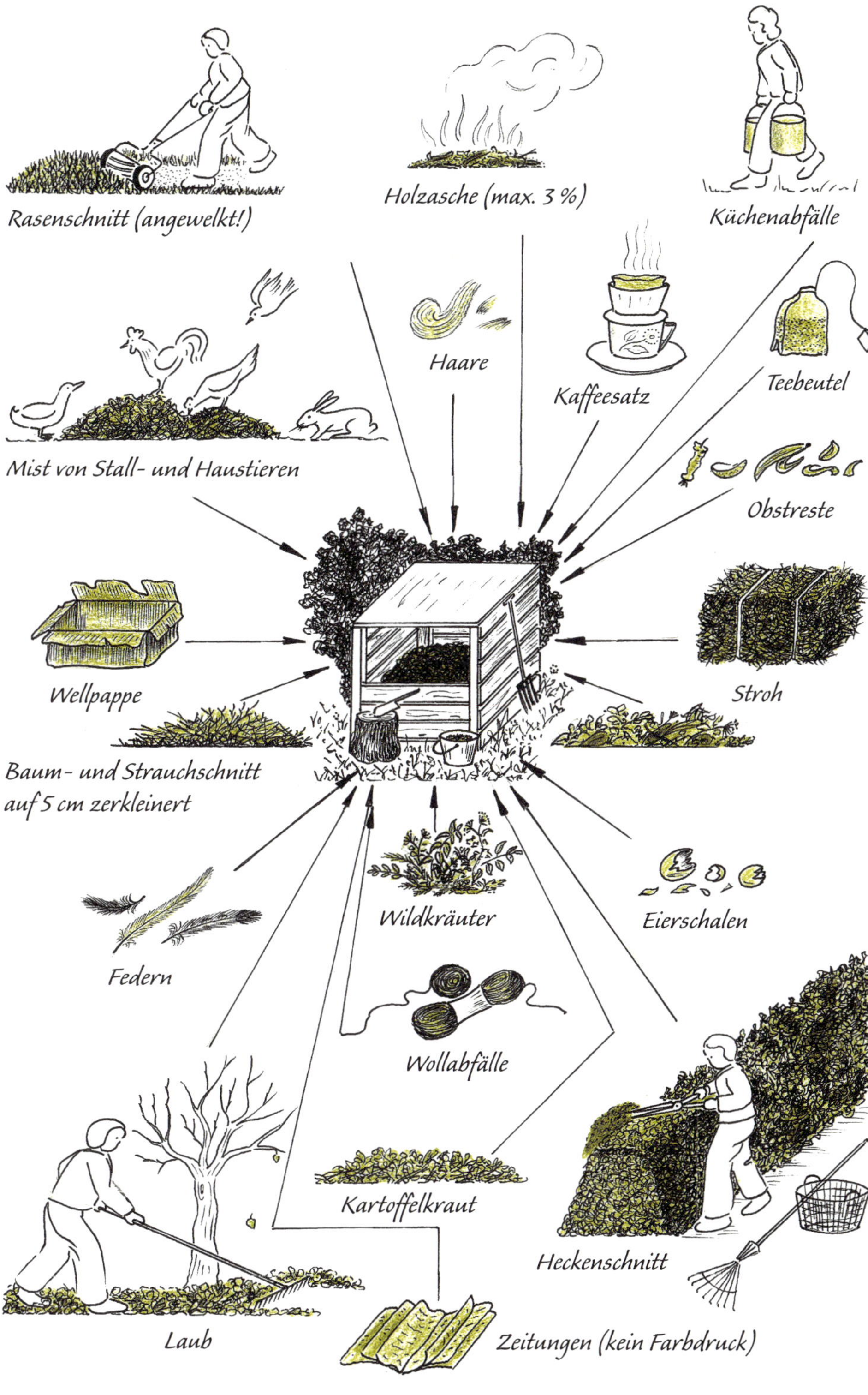

## *11 Tipps für einen guten Kompost*

1. Zu kompostierendes Material niemals in eine Grube legen, denn so gelangt keine Luft an das Material. Kompost ohne Luft = Fäulnis und Gestank
2. Ebenso ist es nicht sinnvoll, allseitig geschlossene Behälter zu verwenden, denn auch dies führt zu Luftmangel.
3. Ein Komposthaufen sollte nicht auf einer festen Unterlage aus Stein, Beton etc. aufsitzen. Er braucht Erdanschluss wegen der Bodenlebewesen.
4. Grobes Material, etwa 20 cm hoch, als unterste Schicht einbringen. Dann feinere Stoffe darauflegen; Grasschnitt nur angewelkt und als ganz dünne Schicht einstreuen. Fäulnisgefahr.
5. Normale Gartenerde, Komposterde, Algenkalk als Verrottungsbeschleuniger wie Puderzucker über die einzelnen Schichten streuen und dazwischenmischen. Vorsicht mit Kalkstickstoff, denn er tötet anfänglich jedes Lebewesen im Kompost. Der Komposthaufen belebt sich danach nur sehr langsam.
6. Küchenabfälle stets gut mit Erde und Steinmehl abdecken.
7. Völlige Trockenheit vermeiden! Kleinlebewesen brauchen Feuchtigkeit.
8. Den Haufen nicht zu sehr anfeuchten. Dann fehlt Luft, die Masse stinkt und fault.
9. Zwiebelschalen, Schnittlauchreste, Kaffee- und Teesatz ergeben ein ideales Regenwurmfutter. Phlox und Holunder sind gute Pflanzen am Komposthaufen.
10. Durch das Mischen von grünen und verholzten Teilen (auch Tierkot) kann das richtige Kohlen- und Stickstoffverhältnis (C/N) erreicht werden. Ideal ist ein Verhältnis zwischen 25 - 35 : 1.
11. Den fertig aufgesetzten Komposthaufen mit Laub, Heu, Stroh, Jutesäcken o.ä. abdecken, um die Wärmeentwicklung zu fördern und Stickstoffverluste zu vermeiden.

# Kompost verwenden

Nach etwa drei bis vier Monaten (je nach Jahreszeit) ist das Material angerottet (vorverdaut). Es kann nun zur Flächenkompostierung genutzt werden.
Bei zu magerem Kompost müsste gleichzeitig Stickstoff (zum Beispiel Hornmehl) gestreut werden. Ist im Herbst ausreichend angerotteter Kompost vorhanden, können abgeerntete Flächen damit bedeckt werden (ohne Stickstoffzugabe).
Im Spätherbst und im frühen Frühjahr verarbeiten die Bodenbakterien (je nach Bodentemperatur) das meiste Material. Die Reste (wie z. B. Stroh, Pflanzenstängel u. ä.) werden im Frühjahr abgeharkt.

Reifer Kompost ist an der dunklen Farbe zu erkennen, an der überwiegend feinen Struktur und daran, dass die Regenwürmer sich zurückgezogen haben. Zur Anzucht von feinen Saaten wird vererdeter Kompost gesiebt in die Beetoberfläche eingeharkt, zur Pflanzenanzucht in Kästen oder Töpfen wird er mit Sand und Rindenhumus vermischt.

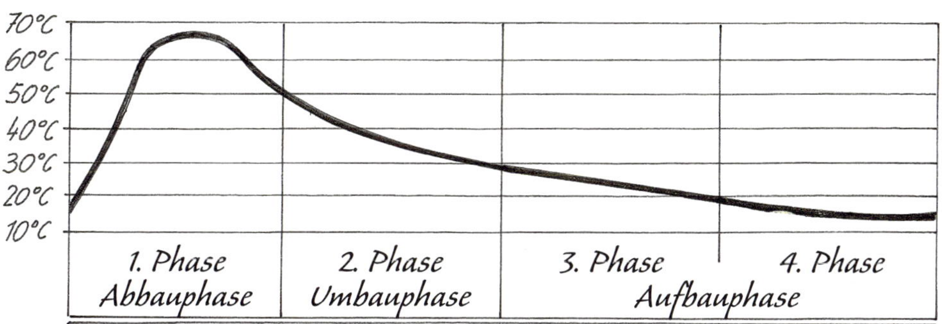


| 1. Phase | 2. Phase | 3. Phase | 4. Phase |
|---|---|---|---|
| Die 1. Phase wird durch Bakterien geprägt, die durch starke Stoffwechseltätigkeit hohe Temperaturen bis nahe 70°C erzeugen und dadurch Keime und Unkrautsamen abtöten. | In der 2. Phase durchziehen Hutpilze das Material und wandeln im abkühlenden Kompost Stoffe um. | Die 3. Phase wird von Kleintieren bestimmt, die das Material zerkleinern (Asseln, Milben, Springschwänze, Würmer usw.) | In der 4. Phase kommt der Mistwurm und stellt die Verbindung zwischen mineralischen und organischen Stoffen her. |

Wenn man zwischen 3. und 4. Phase (nach ca. 3 Monaten) den Kompost einmal umsetzt, wird die Rotte beschleunigt.

# Bauanleitung Kompostsilos aus Holz

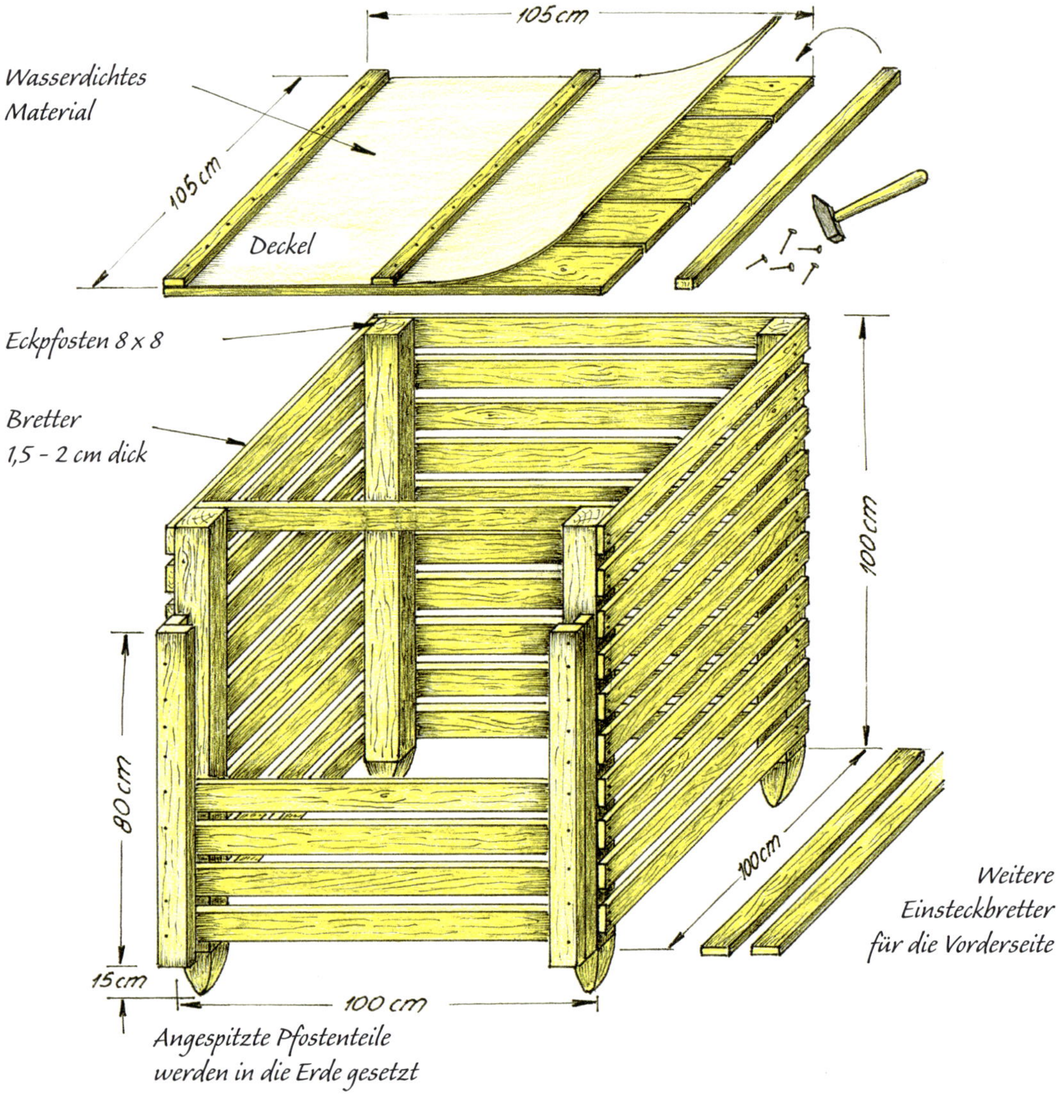

Die Seitenteile werden auf dem Boden zusammengenagelt und aufgerichtet. Mit den Brettern der Rückseite werden sie dann miteinander verbunden.

Bretter immer mit zwei Nägeln aufnageln, damit die Seiten gegen Verschub gesichert sind.

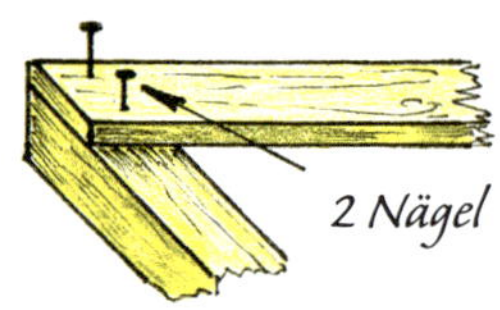

# Kompostsilo aus Steckelementen

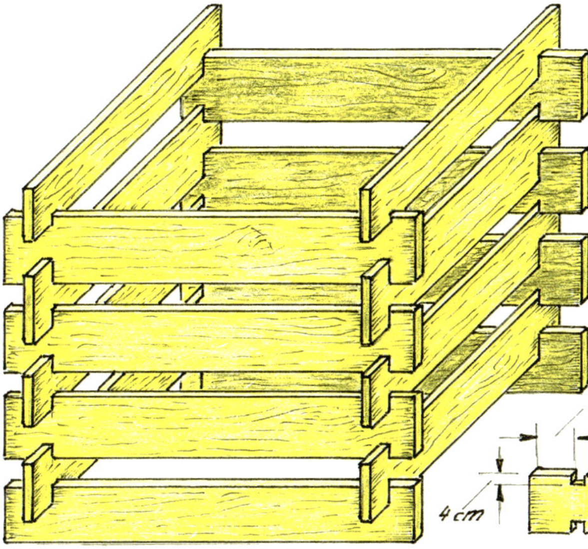

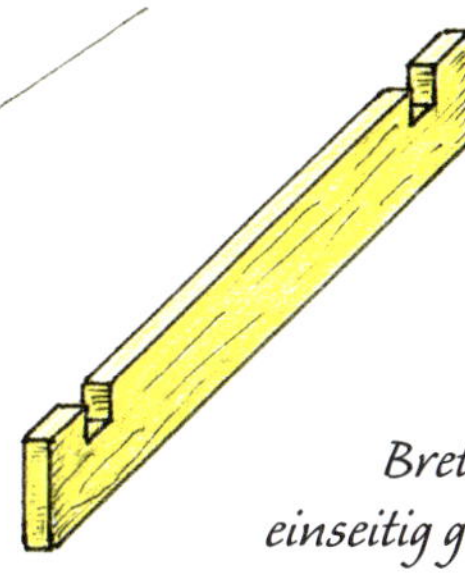

Die oberen und unteren Bretter brauchen nur einseitig gekerbt zu werden

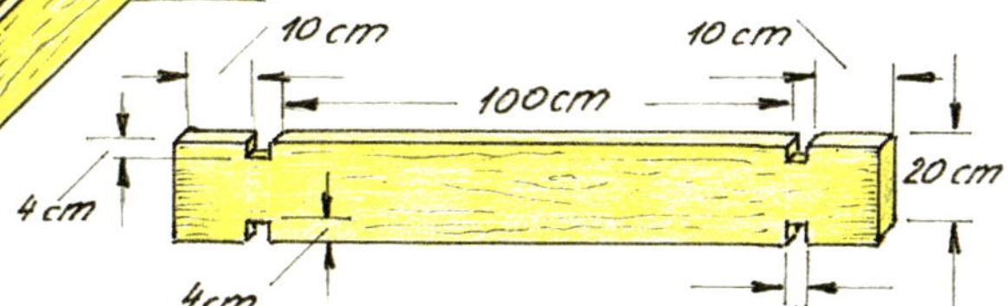


Die Kerbenbreite soll etwas mehr als die Brettdicke betragen

Empfohlene Dicke der Bretter ab 3 cm aufwärts

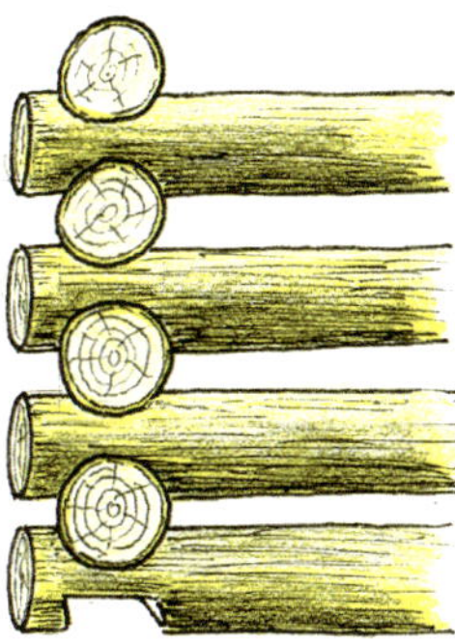

Rundeisen ca. 10 mm ø

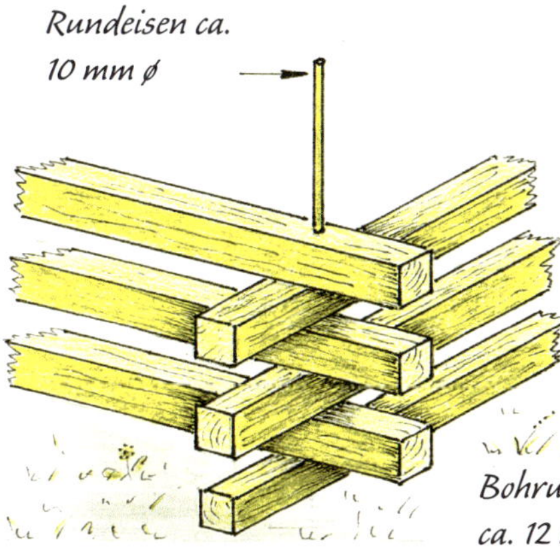

Vierkanthölzer in den Abmessungen 6 bis 12 cm bekommen zwei Bohrungen und können dann übereinander auf ein Rundeisen gesteckt werden

Bohrung ca. 12 mm ø

# Bauanleitung Kompostsilo aus Stein

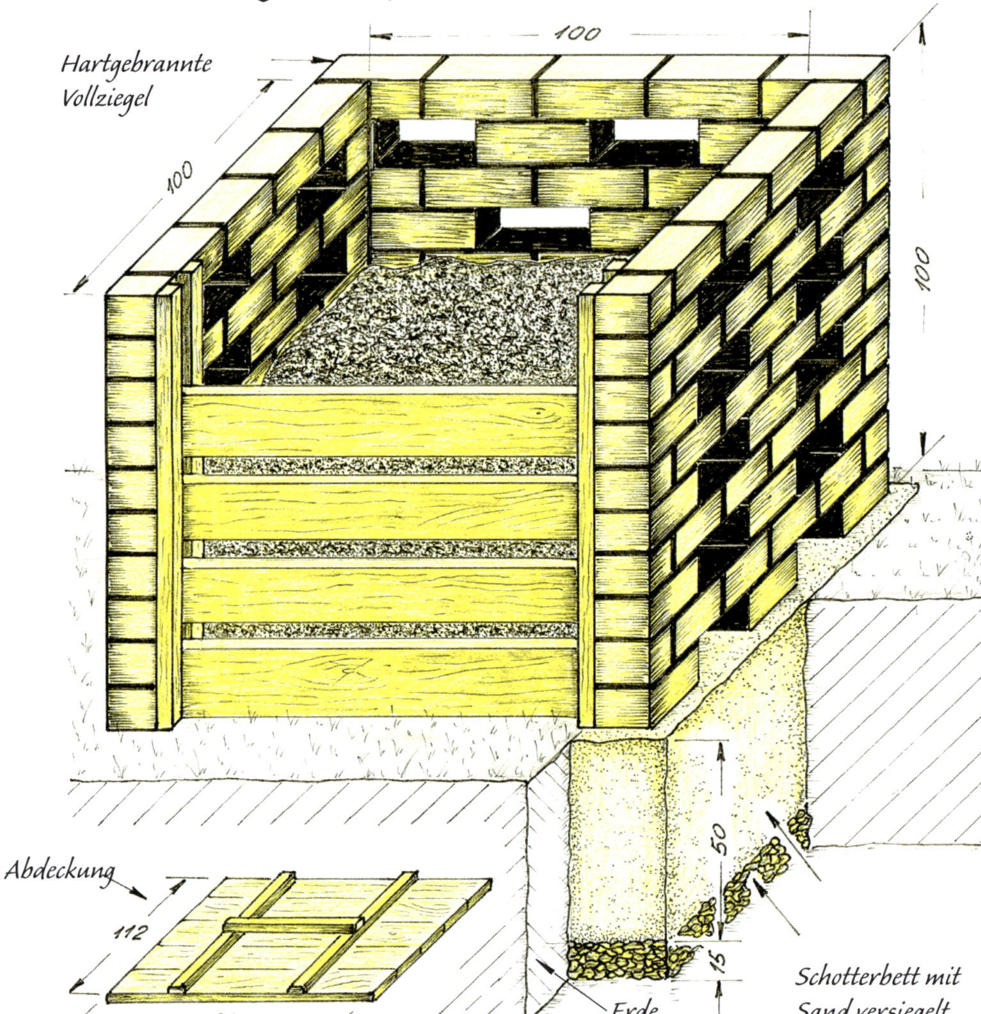


Maße in cm

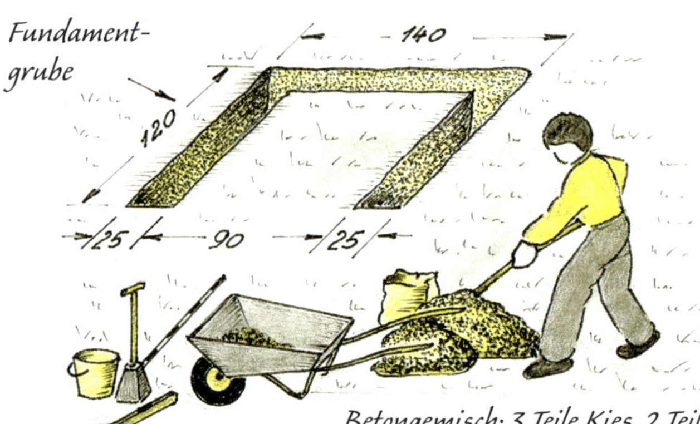


Für diesen gemauerten Kompostsilo ist ein Streifenfundament aus Beton von 50 cm Tiefe erforderlich.

Die Seitenwände werden mit Luftdurchlässen gemauert.

Der Boden des Silos ist zum Erdreich hin offen.

Betongemisch: 3 Teile Kies, 2 Teile Sand, 1 Teil Zement

# 3. Säen und Pflanzen

Ob Beete angelegt sind oder größere Gartenabschnitte ohne dazwischenliegende Wege bearbeitet werden, Reihen sind auf jeden Fall notwendig. Zwei mit einer Schnur verbundene Hölzer, jeweils am Anfang und Ende der Reihe eingesteckt, erleichtern das Ziehen von geraden Reihen. Die Reihen werden entlang der Schnur mit umgedrehtem Hacken- oder Harkenstiel gezogen. Der Abstand zwischen den Reihen richtet sich nach der Größe des ausgewachsenen Gemüses.
Da im biologischen Gartenbau mit der wachstums- und gesundheitsfördernden Mischkultur gearbeitet wird, also verschiedene Kulturen miteinander kombiniert werden, liegt der Reihenabstand meist bei 40 bis 50 cm.
Die Tiefe der Rillen ist je nach Größe der Körner unterschiedlich. Angaben dazu finden sich auf der Samentüte. Damit der gelockerte Boden nicht zu sehr festgetreten wird, legt man dort, wo es keinen Weg gibt, ein Brett hin.

*Vor dem Säen werden Reihen im Boden gezogen ...*

*... in die das Saatgut eingestreut wird*

*Sommersaaten abdecken und feucht halten*

*Zwiebelsamen wird fest in die Erde getreten*

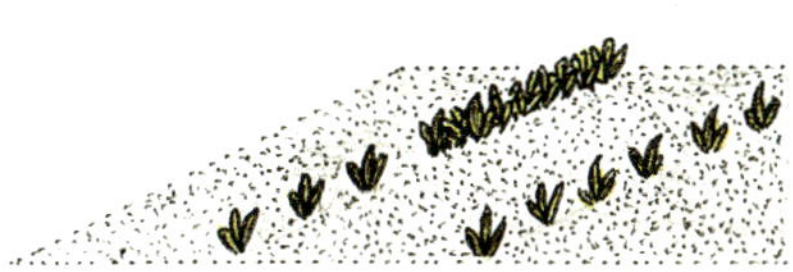

*Saaten, die zu dicht stehen, werden ausgedünnt*

*Anschließend wird gegossen*

Die Aussaat wird mit der Hand oder Harke leicht angedrückt, dann die Erde darüber geschoben. Zwiebelsamen muss regelrecht festgetreten werden. Das geht gut mit Brettern. Bei trockenem Wetter und Boden müssen die Reihen anschließend gegossen werden. Sommeraussaaten sollten mit feuchten Säcken abgedeckt und feucht gehalten werden. Sobald die Saat aufgegangen ist, wird alles, was zu dicht steht, auf den richtigen Pflanzenabstand ausgedünnt.

Für Pflanzen ist das Umpflanzen ein schockartiges Erlebnis. Am wenigsten leiden Pflanzen, die in einem Blumentopf angezogen wurden und dann mit dem gesamten Wurzelballen eingepflanzt werden, wie es meist bei Tomaten der Fall ist. Um eine gute Wurzelbildung zu fördern, setzt man junge Tomatenpflanzen bis zum ersten Blattansatz in das Pflanzloch. Dadurch bilden sich am Stängel weitere Wurzeln. Da Tomaten Starkzehrer sind, wird das Pflanzloch – wenn vorhanden – mit gut verrottetem Reifkompost gefüllt. Alle Kohlpflanzen mögen als Beigabe Algenkalk (einen Kaffeelöffel voll) im Pflanzloch.

Es gibt Pflanzen, die bis zum ersten Blattansatz in die Erde gepflanzt werden, wie z. B. Kohl, Lauch und Tomaten. Pflanzen, die flach gepflanzt werden, wie z. B. Salat, Sellerie, Kohlrabi, Chinakohl und Endivien sollten auf keinen Fall tiefer, als sie vorher im Saatbeet standen, eingesetzt werden (auch wenn sie nach dem Pflanzen erst einmal umkippen). Nebenstehend wird gezeigt, was beim Verpflanzen vom Saatbeet an den Standort beachtet werden sollte.

Die Pflanzen sollten drei Tage lang anwachsen können, dann wird gemulcht.

*Für Pflanzen ist das Umpflanzen ein Schockerlebnis*

*Kohlpflanzen mögen Algenkalk im Pflanzloch*

*Manche Pflanzen werden tief, manche flach gepflanzt (auch wenn sie erst einmal umkippen)*

## Beim Verpflanzen vom Saatbeet an den Standort sollte folgendes beachtet werden:

Verpflanzen ist bei feuchtem Wetter und bedecktem Himmel am günstigsten.

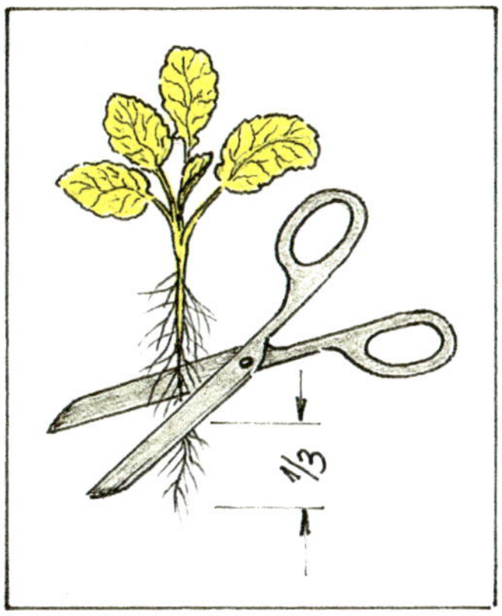


Lange Wurzeln um 1/3 einkürzen, das fördert die Bildung von nährstoffsaugenden Seitenwurzeln.

Pflanzlinge ca. 10 min lang in SPS-, Neudofix- oder Oscorna-Pilzvorbeuge-Lösung zur Vorbeugung gegen Pilzkrankheiten legen.

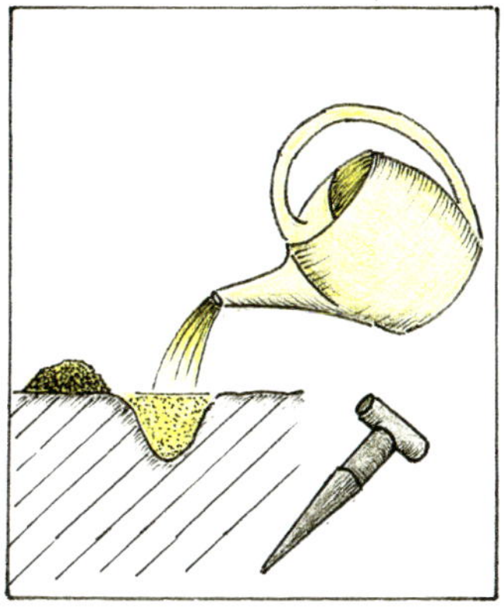

Das etwas über wurzelgroße Pflanzloch einschlämmen, am besten mit 1:10 verdünnter Brennnesseljauche.

Pflanzen einpflanzen, dabei die angegebene Pflanztiefe beachten.

Nach dem Pflanzen einen Ring von Gesteinsmehl oder Algenkalk um die Pflanze streuen. Das hält Kohlfliegen, Schnecken und andere Schädlinge ab.

Nach kurzer Anwachszeit von 3 Tagen wird gemulcht

# Mulchen

*In der gesunden Natur gibt es kaum unbedeckten Boden*

Die ständige Bedeckung des Bodens mit organischem Material ist wichtig für die Erhaltung der oberen Schicht des Bodenlebens, der Abbaufauna. Diese Schicht muss ständig gefüttert werden, damit sie nicht abstirbt. Im Garten ist meist eine Menge Mulchmaterial zu finden, geeignet sind Hecken-, Strauch- und Baumschnitt (zerkleinert), Stroh, Schilf und Laub.

Diese eher schwer verrottbaren Materialien werden mit einer kleinen Gabe organischen Volldüngers aufs Beet gebracht. Gut verwendbar sind auch zerkleinerte Garten- und Gemüseabfälle aus der Küche, Unkraut ohne Samen sowie für Starkzehrer angerotteter Kompost. Rasenschnitt ist ideal, darf aber nur dünn ausgebracht werden. Er klebt leicht zusammen und bildet dann eine undurchlässige Schicht.

Vor dem Mulchen werden Wildkräuter entfernt und der Boden gut gelockert. Saftiges Material nur dünn aufbringen, lieber öfter nachlegen.

Trockenes Material kann dicker gelegt werden, wenn es angefeuchtet wird.

Zu bedenken ist, dass eine dicke Mulchschicht, besonders Stroh, guten Unterschlupf für Schnecken bietet.

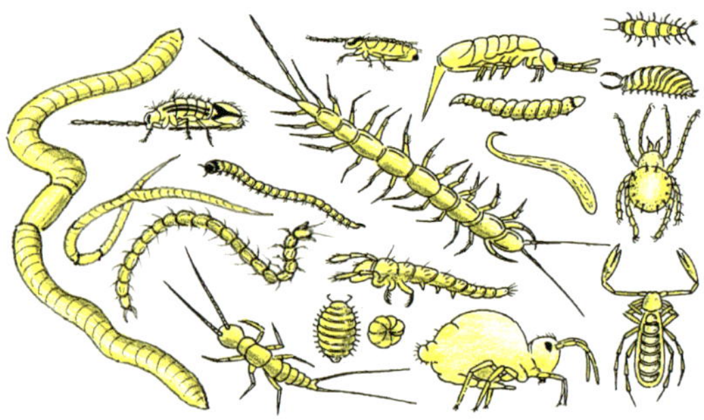

*Bodenleben*

*Im Garten ist viel Mulchmaterial zu finden, Gemüseabfälle sind auch gut zu gebrauchen*

1. *Vor dem Mulchen Wildkräuter entfernen und den Boden lockern.*
2. *Saftiges Mulchmaterial nur dünn auflegen, dafür öfter.*
3. *Trockenes Mulchmaterial dichter legen und anfeuchten.*

## *Eine Bodenbedeckung der besonderen Art*

Auf einfache Weise lässt sich ein Stück Wiese in eine Anbaufläche für Gemüse oder Stauden verwandeln. Wurzelunkräuter wie Löwenzahn und Hahnenfuß können so dauerhaft unterdrückt und müssen nicht vorher mühsam ausgelesen werden. Ungeeignet ist diese Methode allerdings, wenn Quecke vorhanden ist.

Das abgesteckte Stück Land wird grob umgegraben und die Erdschollen ein wenig geglättet. Wurzeln können im Boden bleiben.

Mit möglichst unbedruckter Pappe (Umzugskartons o.ä.) wird das Beet nun lückenlos, am besten überlappend, abgedeckt.

Obendrauf kommt eine etwa 35 cm dicke Schicht Mist. Pferdemist ist gut geeignet, meist kostenlos erhältlich und verliert seinen strengen Geruch bereits nach zwei, drei Tagen an der Luft.

Die Fläche kann sofort bepflanzt werden. Dafür wird der Mist etwas auseinander geschoben, die Pappe kreuzweise aufge-

*Wurzelunkräuter Hahnenfuß und Löwenzahn*

*Das Beet mit Pappe überlappend abdecken...*

*... darauf eine Schicht Pferdemist geben*

*Für die Pflanzung wird der Mist auseinander geschoben, die Pappe kreuzweise eingeschlitzt und gute Gartenerde in das so entstandene Pflanzloch gefüllt.*

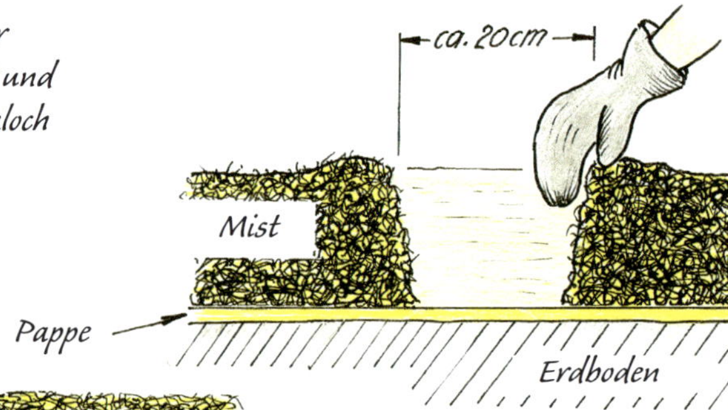


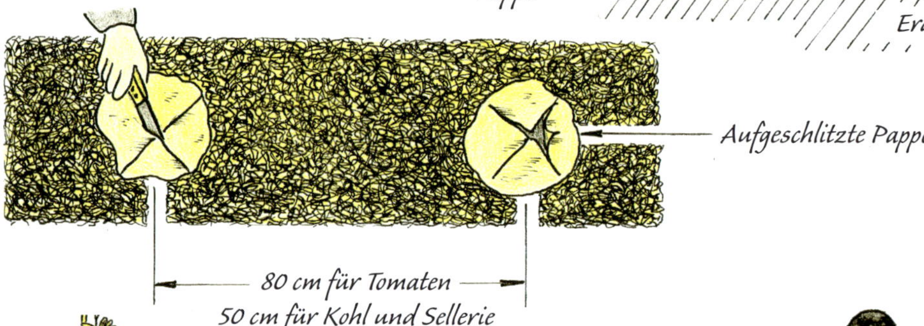


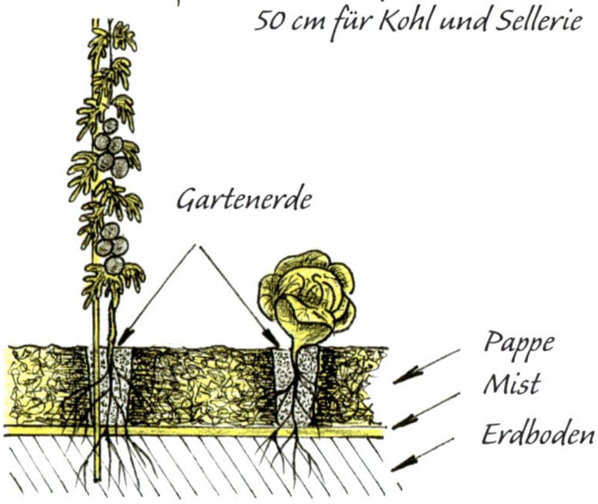

schlitzt und das so entstandene Pflanzloch mit Erde gefüllt.
Gut gedeihen hier Tomaten, Sellerie und andere Starkzehrer. Im Ziergartenbereich kann die Fläche im ersten Jahr mit Kapuzinerkresse überrankt werden. Dazu Pflanzlöcher im Abstand von zwei Metern anlegen und jeweils einige Körner rankende Kapuzinerkresse legen.
Zu beachten ist, dass dieses Beet schneller austrocknet als andere.

Da Tomaten gerne immer am gleichen Ort stehen, können sie auch im zweiten Jahr wieder gepflanzt werden. Ist geplant, das Beet mit Zierpflanzen anzulegen, kann jetzt die endgültige Bepflanzung vorgenommen werden.
Im dritten Jahr ist der Mist vollständig verrottet und es bleibt ein humoser, guter Gartenboden zurück. Die meisten Wurzelunkräuter sind unter der Pappe erstickt und verschwunden.

# Gießen und Wässern für gutes Wachstum

*Eine Mulchschicht schützt den Boden*

## Vom Gießen

Eine Pflanze benötigt etwa 500 l Wasser, um 1 kg Pflanzenmasse zu bilden. Das macht deutlich, wie wichtig eine ausreichende Wasserversorgung ist. Zu viel Nässe allerdings, z. B. durch Dauerregen, verschlämmt den Boden und es gibt keinen Luftaustausch mehr.
Beachtet man einige Regeln, lässt sich Arbeit und Wasser sparen und Schädigungen der Pflanzen durch falsches Gießen vermeiden.

Eine Mulchschicht puffert heftige Regenfälle und Gießwasser. Verschlämmung wird verhindert, ebenso eine schnelle Austrockung des Bodens bei Trockenheit.
Regenwasser ist für das Wässern der Pflanzen am besten geeignet. Auch Brunnenwasser ist gut, wenn es zum Erwärmen einige Tage stehen bleibt.
Leitungswasser sollte einige Tage stehen und mehrmals täglich gerührt werden, damit Chlor entweichen kann.
Bei hoher Luftfeuchtigkeit ist es auch trotz fehlendem Regen nicht nötig, dass viel gegossen wird. Wer keinen Hygrometer hat, dem liefert die benötigte Trockenzeit von Wäsche, die im Freien aufgehängt ist, ein Anhaltspunkt: je länger sie zum Trocknen braucht, desto höher ist die Luftfeuchtigkeit.
Tiefwurzelnde Pflanzen benötigen generell weniger Wasser als Flachwurzler.
Pflanzen wollen unterschiedlich gegossen werden. Einige mögen eine Wasserdu-

*Nie direkt aus dem Wasserschlauch (oben) und bei heißer Sonne wässern (unten)*

*Hügel- und Hochbeete trocknen besonders schnell aus*

*Blattgemüse und Salatarten werden mit dem Brausestrahl erfrischt*

*Niemals über taunasse Blätter gießen*

*Bei Bohnen, Kürbis, Sellerie, Gurken, Tomaten, Tees und Kräutern nur den Wurzelbereich feucht halten*

sche über die Blätter, andere vertragen es nur, wenn sie im Wurzelbereich gegossen werden und reagieren empfindlich auf Wasser auf den Blättern. Hier ist ein eingegrabener, durchlöcherter Eimer oder ein eingegrabener Blumentopf nützlich, in den das nötige Wasser gegossen wird.
Im Frühjahr und Herbst eher morgens, im Hochsommer besser abends gießen.

Bei Trockenheit soll nicht so oft, dafür aber ausgiebig gewässert werden (15 l Wasser pro Quadratmeter).
Niemals Wasser auf taunasse Blätter gießen.

Möglichst nicht direkt aus dem Wasserschlauch und keinesfalls bei praller Sonne gießen.

## Ernteverfrühung und Pflanzenanzucht

Trotz mitteleuropäischer Sommerverhältnisse ist es möglich, mit der richtigen Zeitplanung und dem Einsatz von Pflanzenabdeckungen zwei Ernten nacheinander zu erzielen, und das nicht nur bei Kurzzeitpflanzen wie Salat und Radieschen. Es gibt sehr unterschiedliche Methoden, mit deren Hilfe frühere Ernten zu erreichen oder wärmebedürftige Pflanzen zu kultivieren sind.

Am komfortabelsten sind Gewächshäuser. Glas- und Plexiglasgewächshäuser gibt es in zahlreichen Formen und Größen zu kaufen. Weniger kostenaufwendig sind Gewächshäuser mit Wänden aus Folie. Anlehngewächshäuser, die am besten an der Ost- oder Westseite des Wohnhauses angebaut werden sind platzsparend und natürlich kann auch ein Wintergarten zur Ernteverfrühung benutzt werden.

*Gewächshaus aus Glas bzw. Plexiglas (links),*
*Folienhaus (Mitte),*
*Anlehngewächshaus / Wintergarten (rechts)*

Im Folgenden werden einige Selbstbauten für einfache und relativ schnell herzustellende Frühbeete, Wanderkästen und Folientunnel beschrieben.
Je nach Bauart und Unterlage können vier Arten von Frühbeeten unterschieden werden:

- das warme Mistbeet
- das halbwarme Frühbeet
- das kalte Frühbeet
- der Wanderkasten

Um einen Frühbeetkasten zu bauen, ist kein großer Aufwand nötig, wenn man ausrangierte Fenster zur Verfügung hat. (Alte Fenster sind bei Renovierungmaßnahmen auch oft kostenlos erhältlich, einfach mal den Handwerker anrufen). Die notwendigen Rahmenbretter kauft man dazu. Bei einem solchen Frühbeet richtet sich die Größe nach den vorhandenen Fenstern.
Wer seinen Kasten ganz neu baut, hat freie Wahl bei der Festlegung der Größen. Zwei bis drei Frühbeetkästen sind für die Pflanzenanzucht und zur Ernteverfrühung kleiner Mengen Salat ausreichend.
Im Garten werden die Kästen so platziert, dass die hohe Rückfront nach Norden zeigt. Die Neigung nach Süden gewährleistet den besten Sonneneinfall. Nordwind abhaltende Hecken, Bäume, Gemäuer oder Bauwerke sollten bei der Platzwahl Vorrang haben.

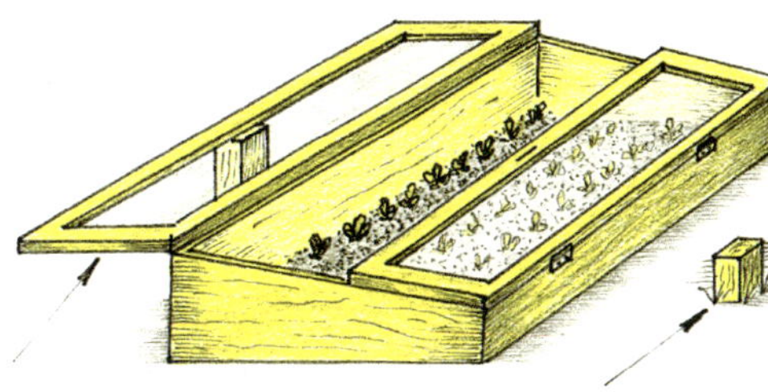


*Frühbeet aus alten Fenstern*

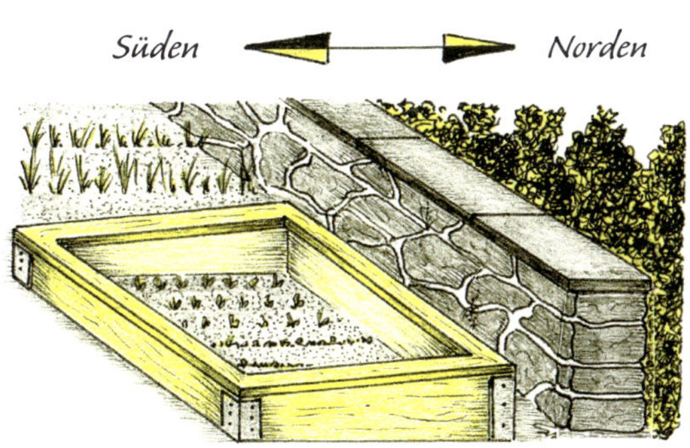


*Frühbeetkasten aus Neuteilen, nach Süden zur Sonne geneigt, nach Norden geschützt durch das Mäuerchen.*

# Frühbeetkasten (Bauplan)

Es können auch Maßabweichungen vorgenommen werden, wenn z. B. fertige Fenster vorhanden sind

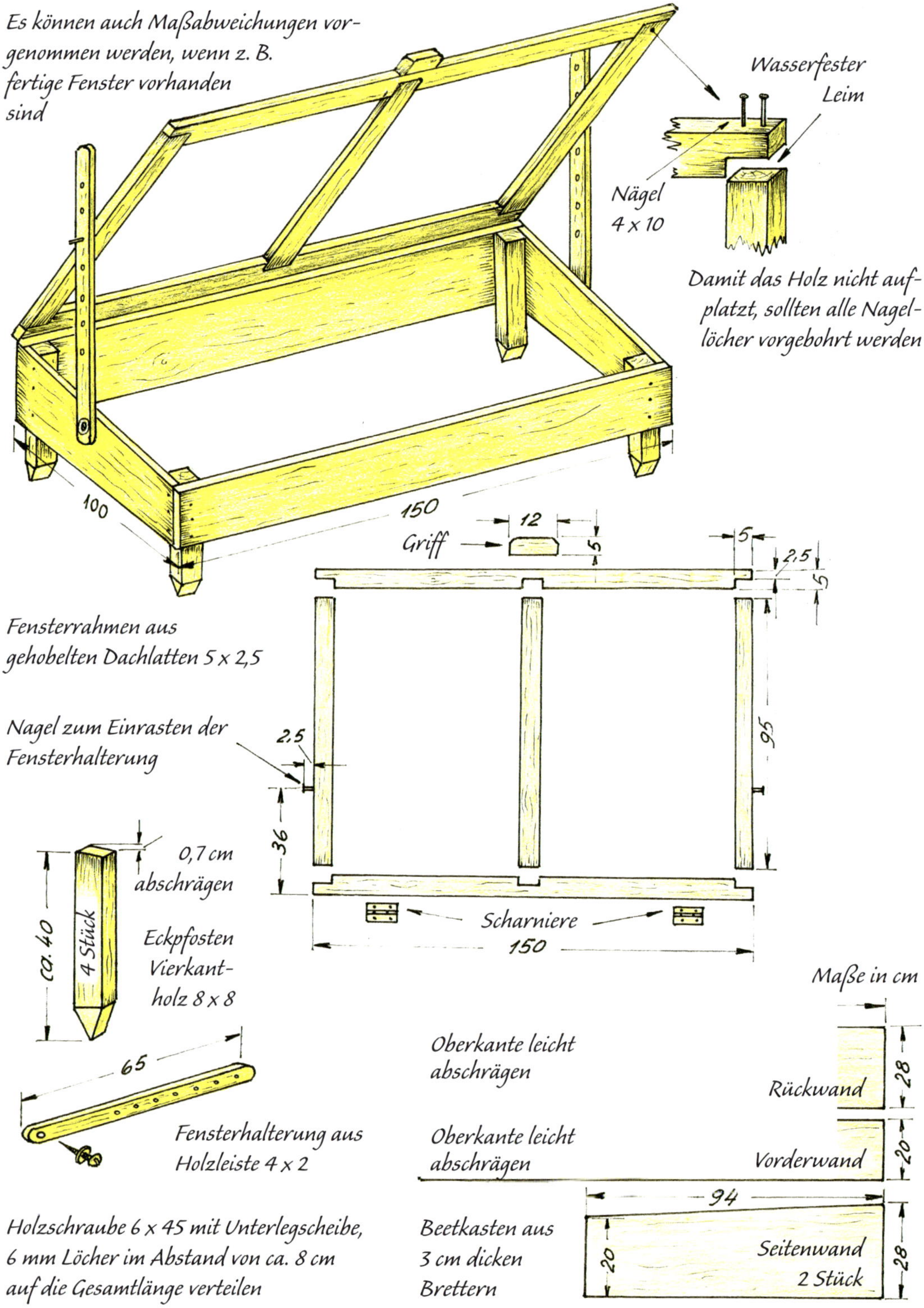


Damit das Holz nicht aufplatzt, sollten alle Nagellöcher vorgebohrt werden

Fensterrahmen aus gehobelten Dachlatten 5 x 2,5

Nagel zum Einrasten der Fensterhalterung

Eckpfosten Vierkantholz 8 x 8

Fensterhalterung aus Holzleiste 4 x 2

Holzschraube 6 x 45 mit Unterlegscheibe, 6 mm Löcher im Abstand von ca. 8 cm auf die Gesamtlänge verteilen

Beetkasten aus 3 cm dicken Brettern

# Weitere Bauhinweise

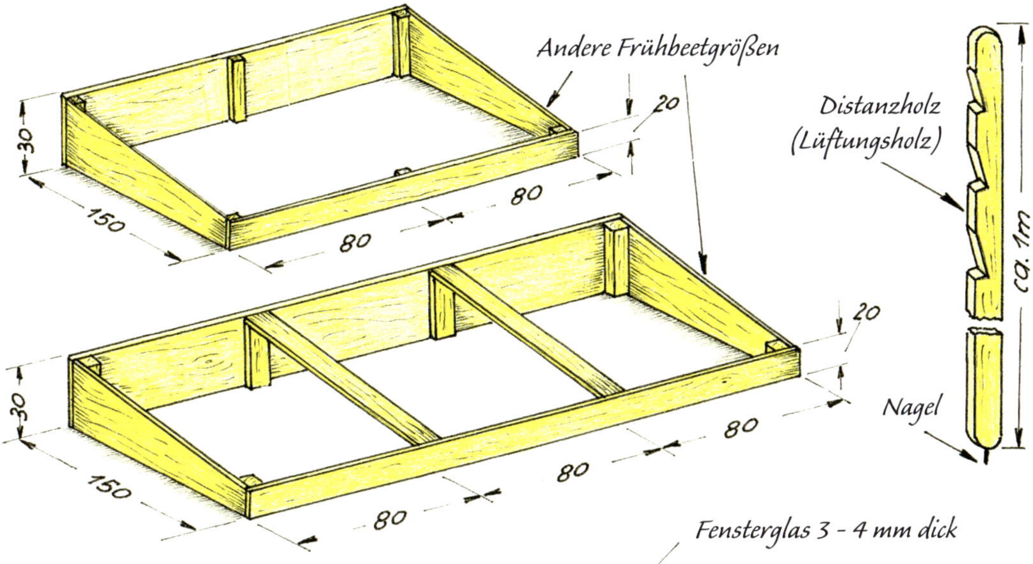


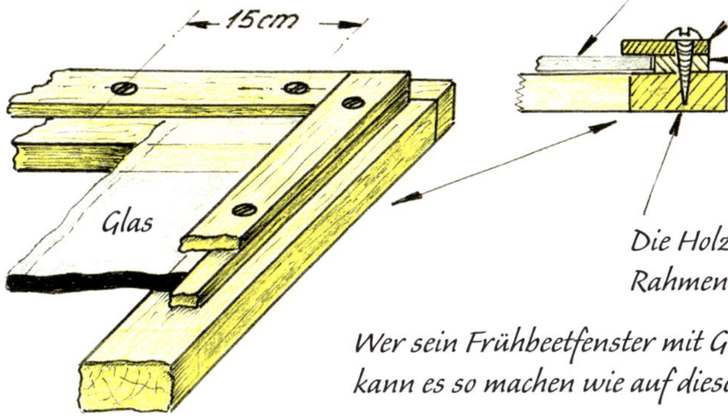


Wer sein Frühbeetfenster mit Glas ausrüsten möchte, kann es so machen wie auf dieser Abbildung gezeigt wird

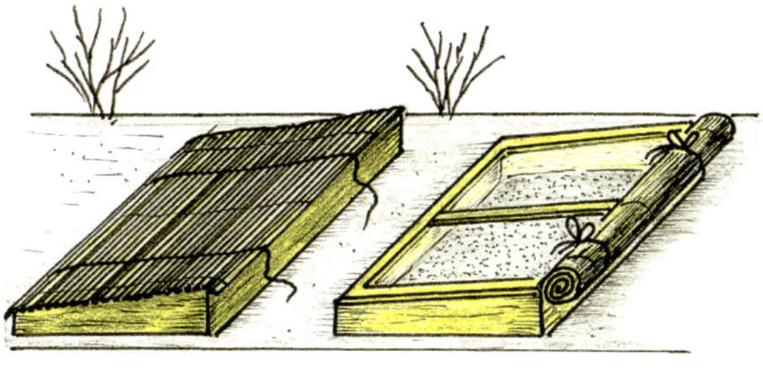

Das Her- und Wegräumen der Abdeckung entfällt, wenn am Kasten zwei Schnüre angebracht sind, mit denen die aufgerollte Strohmatte festgebunden wird

Besonders stabil werden die Kästen, wenn an den vier Ecken Metallwinkel angeschraubt werden. Dies gilt besonders für die Wanderkästen

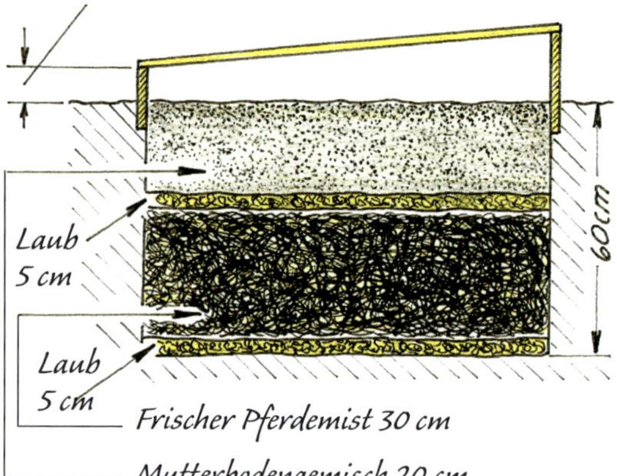


## Das warme Mistbeet

Die Grube für das mit Pferdemist gefüllte Mistbeet muss im Herbst vor Frosteintritt ausgehoben werden. Im Frühjahr wird dies nicht gelingen, da der Boden im Februar/März entweder noch gefroren oder zu nass ist. Mit dem warmen Mistbeet sind Ernteverfrühungen bis zu sechs Wochen möglich. Bereits Ende Mai kann so der erste Salat geerntet werden.

*Grube in Frühbeetkastengröße 60 cm tief ausheben*

*Die oberen 20 cm Mutterboden zur Seite legen*

*Mutterboden mit 10 % Reifkompost mischen*

*Vermischte Muttererde mit Laub oder Stroh über Winter abdecken*

*Die Grube wird ebenfalls mit Laub oder Stroh gefüllt*

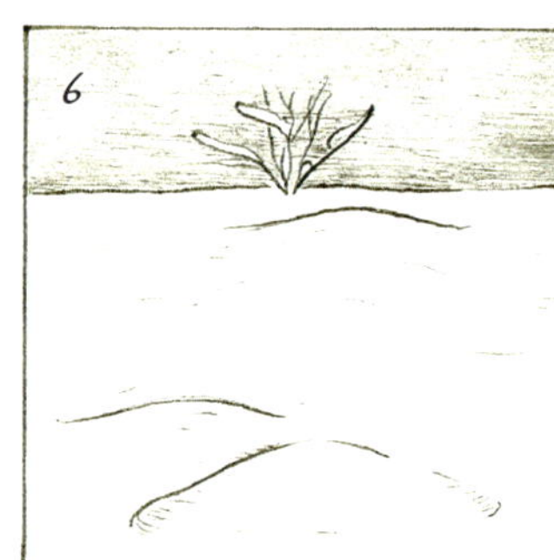


*So vorbereitet ruht die Anlage bis zum frühen Frühjahr*

Grube von der Winterfüllung befreien

Rahmen aufsetzen, Vorderkante 10 cm über dem Boden

Als Unterschicht 5 cm Laub einschütten

30 cm frischen Pferdemist hineingeben

Packung festtreten

5 cm Laub aufstreuen

20 cm Mutterbodengemisch aufbringen und glatt harken

Zwecks Erwärmung Fenster auflegen

Laub- oder Mistkragen als Wärmeschutz anlegen

Temperatur messen; nach Bodenerwärmung auf 8°C einsäen, Saat andrücken und mit Schachtelhalmtee anfeuchten.

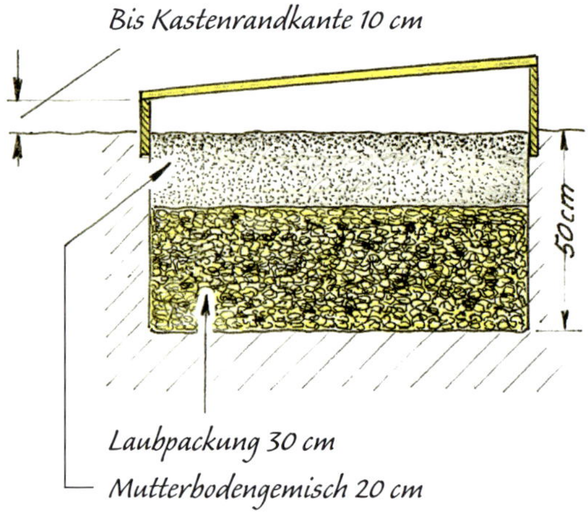


*Halbwarmes Beet*

## Das halbwarme Beet

Der Bau gleicht dem des warmen Mistbeetes. Die Grube wird aber nur 50 cm tief ausgehoben. Die Laubpackung sollte aus feuchtem, nicht zu nassem Laub bestehen. Es muss ausreichend Luft in der Schicht sein, damit die wärmebildende Verrottung in Gang kommt. Die Zugabe von grünen Pflanzenabfällen vom Wintergemüse wie Grünkohl oder Feldsalat sorgt für zusätzliche Wärme. Mitte März sollte das halbwarme Beet bereitstehen und kann dann zur Pflanzenanzucht und für frühen Salat benutzt werden.

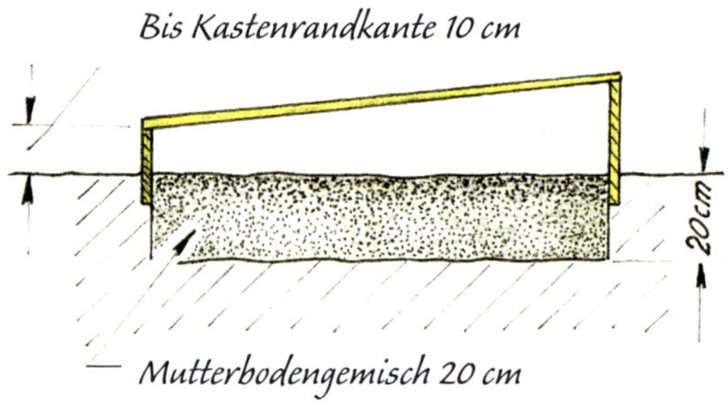


*Kaltes Frühbeet*

## Das kalte Frühbeet

Am meisten verbreitet ist der kalte Kasten, das Frühbeet, das immer am gleichen Platz stehen bleibt und keine Füllung bekommt. Auch hier ist eine frühere Ernte möglich. Durch die Abdeckung und die dunkle Komposterde im Inneren ist die Wärmeentwicklung besser als im offenen Beet. Gleichgültig, ob Fensterglas oder Folie den Kasten schützt, wichtig ist, dass die Rahmen dicht aufliegen.

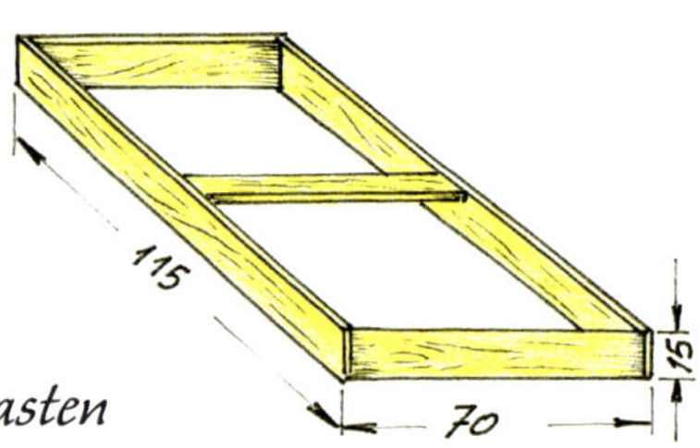


*Einfacher Wanderkasten*

## Der Wanderkasten

Das mobile Frühbeet lässt sich beliebig umsetzen, weil es nicht im Boden verankert ist. Der einfachste Wanderkasten besteht aus einem Rahmen aus etwa 15 cm breiten Brettern. Sie werden, wie auf der Abbildung gezeigt, zusammengenagelt und mit Folie bespannt. Die Größe ist natürlich beliebig, nur die Höhe von 15 cm darf nicht unterschritten werden. Zu beachten ist, dass der Kasten kein Gefälle hat und sich Regenwasser auf der Folie

sammelt. Dadurch können die Pflanzen beschädigt werden. Das Wasser muss also schnell abgekippt werden. Zum Lüften wird die dem Wind abgewandte Seite angehoben und unter den Rahmen werden Distanzhölzer gesteckt. Diese einfachen Wanderkästen können zur schnelleren Erwärmung auf Saatbeete, oder bei drohendem Nachtfrost über junge Pflanzen gestellt werden. Im Erdbeerbeet sorgen sie für frühere Blüte und damit für ein früheres Reifen der Früchte.
Ein größerer Wanderkasten ersetzt in kleinen Gärten das Frühbeet. Er wird im Sommer entfernt und macht Platz für die späten Gemüsesorten. Im späten Herbst wird er dann an die vorgesehene Stelle für das nächste Jahr gesetzt.

## Aussaaten im Frühbeet

Im Frühbeet werden die Reihen in Nord-Süd-Richtung angelegt. Trotz aller Schutzmaßnahmen ist das Wetter manchmal so ungünstig, dass die Saaten nicht aufgehen. Dann muss ein zweites Mal gesät werden. Ideal ist, den Boden vor jeder Aussaat mit verdünntem Schachtelhalmtee zu be-

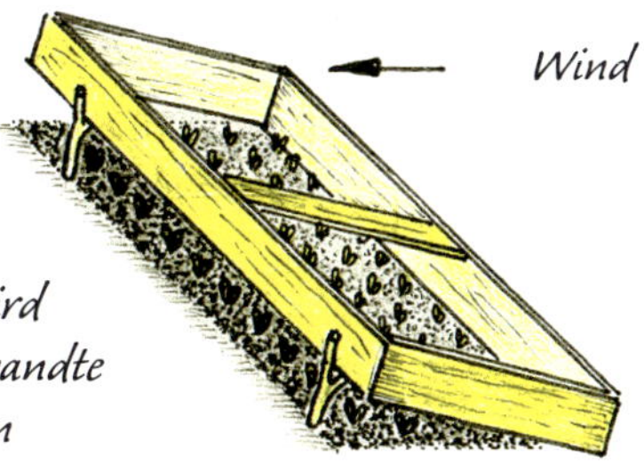


*Zum Lüften wird die windabgewandte Seite angehoben*

sprühen. Das sorgt für kräftiges Pflanzengewebe und hemmt Pilzbefall. Bis zum Aufgehen der Saaten können die Beete nachts mit Strohmatten oder alten Teppichen bedeckt werden.
Nach dem Aufgehen der Saat müssen die jungen Pflanzen nach und nach abgehärtet werden. Dazu wird zunächst das Frühbeet tagsüber für eine Stunde einen kleinen Spalt weit geöffnet. Die Lüftungszeit wird nach und nach verlängert, bis das Frühbeet etwa ab dem späten Vormittag bis zum späten Nachmittag belüftet wird. Zu dicht stehende Pflänzchen werden vereinzelt. Es bleiben nur so viele stehen, wie benötigt werden. Schneckenfraß kann auch im Frühbeet ein Problem werden. Deshalb sind regelmäßige Kontrollen notwendig. Überstäuben der Pflanzen mit Algenkalk verdirbt den Schnecken den Appetit.

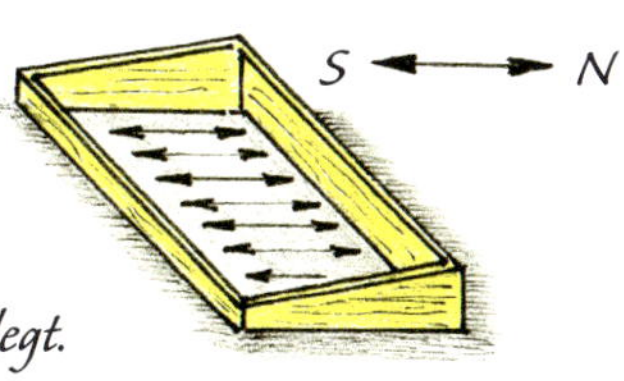


*Saatreihen werden in Nord-Süd-Richtung angelegt.*

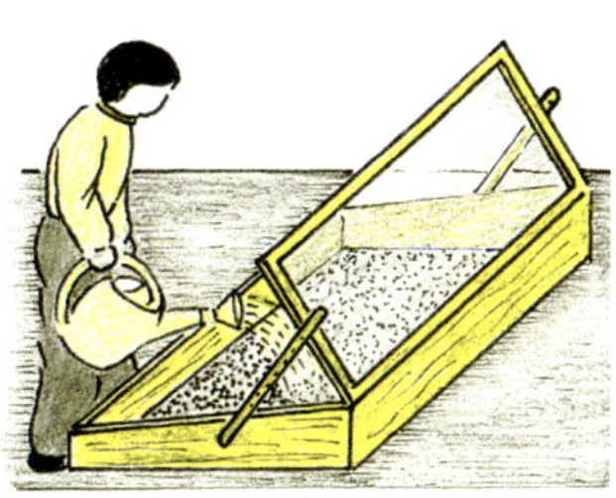

*Ideal ist, vor jeder Aussaat den Boden mit verdünntem Schachtelhalmtee zu besprühen.*

*Strohmatten oder alte Teppiche schützen nachts die Saat vor Kälte (oben). Zu dicht stehende Pflänzchen werden vereinzelt (unten).*

# Bauplan für einen Wanderkasten

*mit allseitigem Lichteinfall und abnehmbarem Deckel*

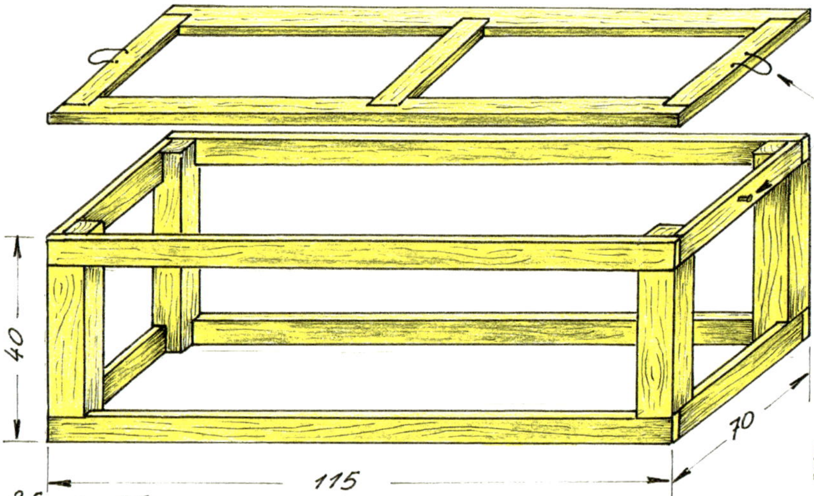


Damit der Wind den Deckel nicht abwerfen kann, wird hier eine Schlaufe zum Einhaken angebracht

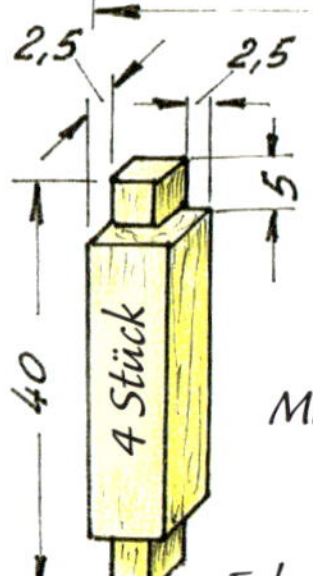


Maße in cm

Eckpfosten aus Vierkantholz 8 x 8

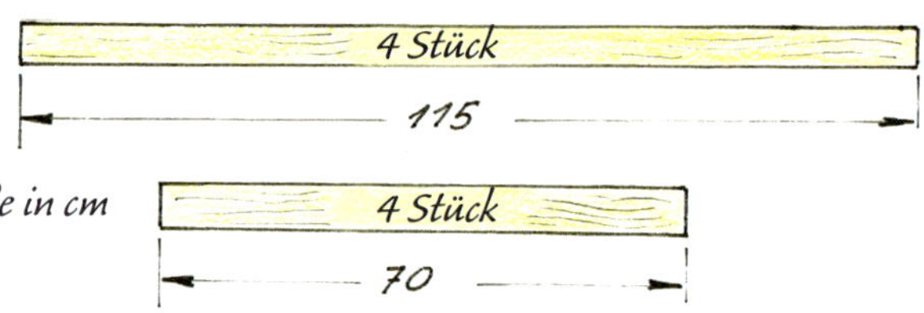


Rahmen und Deckel aus Dachlatten 5 x 2,5

Holzschrauben 5 x 50
Löcher vorbohren

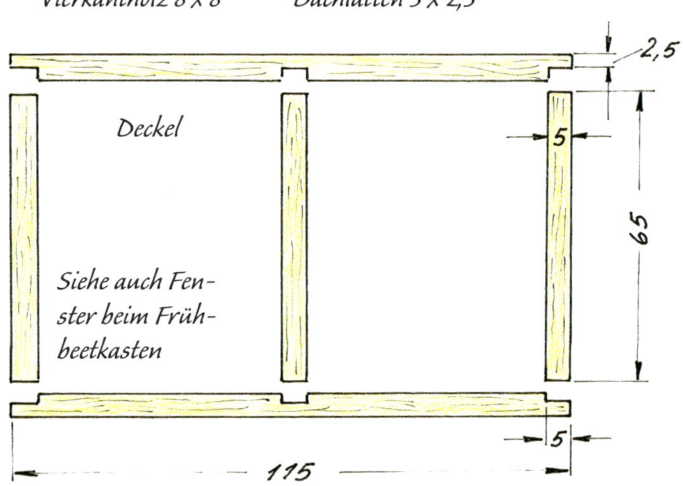


Werden statt Nägeln Holzschrauben verwendet, kann man bei Nichtgebrauch den Kasten gut auseinandernehmen und platzsparend lagern

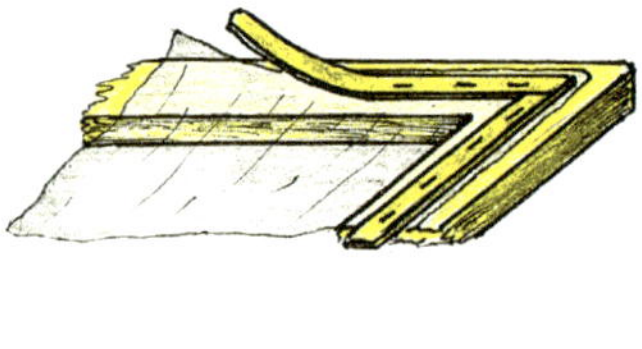

Die Folie hält besser, wenn sie vor dem Nageln (Pappstifte) oder Auftackern mit einem Streifen aus wasserfestem Material (Isolierband oder Klebestreifen) abgeklebt wird

# Schutzmaßnahmen für Saaten und Jungpflanzen

Ein Folientunnel lässt sich in jeder beliebigen Größe bauen

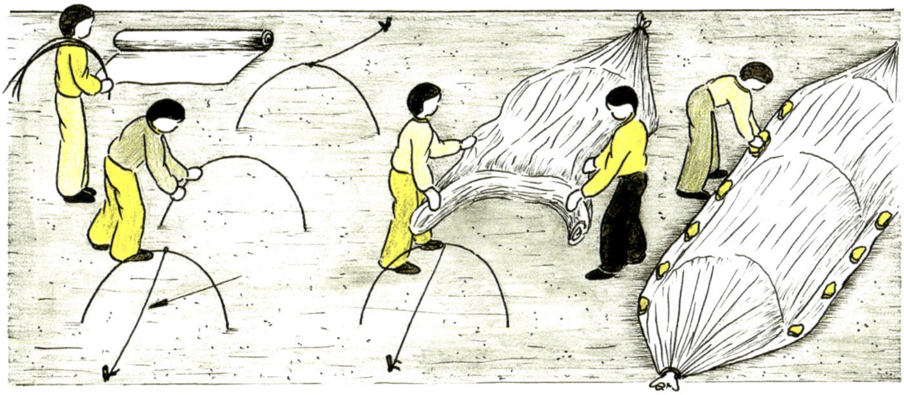

Drahtbügel stecken — Folie überziehen — Ränder beschweren

Plastikbecher

Offener Tunnel

Abdeckung mit Vlies oder perforierter Folie. Wird glatte Folie benutzt, sollten zuvor mit der Harke einige Löcher eingeschlagen werden, es sammelt sich sonst zu viel Regenwasser an.

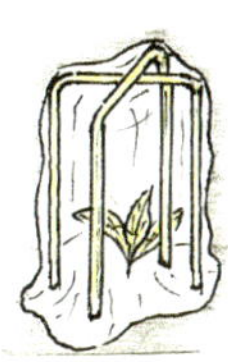

Hauben aus Einfrierbeutel über Drahtbügel gezogen

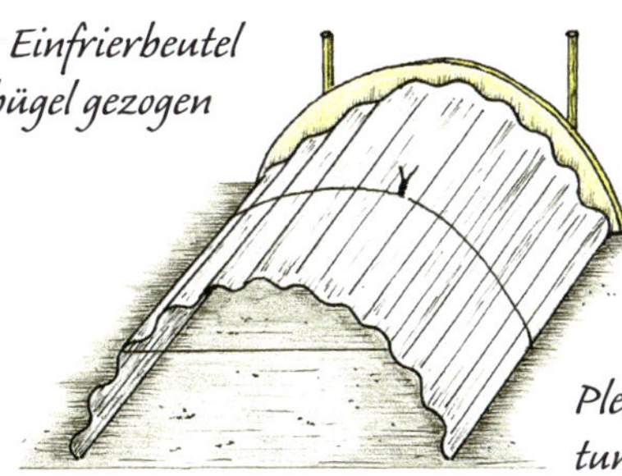

Plexiglas-tunnel

Für Stangenbohnen gelochte Eimer überstülpen

Tunnel aus aufgetrennten Plastikkübeln

Nicht nur zur frühen Ernte, sondern auch gegen späte Nachtfröste sind Folientunnel und die anderen hier gezeigten Schutzvorrichtungen schnell aufgebaut.

# Pflanzenanzucht auf der Fensterbank

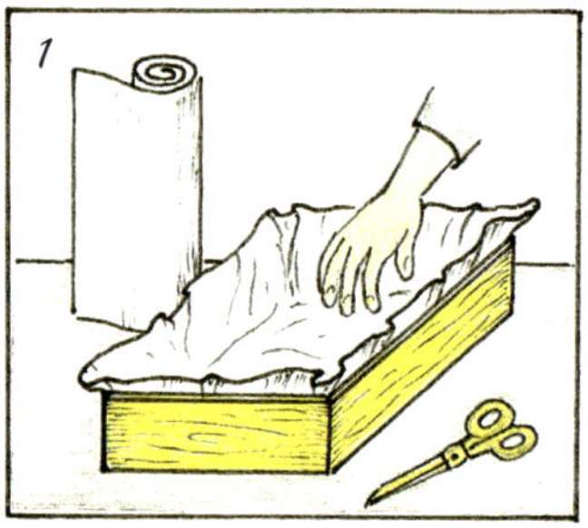


Holzkiste mit Folie auslegen

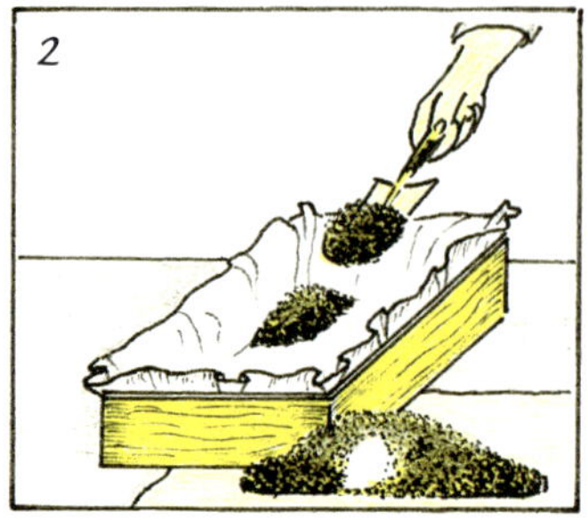


Erdgemisch 1* in die Kiste füllen

Erde mit Schachtelhalmtee durchfeuchten

Ungebeizten Samen 20 Minuten in SPS-Saatbad legen

Samen auf saugfähigem Papier trocknen. Getrockneten Samen aussäen

Kiste bis zum Aufgehen der Saat abdecken (Pappe oder Zeitung), gut mit verdünntem Schachtelhalmtee feucht halten

Wenn die Keimblätter voll ausgebildet sind, Pflanzen in Erdgemisch 2** pikieren und mit SPS-Lösung überbrausen

Kisten und Töpfe mit Pflanzen ins Frühbeet oder Gewächshaus stellen

Pflanzen mit gut angefeuchtetem Ballen aus den Töpfen oder Kisten nehmen und mit Wurzelballen einpflanzen

***Erdgemisch 1**

1 Teil Kompost
1 Teil Sand
1 Teil Gartenerde
3 Teile Feiner Rindenhumus

****Erdgemisch 2**

3 Teile Kompost
1 Teil Sand
2 Teile Gartenerde
2 Teile Feiner Rindenhumus

# 4. Gemüse – Planung und Anbau

Die meisten Gemüsepflanzen müssen aufgrund ihrer Stoffwechselausscheidungen, ihres Nährstoffbedarfs und der Schädlinge jährlich den Platz wechseln. Um einen Fruchtwechsel ohne Fehler durchzuführen, ist ein Gartenplan mit nummerierten Beeten sinnvoll.
Für größere Gärten ist darüberhinaus ein Gartentagebuch zu empfehlen, in das z. B. eingetragen wird:

- Pflanz- und Aussaatdaten.
- Art der Bodenbearbeitung mit Datum.
- Düngung, Gründüngung, Mulchart mit Terminen.
- Pflegemaßnahmen wie Spritzungen mit Kräuterbrühen oder Stäuben mit Algenkalk.
- Auftretende Krankheiten und Schädlinge.
- Erfolge und Misserfolge.
- Erntedaten und -menge.

## Die klassische Fruchtfolge

Diese Art der Fruchtfolge wird in engem Zusammenhang mit Stark-, Mittel- und Schwachzehrern angewandt.
In der Praxis heißt das: auf frisch und stark gedüngtem Boden werden Starkzehrer als Hauptkultur angebaut. Dazu zählen alle Kohlarten, Kartoffeln, Gurken, Kürbisarten, Porree, Sellerie sowie Tomaten.
Im folgenden Jahr wird das Beet nur leicht gedüngt (Gründünger oder Reifkompost) und die Hauptkultur aus der Gruppe der Mittelzehrer gewählt. Dazu gehören Möhren, Fenchel, Knoblauch, Zwiebeln, Rote Rüben, Radieschen, Rettich, Salat, Spinat, Schwarzwurzeln und Kohlrabi.
Im dritten Jahr kommen bei schwacher Kompostdüngung (oder bei nährstoffreichem Boden ohne Düngung) Schwachzehrer als Hauptkultur an die Reihe: Erbsen, Buschbohnen und Kräuter.

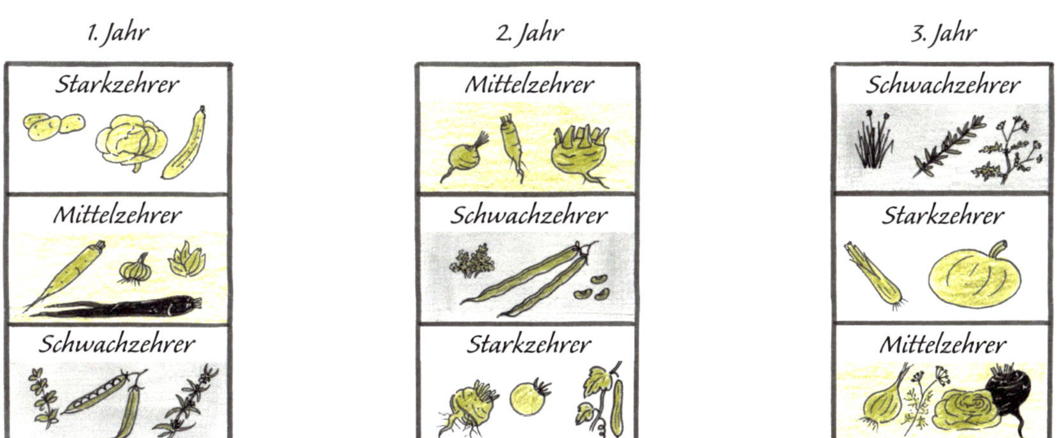

# Haupt-, Zwischen-, Vor- und Nachkultur

Neben der Hauptkultur können platzsparend noch Zwischen-, Vor- und Nachkulturen eingeplant werden.
Bestimmend für den Anbauplan ist die Hauptfrucht mit ihrer Kulturdauer. Gartenneulinge sollten die Tabellen „Mischkultur nach dem Vorbild der Natur“ (S. 101), „Kulturanweisung für die wichtigsten Gemüsearten“(S. 103 und 104) sowie „Saat-, Pflanz- und Erntezeiten für Gemüse“ (S. 105 bis 107) zu Rate ziehen, um ihren Plan für die Aussaat-, Pflanzzeiten und Entwicklungsdauer erstellen zu können.
Anhand zweier Beispiele soll ein platzsparender Gemüseanbau vorgestellt werden:

*Beispiel 1: Gurken als Hauptkultur*
Gurken gehören zu den Starkzehrern. Die Mittelreihe des Beetes wurde im Herbst gut mit Kompost versehen. Den Stickstoff liefern die Ackerbohnen.
Anfang März wird eine Reihe Ackerbohnen als Vorkultur (Gründünger) in die Beetmitte gelegt. Ende März bis Anfang April, je nach Witterung, werden die beiden äußeren Reihen mit den Vorkulturen Salat bzw. grünem Kohlrabi bepflanzt. Bevor die Gurken auf das Beet kommen, werden die Ackerbohnen entfernt. Ab 10. Mai können die Gurken (je 4 Stück im Abstand von 20 cm) gelegt werden. Von den Gurken bleiben jeweils die beiden kräftigsten stehen.
Die Gurken wachsen zügig heran. Salat und Kohlrabi werden nach und nach geerntet und etwa Ende Juni beanspruchen die Gurken die ganze Breite des Beetes. In den letzten Julitagen werden die Gurken an einer Beetseite weggeschoben und eine Reihe Chinakohl als Nachkultur gesät.
Etwa Mitte August ist dann die Gurkenernte beendet und die Reste werden ausgerissen. Hier kann als Nachkultur vorgezogener Fenchel gepflanzt werden. Der inzwischen gekeimte Chinakohl wird auf den erforderlichen Pflanzenabstand ausgedünnt. Auf der anderen Beetseite lässt sich nun Zuckerhut pflanzen, so dass das Beet Anfang September wieder vollständig bewachsen ist. Zuckerhut verträgt Frost bis –6 °C.

*Beispiel 1*

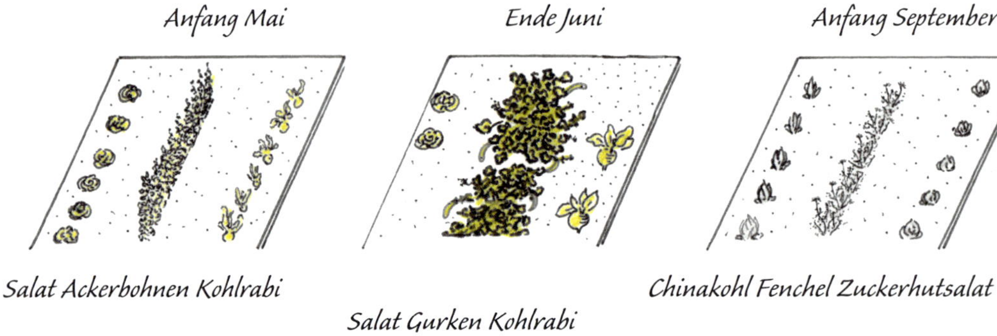

*Beispiel 1* *Günstig für gutes Planen ist folgender Zeitplan:*
*V = Vorkultur, H = Hauptkultur, N = Nachkultur*

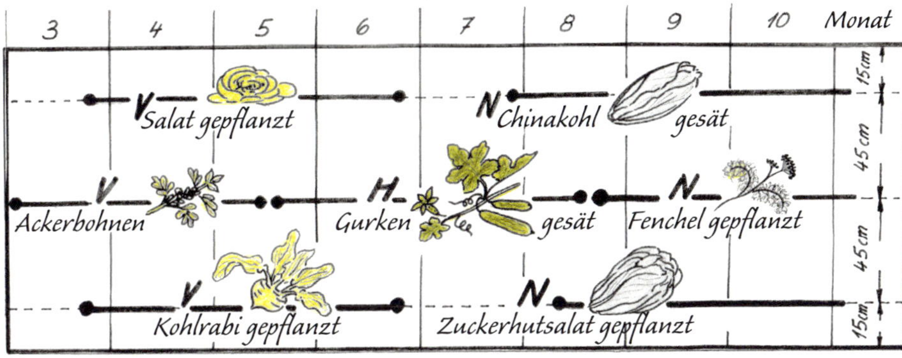


## *Beispiel 2: Spätkohl als Hauptkultur*

Ende März werden als Vorkultur in die Mitte des Beetes Schalerbsen eingebracht und jeweis 10 cm vom Außenrand entfernt als weitere Vorkulturen Mairüben, Radieschen und Kresse gesät.
Ende April kommt die Hauptkultur aufs Beet: rechts und links der Erbsenreihe wird Weißkohl ausgesät. Dieser wächst geschützt zwischen den Reihen der Vorkulturen heran. Später wird der Kohl auf den richtigen Abstand vereinzelt. In die Kohlreihen können Anfang Juni einige Selleriepflanzen dazwischengepflanzt werden. Sellerie bietet Schutz vor Kohlweißlingen und anderen Schädlingen.
Nach der Erbsenernte Ende Juni kann sich die Hauptkultur nun ausbreiten.
Anfang August wird als Nachkultur Feldsalat in die Erde gebracht.

So oder so ähnlich lassen sich alle Beete planen. Experimentierfreudigen Gärtnern und Gärtnerinnen bieten sich hier unerschöpfliche Betätigungsfelder. Mit der Zeit entwickelt man ein Gespür dafür, was für den eigenen Garten passt.

*Mischkultur: Pflanzen nach System*

*Ende Mai* *Ende Juli* *Ende September*

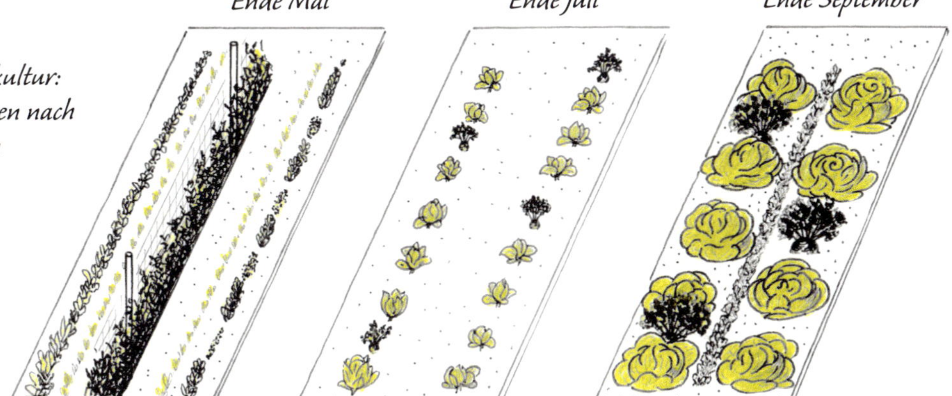

*Mairüben Erbsen Radies/Kresse Spätkohl Spätkohl* *Spätkohl und vereinzelt Sellerie* *Spätkohl Feldsalat Spätkohl einzelne Selleriepflanzen*

Beispiel 2 Erbsen - Spätkohl
V = Vorkultur, H = Hauptkultur, N = Nachkultur

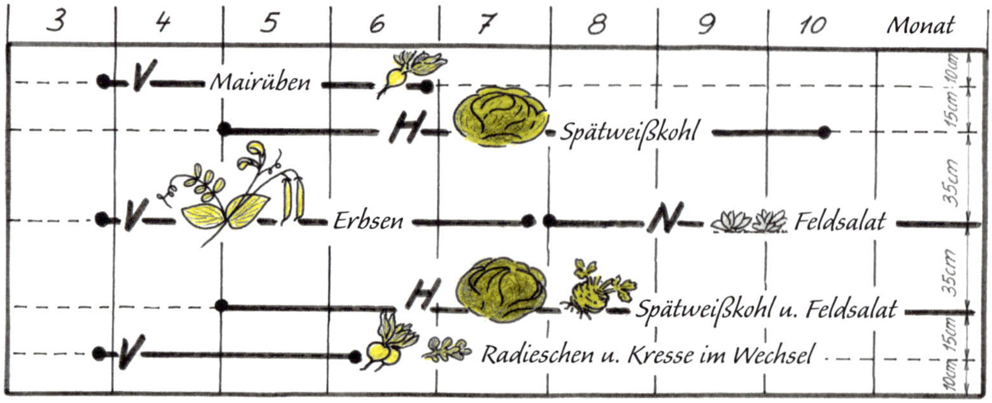


# Phytonzide und Mischkultur

Als Phytonzide werden bestimmte biologische Wirkstoffe bezeichnet, die von allen Pflanzen gebildet und in Boden, Luft und Wasser wirksam werden. Es gibt einen ständigen Stoffaustausch zwischen verschiedenen Pflanzen, der je nach Nachbarschaft wachstumsfördernd, -hemmend oder neutral wirkt. Phytonzide lassen sich gezielt zum Pflanzenschutz und zur Wachstumsförderung einsetzen (siehe nebenstehende Mischkulturtabelle).
Die richtige Zusammenstellung der Pflanzen hat nicht nur erstaunliche Ertragssteigerungen zur Folge (bis zu 30 %), manche Phytonzide wirken auch auf Insekten, Bakterien und Pilze abwehrend, vereinzelt sogar toxisch.
Die Menge der Phytonzidbildung ist wiederum von der Gesundheit einer Pflanze abhängig, das heißt in der Praxis, je belebter und gesünder der Boden, desto deutlicher ist die Phytonzidwirkung.

*Die Wurzeln sich gegenseitig anziehender Pflanzen wachsen ineinander*

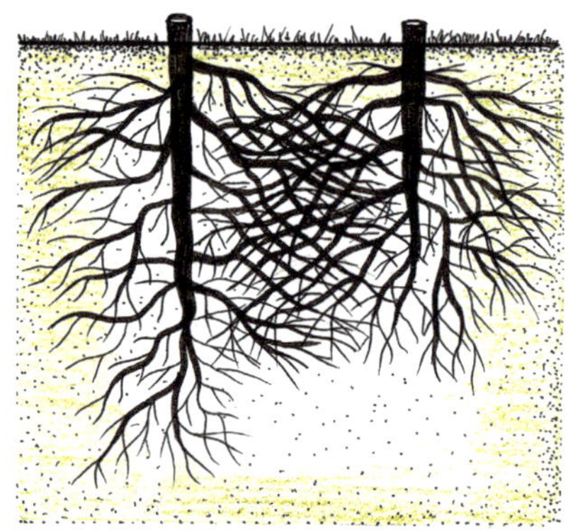

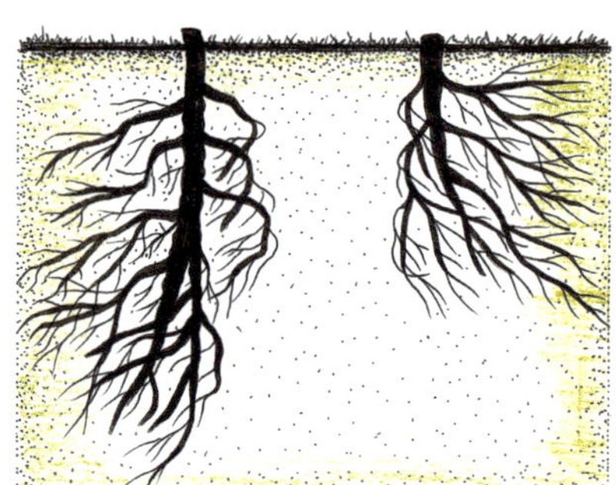

*Wurzeln von Pflanzen, die sich nicht vertragen, streben auseinander*

# Mischkultur nach dem Vorbild der Natur

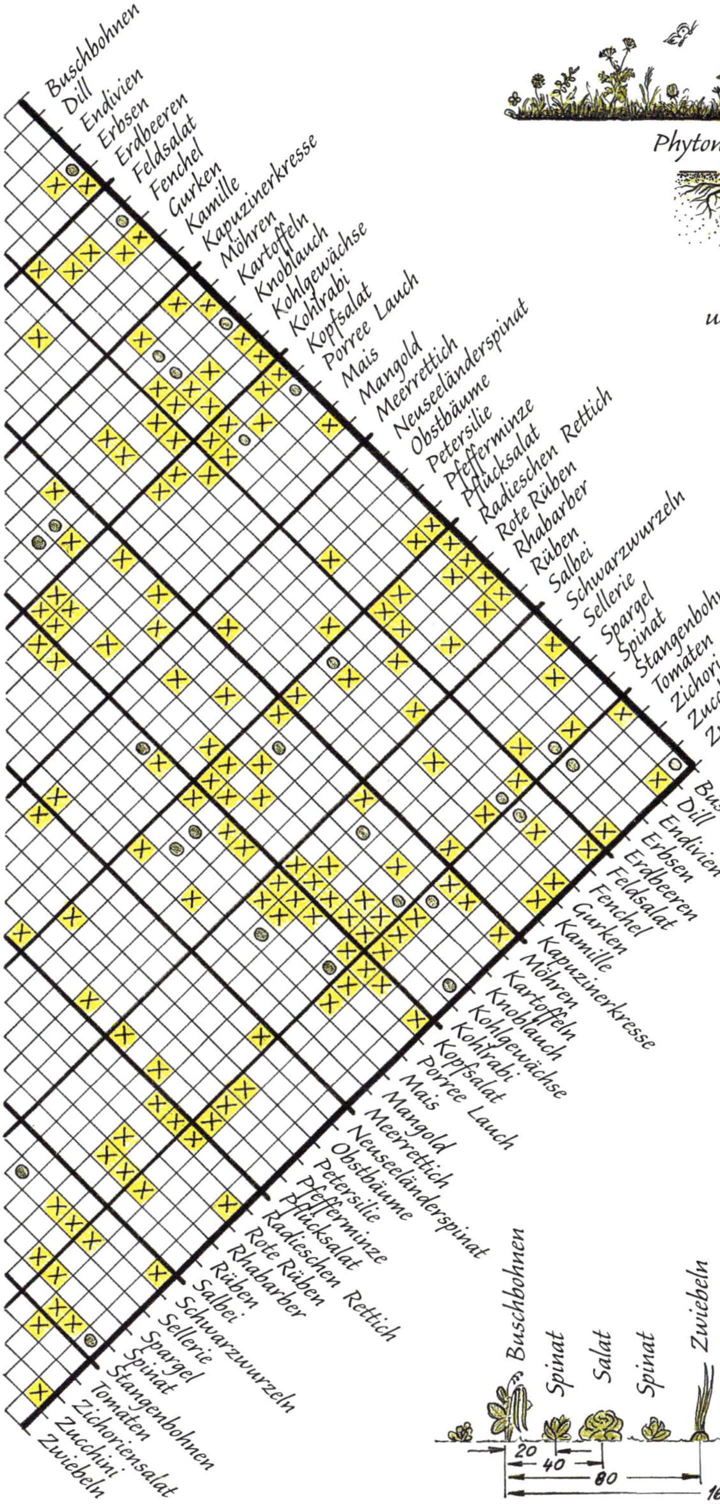

Phytonzide fördern Pflanzengesundheit

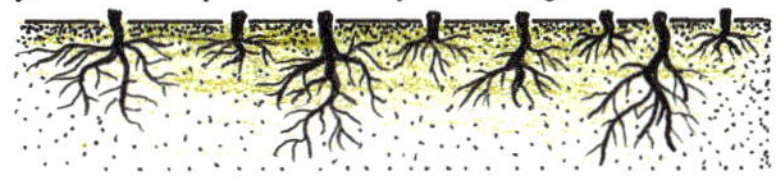

In der Mischkultur werden die Bodennährstoffe durch den Wechsel von Flach- und Tiefwurzlern besser ausgenutzt.

Der Wechsel von großen und kleinen Pflanzen ermöglicht eine bessere Ausnutzung des Sonnenlichts. Schädlinge, die auf bestimmte Wirtspflanzen spezialisiert sind, werden abgelenkt

# Beispiele guter Mischkultur-Nachbarschaften

Knoblauch wirkt durch seinen starken Geruch schädlings- und krankheitsabwehrend, insbesondere gegen Pilzbefall. Außer Erbsen, Bohnen und Kohlgewächsen vertragen ihn alle Gartenpflanzen

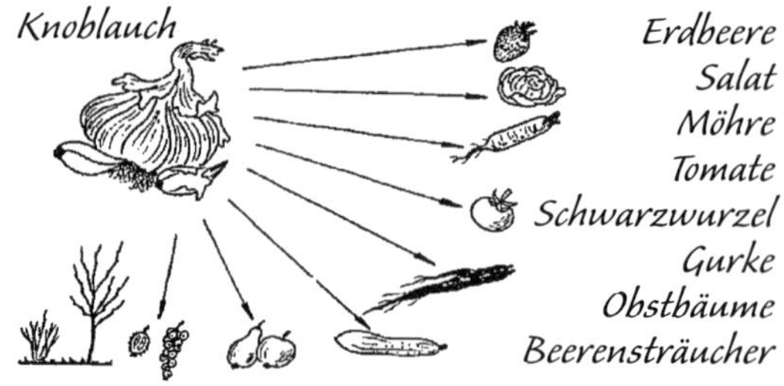


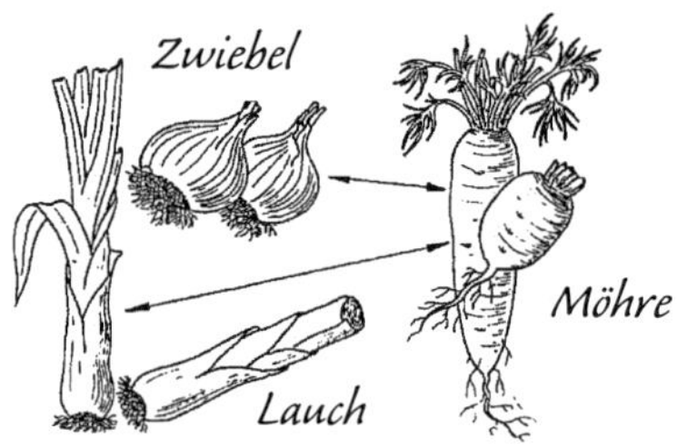


Gegenseitige Abwehr von Schadinsekten (Möhrenfliege, Zwiebelfliege)

Tomaten sind dank ihrer Duftausscheidungen ebenso wie Sellerie eine gute Abwehrpflanze und halten Schadinsekten fern. Kohl verhütet Sellerierost

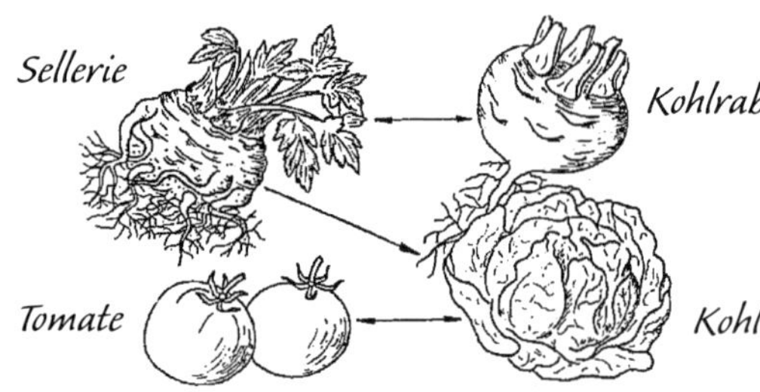


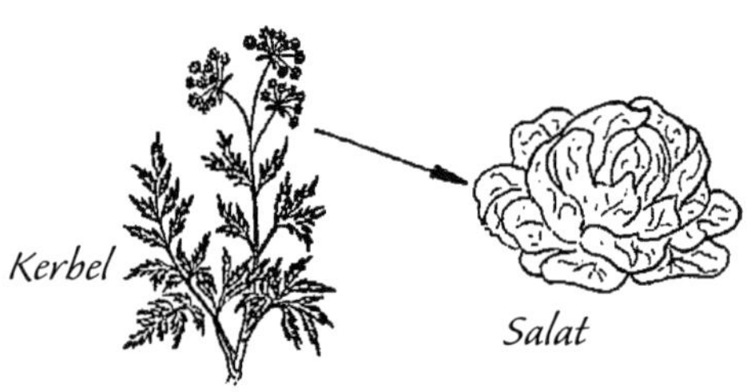


Der starke Geruch von Kerbel vertreibt Ameisen, wehrt Läuse und Mehltau ab.

Dill fördert die Keimfreudigkeit anderer Samen (Möhren!). Durch seine Geruchsausscheidungen bleiben Möhren, Rote Rüben, Gurken und Kohlarten gesund.

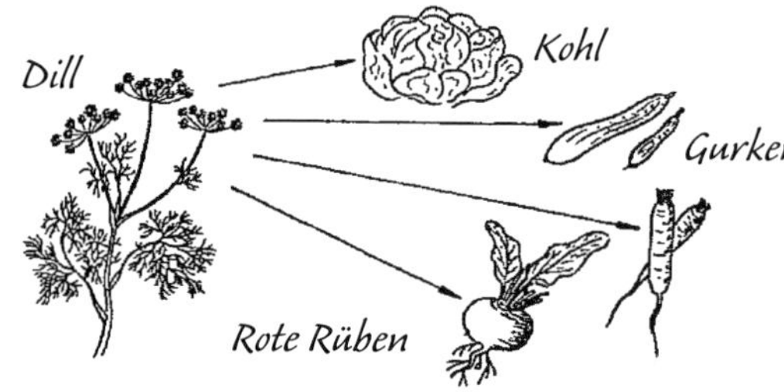


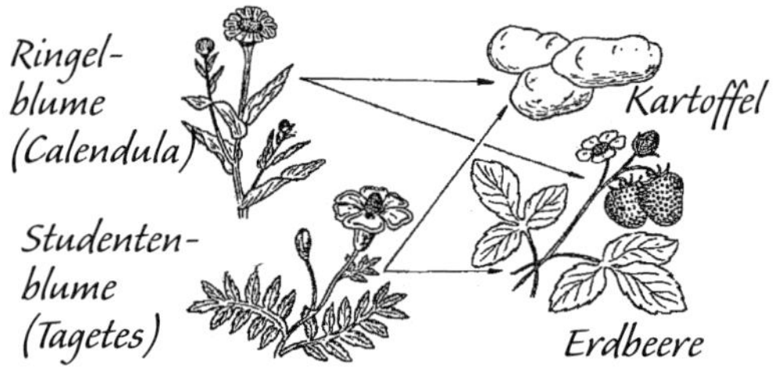


Studentenblume und Ringelblume dezimieren Nematoden in befallenen Böden.

# *Kulturanweisung für die wichtigsten Gemüsearten*

| *Gemüseart* B = Blatt, F = Frucht, W = Wurzel, (L) = Leguminose | | *Bodenanspruch* | *Reihenabstand in cm* | *Abstand in der Reihe in cm* | *Saattiefe in cm* | *Keimzeit in Tagen* | *Anzucht und Kultur* |
|---|---|---|---|---|---|---|---|
| Aubergine | F | M | 50 | 30 | 2-3 | 15-18 | Freiland nur im Weinklima, sonst im Tunnel |
| Buschbohnen | F (L) | Sch | 40-50 | 40-50 | 3-4 | 4-12 | Hacken, häufeln, mulchen, zu |
| Puffbohnen | F (L) | Sch | 50 | 20 | 5-6 | 10-14 | dicht stehende Pflanzen verein- |
| Stangenbohnen | F (L) | M | 80 | 50-60 | 4 | 4-12 | zeln, 10 Körner um 1 Stange legen |
| Chinakohl | B | St | 40 | 30 | 3-4 | 3-10 | Direktsaat vorteilhaft |
| Chicoree | W | M | 30 | 15-20 | 4-6 | 5-12 | Direktsaat, Wurzeln in Kisten eingraben, ab Januar antreiben |
| Eissalat | B | M | 30 | 30-35 | 2 | 4-10 | Sommersalat, schießt selten |
| Endivien | B | M | 30-40 | 30 | 4-5 | 6-10 | Direktsaat und Pflanzung |
| Erbsen | F (L) | Sch | 6-14 | 5 | 3-4 | 6-14 | Hohe Sorten an Reisig oder Draht |
| Feldsalat | B | Sch | 10-15 | dicht | 1 | 8-14 | Reihen- oder Breitsaat |
| Fenchel | B | St | 40-50 | 25-30 | 1-2 | 15-25 | Direktsaat, vereinzeln. hacken, häufeln |
| Gurken | F | St | 100 | 30-35 | 5 | 5-10 | Salatgurken im Tunnel |
| Kohlrabi | B | St | 30-40 | 25-30 | 4-5 | 5-6 | Frühbeet oder Direktsaat |
| Brokkoli | B | St | 40-50 | 50 | 3-4 | 3-10 | Frühbeet oder Freilandsaat, |
| Weißkohl | B | St | 50 | 50 | 3-4 | 6-8 | tief pflanzen, pH-Wert 7 nötig |
| Rotkohl | B | St | 50 | 50 | 3-4 | 6-8 | feucht halten; |
| Wirsingkohl | B | St | 50 | 50 | 3-4 | 6-8 | hacken, häufeln, mulchen, tief- |
| Blumenkohl | B | St | 50 | 50 | 3-4 | 6-8 | gründiger Gartenboden, Kom- |
| Rosenkohl | B | St | 60 | 60 | 4-5 | 4 | postgaben, fünfjährlicher Frucht- |
| Grünkohl | B | St | 45 | 45 | 4-5 | 5 - 7 | wechsel erwünscht |
| Kohlrübe | W | M | 50 | 40 | 4-6 | 4-7 | Direktsaat vereinzeln |
| Kopfsalat | B | M | 30 | 30 | 2 | 5-14 | Früher im Tunnel, später Freilandsaat, flach pflanzen |
| Knollensellerie | W | St | 40-45 | 40 | 4-5 | 15-25 | Anzucht auf Fensterbank; Anfang April ins Frühbeet pikieren, flach pflanzen |
| Knoblauch | W | M | - | 15 | 5 | - | Humoser, nährstoffreicher Boden |
| Kresse | B | Sch | 10 | dicht | 2-4 | 2-4 | Nicht zu tief schneiden, wächst nach |

*Sch = Schwachzehrer   M = Mäßigzehrer   St = Starkzehrer*

# Kulturanweisung für die wichtigsten Gemüsearten

| Gemüseart<br>Blatt = B<br>Frucht = F<br>Wurzel = W<br>Leguminose = (L) | | Bodenanspruch | Reihenabstand in cm | Abstand in der Reihe in cm | Saattiefe in cm | Keimzeit in Tagen | Anzucht und Kultur |
|---|---|---|---|---|---|---|---|
| Kürbis | F | St | 150 | 100 | 5-6 | 10 | Nährstoffreicher humoser Boden, feucht halten |
| Mangold | B | M | 25-30 | 40 | 3-4 | 8-14 | Hacken, mulchen |
| Möhren | W | M | 25 | 5-8 | 2 | 15-30 | Markierungssaat mit Dill oder Radieschen |
| Neuseeländer-spinat | B | M | 65 | 65 | 3 | 5-30 | Vorkultur in Töpfen, schossfest |
| Paprika | F | M | 45 | 45 | 2-3 | 8-20 | Vorkultur im warmen Frühbeet oder Gewächshaus |
| Pastinake | W | M | 25-30 | 8-12 | 2 | 28-35 | Kein Schädlingsbefall, winterhart |
| Porree | B | St | 30 | 15 | 1-2 | 12-18 | Hacken, häufeln, mulchen |
| Radieschen | W | Sch | 10-15 | 5 | 1 | 5-8 | Bei Trockenheit hacken und gießen |
| Rettich | W | M | 10-15 | 10 | 4 | 4-10 | Bei Trockenheit gießen, gegen Erdflohbefall Mischkultur, Salat und Spinat mit in die Reihen säen |
| Rote Rübe | W | M | 20-25 | 15 | 3-4 | 9-14 | Direktsaat, vereinzeln |
| Schnittsalat | B | M | 10-15 | dicht | 2 | 5-14 | Direktsaat, vereinzeln |
| Sellerie (Bleich) | B | St | 35 | 20 | 4 | 15-25 | Ab Mitte August bleichen |
| Schwarzwurzel | W | M | 25-30 | 10 | 1 | 10-16 | Direktsaat, winterhart |
| Spinat | B | M | 20-25 | dicht | 3 | 5-14 | Direktsaat, winterhart |
| Tomate | F | M | 80 | 75 | 2-3 | 6-14 | Vorkultur in Kästen, 2x pikieren, ab 15. Mai ins Freiland pflanzen |
| Zichoriensalat | B | M | 25-30 | 10 | 2 | 3 | Direktsaat, vereinzeln, hacken, frosthart bis -5 °C |
| Zuckermais | F | St | 40 | 15-20 | 3 | 14 | Direktsaat, Ernte, wenn die herausragenden Staubgefäße schwarz werden |
| Zucchini | F | St | 100 | 80 | 4 | 10 | Direktsaat |
| Zwiebel | W | M | 20-30 | 5 | 1-2 | 10-25 | Direktsaat oder Steckzwiebeln |

*Sch = Schwachzehrer M = Mäßigzehrer St = Starkzehrer*

# Saat-, Pflanz- und Erntezeiten für Gemüse

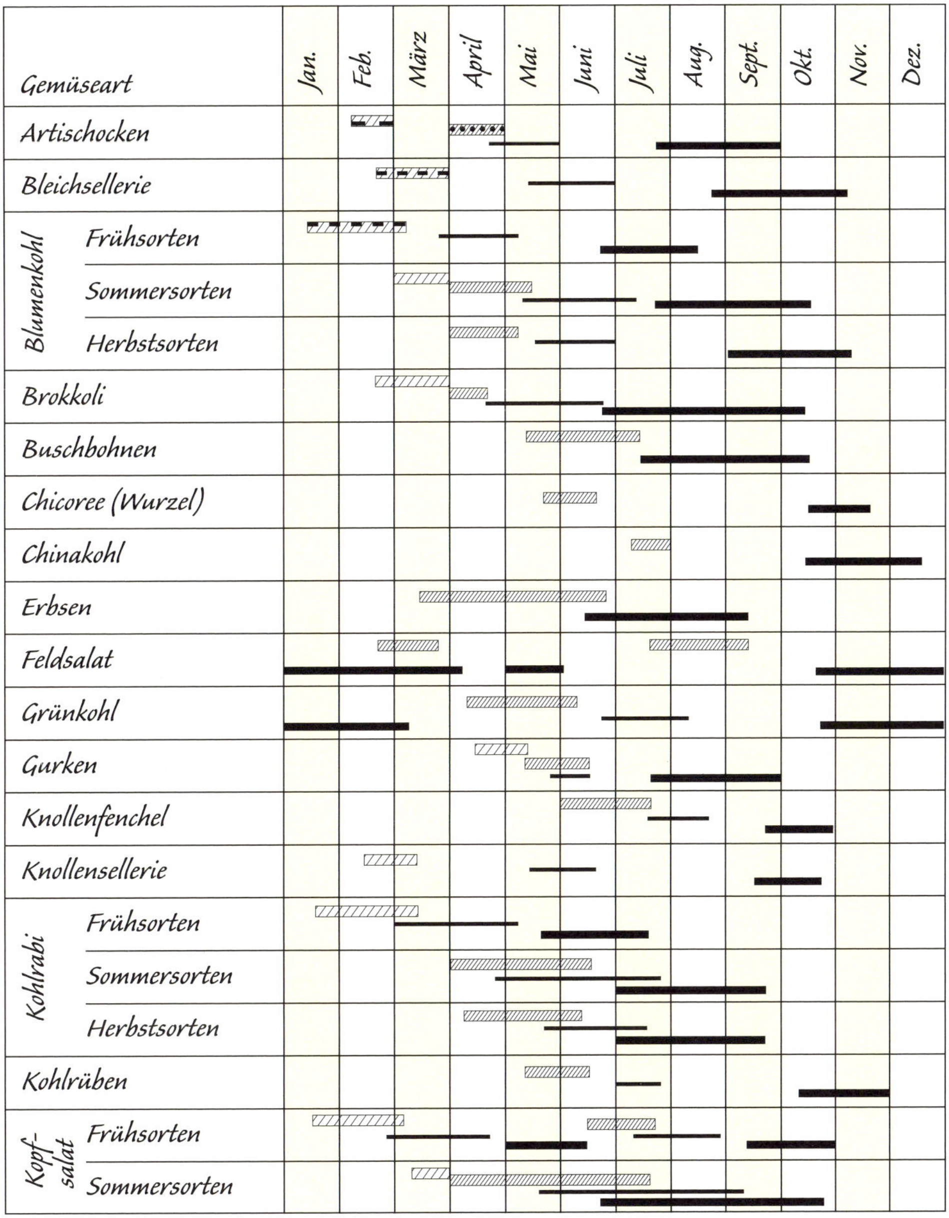

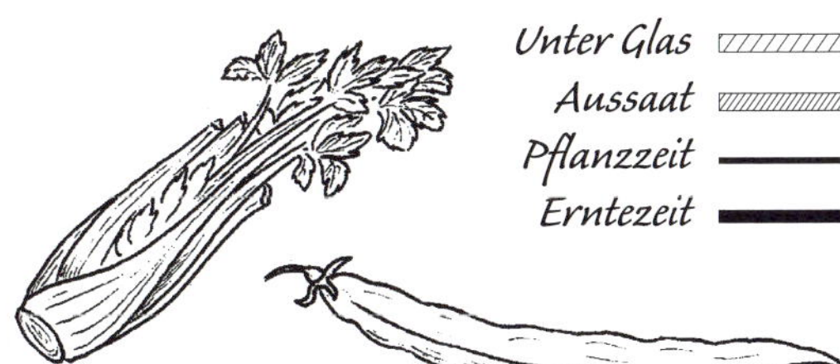

# Saat-, Pflanz- und Erntezeiten für Gemüse

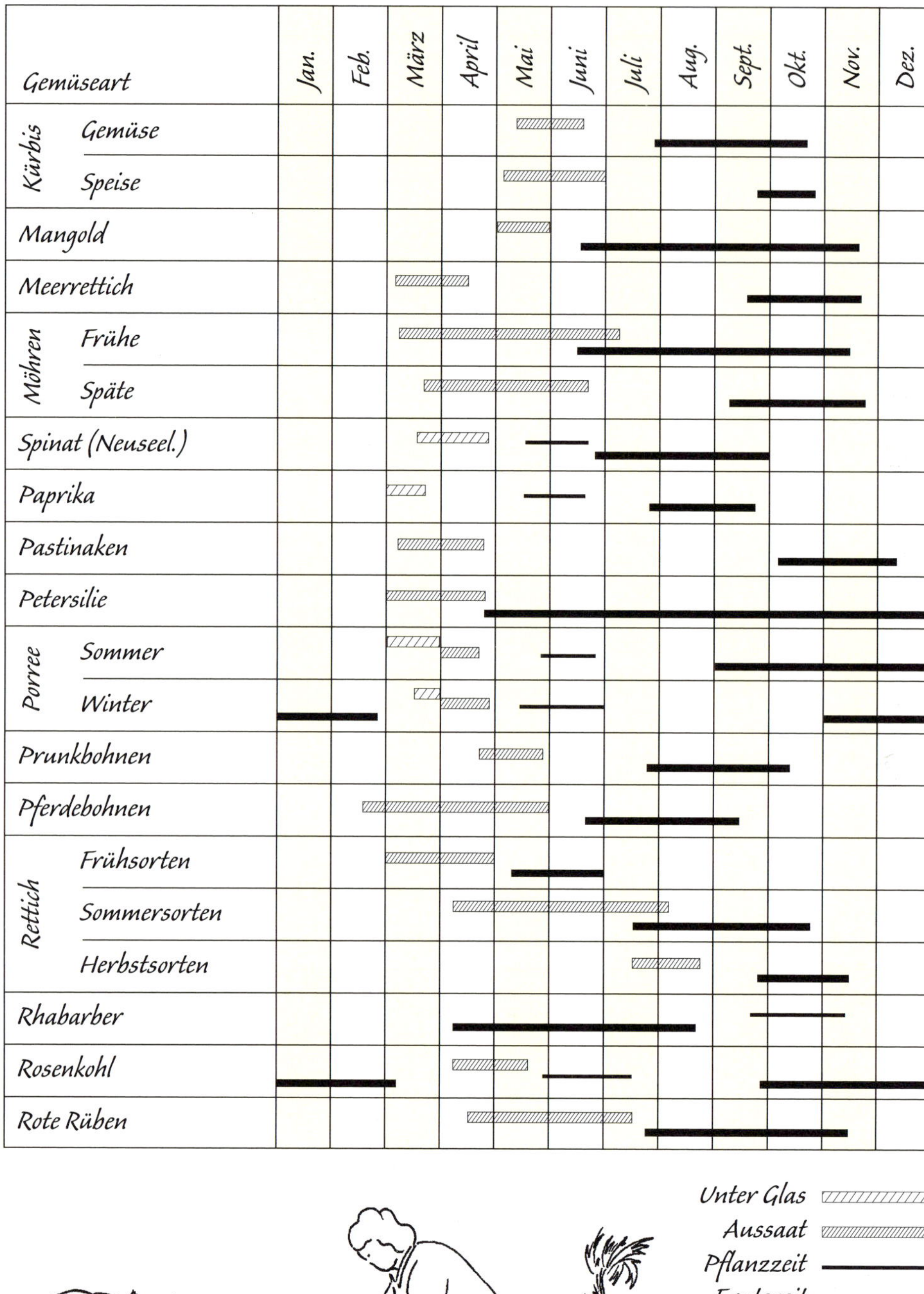

# Saat-, Pflanz- und Erntezeiten für Gemüse

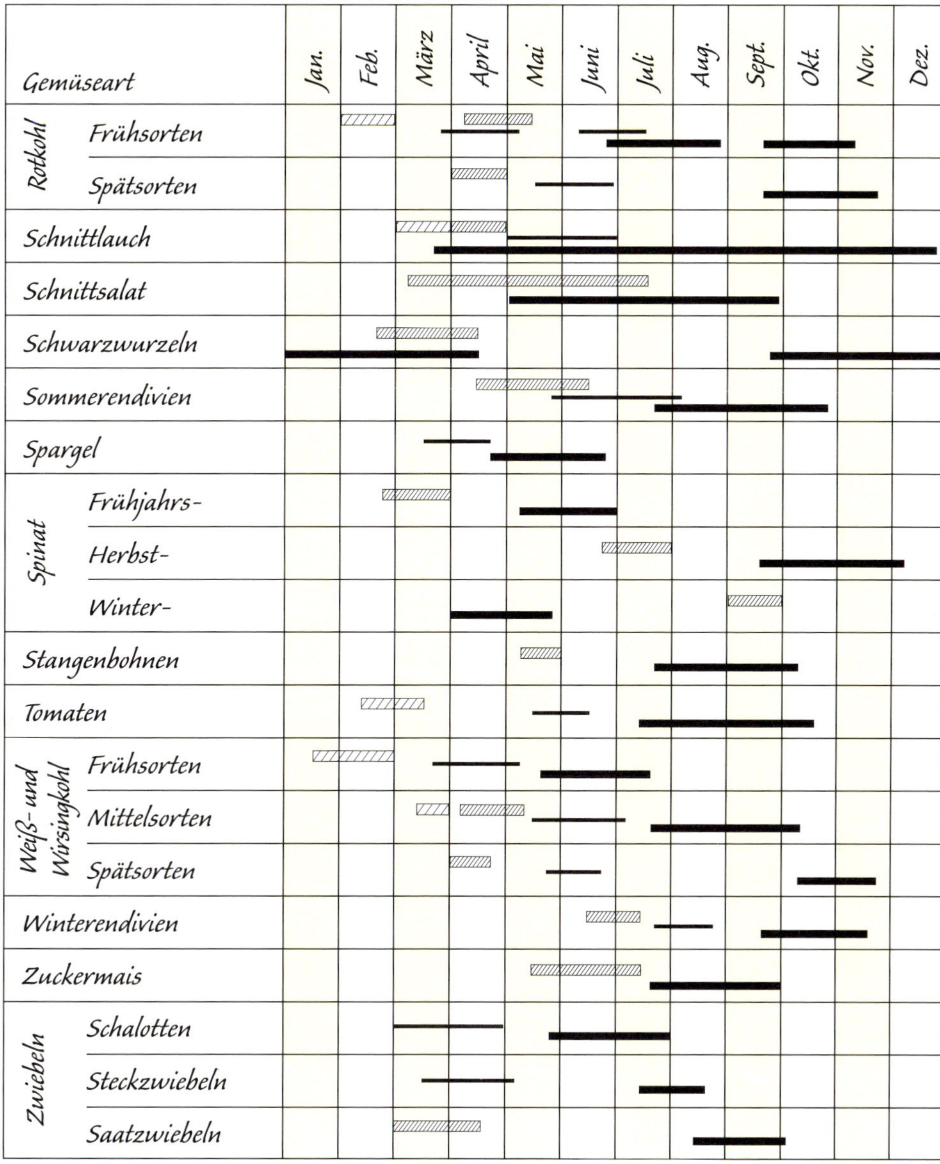


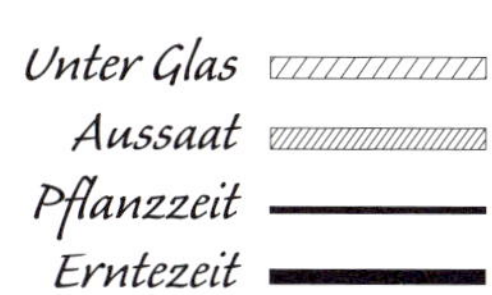

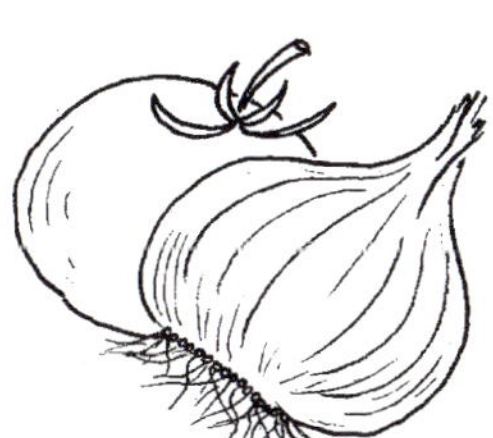

# Der Gemüseanbau

Nicht nur der richtige Boden, die gute Pflege und ähnliches mehr, sondern schon die Auswahl der Sorten beim Samenkauf ist für den biologischen Anbau wichtig. Jahrzehntelang bewährte, womöglich an das örtliche Klima angepasste Sorten sollten vorrangig zum Einsatz kommen. Hybridzüchtungen sind für den biologischen Anbau, der die Pflanze nicht direkt, sondern über den Umweg des Bodenlebens ernährt, nicht gut geeignet und sollten nur ausnahmsweise verwendet werden.
Jeder Garten ist einzigartig, und so kann es durchaus möglich sein, dass beim Nachbarn wächst, was hier nicht gelingen will. Doch mit Geduld und Neugierde wird jede/r GärtnerIn den eigenen kleinen Kosmos erfolgreich bewirtschaften und mit Freude der Ernte entgegensehen.

## Vielfältige Salate

Bei geschickter Planung lässt sich fast das ganze Jahr über frischer Blattsalat ernten. Alle Salate benötigen humosen, gedüngten und feuchten Boden. Wegen der kurzen Kulturdauer eignet sich Salat gut für die Vor-, Nach- und Zwischenkultur. Schnitt- und Pflücksalat entwickelt sich schneller als Kopfsalat. Sein geringer Platzbedarf macht ihn für jede noch so kleine Lücke geeignet.
Beim Kopfsalat wird unterschieden zwischen Langtagssorten für den Frühjahrs- und Herbstanbau und Sommersorten, die nicht so schnell schießen. Eisbergsalat hat eine längere Entwicklungszeit als andere Arten und eignet sich für den Sommeranbau.
Winter-Endivien und Zuckerhutsalat kommen Ende Juli ins Beet. Beide schmecken leicht bitter und sind, leicht abgedeckt, frosthart bis -6° C.
Chinakohl findet roh als Salat und gedünstet als Gemüse Verwendung.
Als letzter im Jahr (Ende August bis Anfang September) wird der Acker- oder

Feldsalat gesät. Er braucht keine Reihen und kann breitwürfig überall, wo schon Platz ist, ausgesät werden. Bis zur Blüte im Frühjahr kann er frisch geschnitten werden. Feldsalat samt sich von allein aus, wenn er sich selbst überlassen wird.

## *Spinat*

Spinat benötigt nur geringe Kompostgaben, er neigt dazu, Nitrat anzureichern und sollte deshalb nur mäßig gedüngt werden. Im Sommer schießt er schnell in die Höhe. Eine frühe Aussaat im März-April und eine zweite im August lassen zwei Ernten im Jahr zu.

*Spinat*

*Spinat schießt schnell in die Höhe*

## *Mangold*

Es gibt zwei Arten: den Blattmangold und den Rippenmangold. Blattmangold ist im Geschmack dem Spinat ähnlich und kann im Sommer als Spinatgemüse angebaut werden. Vom Rippenmangold sind es die breiten Blattstiele, die geerntet werden. Eine späte Aussaat im Juli kann über den Winter auf dem Beet verbleiben und bringt frühe Ernte. Mangold ist anfällig für Mehltau und darf deshalb nicht zu eng stehen. Geerntet werden immer die äußeren Blätter, die inneren bleiben stehen und wachsen ständig nach.

*Mangold-Ernte*

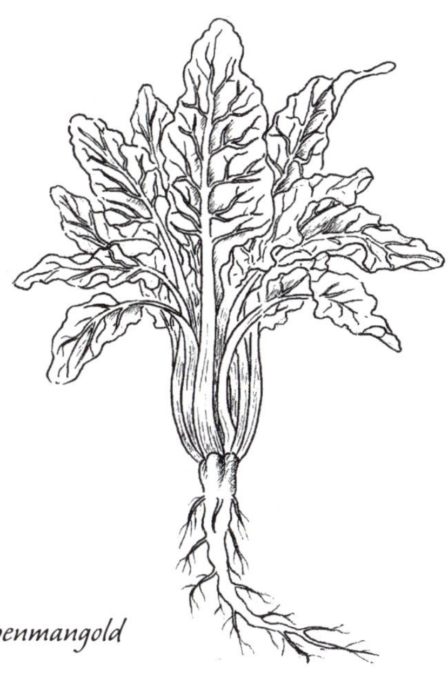

*Rippenmangold*

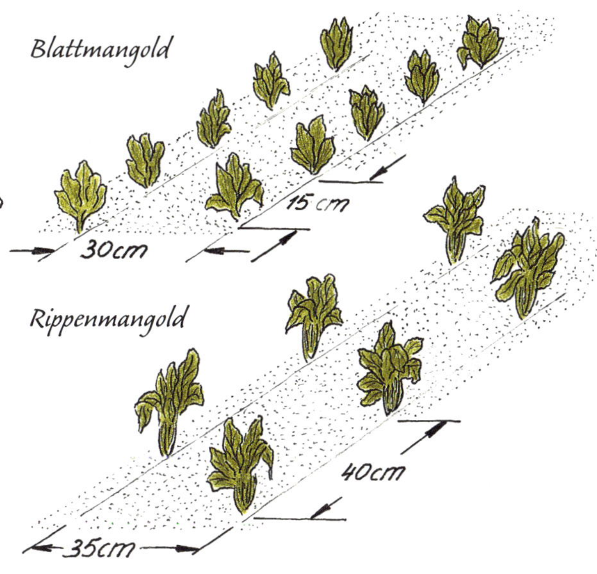

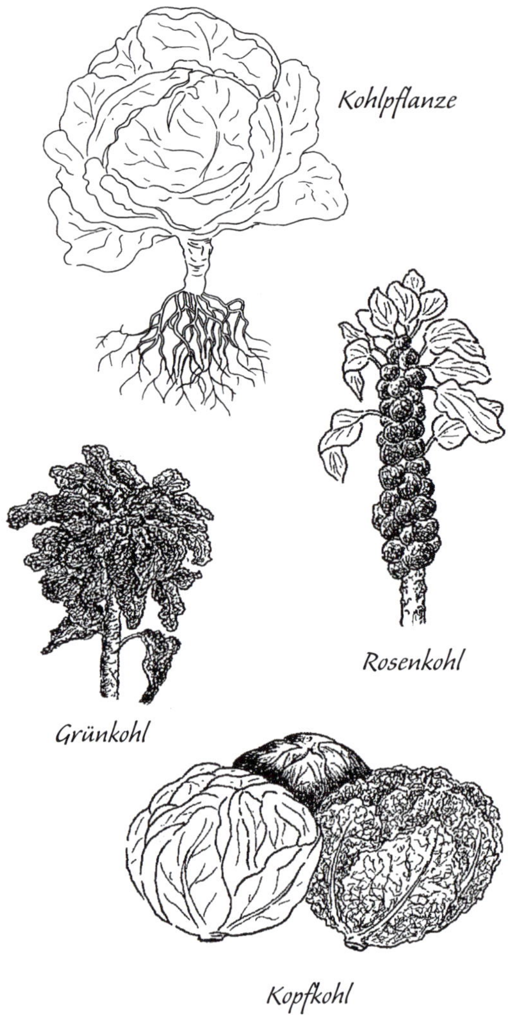


## *Kohl*

Vielseitige Pflanzenfamilie, zu der Blumen-, Rosen-, Grün- und Kopfkohl sowie Brokkoli gehören (Kohlrabi wird wegen anderer Ansprüche später behandelt).
Vor allem Weiß- und Rotkohl haben durch ihren Gehalt an Senföl und schwefelhaltigen Aminosäuren eine schwach antibiotische Wirkung. Der hohe Kaliumgehalt wirkt entwässernd.
Alle Kohlarten benötigen einen tiefgelockerten, humus- und nährstoffreichen Boden mit einem pH-Wert von 7. Früh-, Grün- und Wirsingkohl sind ein wenig bescheidener im Nährstoffbedarf.
Kohl benötigt viel Feuchtigkeit, Platz und Licht.
Ein Abstand von vier Jahren in der Fruchtfolge sollte möglichst eingehalten werden.
Brennnesseljauche, Schachtelhalmbrühe und Algenpräparate haben sich bei der Aufzucht gut bewährt. Eine Vorkultur im Frühbeet oder auf der Fensterbank (siehe Seite 96) bringt frühere Ernten. Am besten stehen die jungen Pflanzen in Einzeltöpfen.

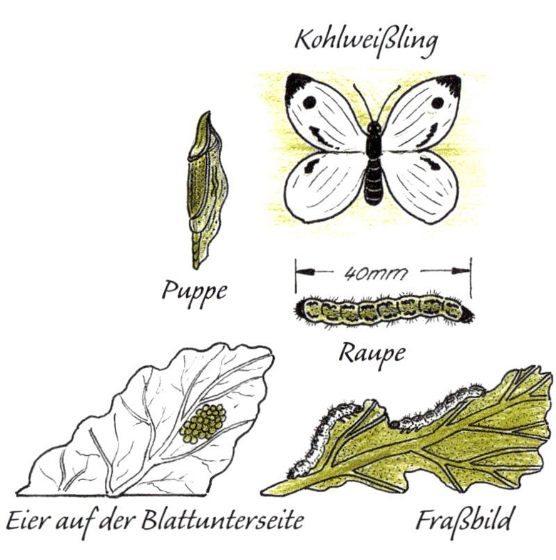


### *Schädlinge und Krankheiten*

*Kohlweißling (Pieris brassicae)*

Der Schmetterling legt seine Eier auf die Unterseite der Blätter von Kohl, anderen Kreuzblütlern und gerne auch auf Kapuzinerkresse. Eiablage ist im April bis Juni und Juli/August. Bei starkem Befall richten die Raupen große Schäden an.
Maßnahmen:

- Nützlinge, vor allem Schlupfwespen fördern.
- Raupen absammeln und vernichten.
- Mischkultur mit Tomate oder Sellerie.

- Spritzen mit stark duftenden Kräuterauszügen (Wermut, Rainfarn, Tomatenblätter).

### *Kohlfliege (Delia brassicae)*

Die kleine Fliege legt ihre Eier erstmalig im April/Mai am Wurzelhals von Kohl, sowie Rettich und Rüben ab. Jährlich sind 2-3 Generationen möglich. Die Larven fressen am Wurzelhals, die Blätter der Pflanzen verfärben sich bleigrau und die Pflanze kann absterben. Maßnahmen:

- Setzlinge tief setzen.
- Kohlkragen aus Pappe, Steinmehl-Rainfarntee-Brei (dick anrühren und festtrocknen lassen).
- Sonst wie bei Kohlweißling.

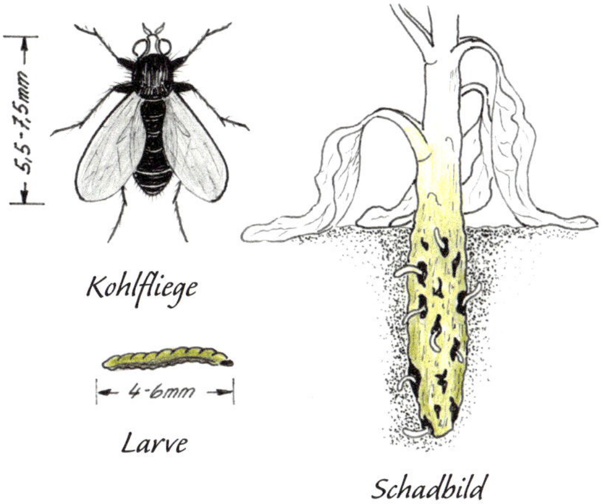


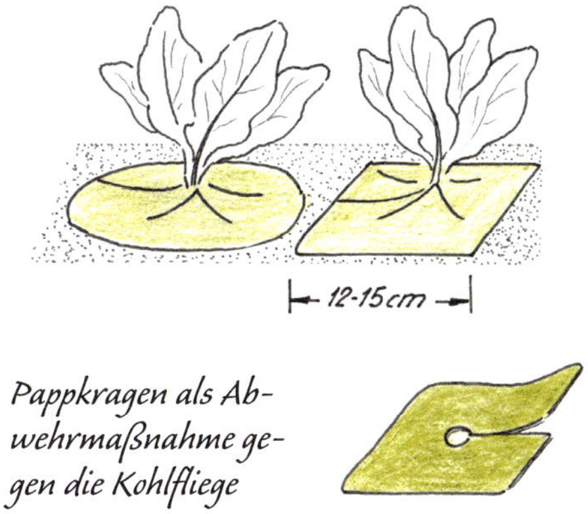


### *Kohlgallenrüssler (Ceuthorrhynchus pleurostigma)*

Der kleine Käfer frisst im Frühjahr Löcher in den unteren Stängelbereich und legt seine Eier dort hinein. Um die Eier wächst eine Galle, oft mehrere pro Pflanze. Die Larve verlässt die Pflanze und verpuppt sich im Boden. Obwohl der Schaden meist gering ist, kann die Pflanze bei starkem Befall absterben.

Maßnahmen:

- Befallene Setzlinge (beginnende Gallenbildung) aussortieren.
- Einzelne Gallen auskneifen.
- Mit stark duftenden Kräutern mulchen.
- Einen engen Kohlkragen aus Brei um die Pflanzen legen.

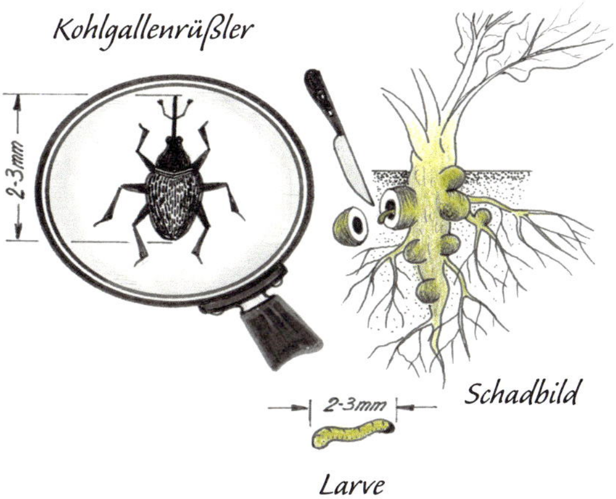


### *Kohlhernie (Plasmodiophora brassicae)*

Diese Schleimpilze leben im Boden. Sie befallen die Wurzeln aller Kreuzblütler und lassen diese krebsartig wuchern. Verfaulen die Wucherungen, gelangen die Sporen wieder in den Boden. In verseuchten, kalkarmen Böden sollte deshalb nur im Abstand von 5 Jahren Kohl angepflanzt werden. Maßnahmen:

- Boden gut lüften und kalken (pH-Wert 7 bis 7,5).
- Setzlinge zur Stärkung 10 Minuten in Schachtelhalmbad oder andere pflanzenstärkende Mittel legen.
- Kohlpflanzen mit verdünnter Kohlblattjauche gießen.
- Pflanzen öfter zur allgemeinen Stärkung mit Schachtelhalmbrühe o. a. spritzen.
- Befallene Pflanzen sofort ausgraben und vernichten.

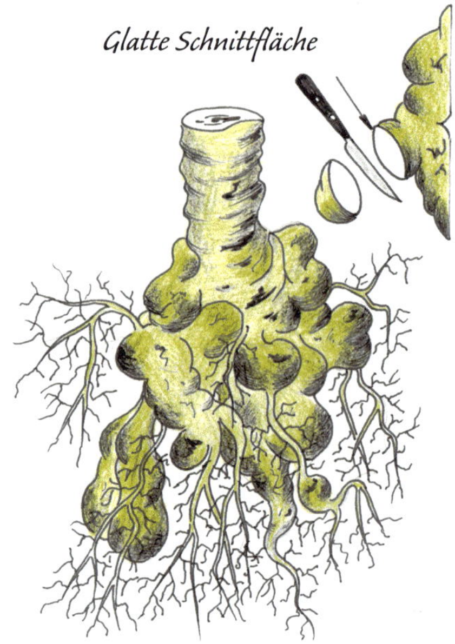


*Pilzkrankheit Kohlhernie*

*Kohlrabi*

*Geplatzter Kohlrabi: Folge von extremen Witterungsbedingungen*

*Bei Kohlrabi auf gleichmäßige Feuchtigkeit achten*

## Kohlrabi

Besonders mineralstoff- und vitaminreich sind die Blätter von Kohlrabi, sie enthalten dreimal so viele wertvolle Inhaltsstoffe wie die Knollen.

Kohlrabi gedeiht auf fast jedem Boden bei mäßiger Düngung und eignet sich gut als Vor-, Zwischen- oder Nachkultur.

Ebenso wie bei Salat sind Folgesaaten in kleinen Mengen und im Abstand von etwa 14 Tagen sinnvoll, um ständig Pflanzen für Beetlücken zur Verfügung zu haben.

Weißer Kohlrabi entwickelt sich schneller, ist bei Witterungsschwankungen aber anfälliger als die blauen Sorten.

Große Temperatur- und Feuchtigkeitsschwankungen führen zum Platzen und Holzigwerden der Knollen.

Viele Schädlinge der Kohlpflanzen befallen auch den Kohlrabi.

## *Rettich, Radieschen und Mairüben*

Die schwefelhaltigen Öle im Rettich haben eine leicht antibiotische Wirkung. Die Pflanzen benötigen humusreichen, aber nicht frisch gedüngten Boden. Unterschieden werden Treib-, Sommer- und Herbstrettich. Alle Sorten sind gut als Vor-, Zwischen- oder Nachkultur und in Mischkultur anzubauen.

Radieschen sind rund oder zylinderförmig. Sie benötigen viel Sonne und eine gleichmäßige Feuchtigkeit. Wie keine andere Gemüseart sind Radieschen wegen der im Sommer nur vierwöchigen Entwicklungszeit als Lückenfüller geeignet. Wichtig für die Sommersaat ist, Sommersorten zu wählen.

Weniger bekannt ist die Mairübe. Maximal tennisballgroß werden die weißen, runden Rüben. Sie liefern früh im Jahr zartes Gemüse und schmecken auch roh sehr lecker.

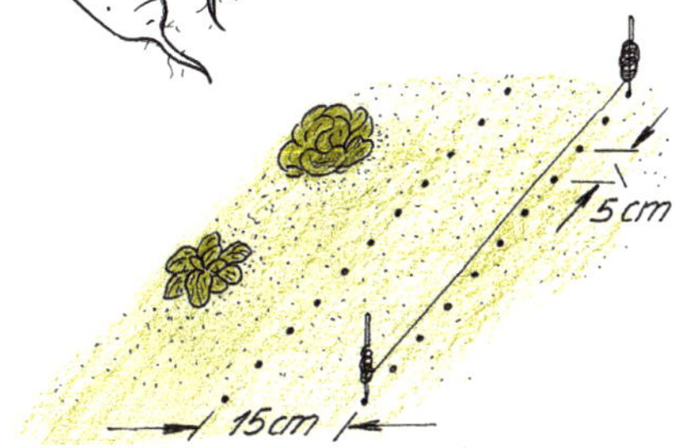


*Radieschen und Rettich leiden unter Erdflohbefall.*

Er lässt sich mindern, wenn etwas Salat oder Spinat mit in die Reihe oder in die Nähe gesät wird. Außerdem ist es hilfreich, den Boden zu hacken, bei Trockenheit zu gießen und zu mulchen.

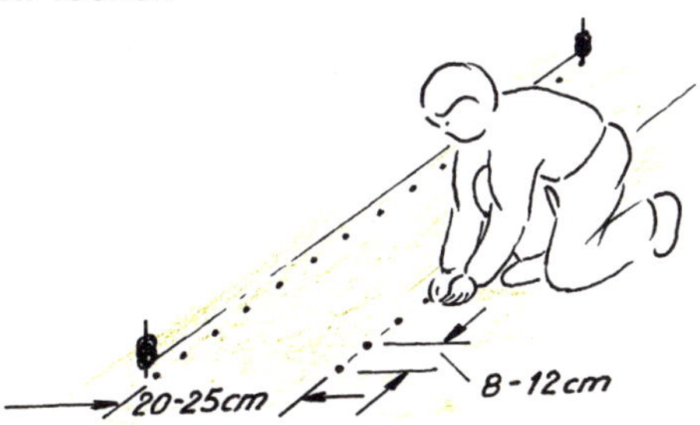

## *Sellerie*

Sellerie wirkt entwässernd. Seine wertvollen Blätter sollten unbedingt mitgegessen werden. Sellerie gibt es als Bleich- und Knollensellerie. Er braucht reichlich Kali und Stickstoff. Der Boden muss gut mit Kompost und Steinmehl versorgt sein. Viel Feuchtigkeit und eine zusätzliche Kalidüngung in Form von Holzasche lassen dieses Gemüse gut gedeihen. Sellerie ist ein Flachwurzler. Er darf deshalb nicht tief gepflanzt und ab Juli nicht mehr gehackt werden. Sellerie sollte so spät wie möglich geerntet werden. Er verträgt leichte Nachtfröste.

*Sellerieschorf:* Bei sehr nassem Wetter bekommen die Knollen zuweilen rötlichbraune Flecken. Die Schale wird rau und rissig. Fäulnispilze können in die Knolle eindringen und sie zum Verfaulen bringen. Gesunde Anzuchterde und Fruchtwechsel wirken vorbeugend.

*Blattfleckenkrankheit:* Auf den Blättern werden helle bis braune Flecken sichtbar. Das Blatt kräuselt sich und beginnt zu trocknen. Alle Pflanzenteile oberhalb der Befallstelle sterben ab. Die Knolle bleibt klein.

Beiden Pilzkrankheiten kann mit Pflanzenstärkungsmitteln oder Schachtelhalmbrühe vorgebeugt werden.

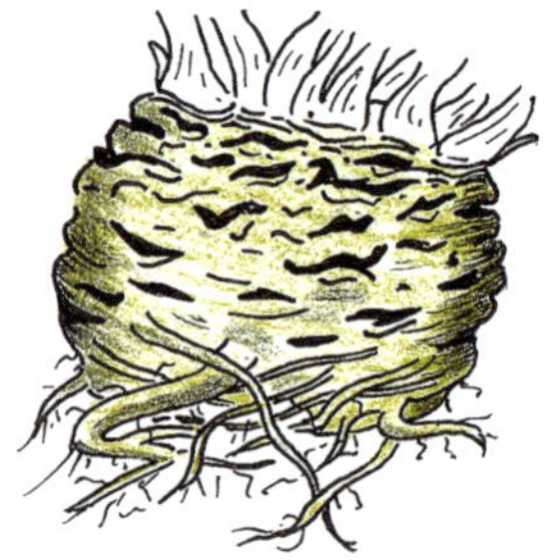

*Pilzkrankheiten Sellerieschorf (oben) und Blattflecken-Krankheit (unten)*

## Möhren

Möhren gedeihen besonders gut auf Lehm-, aber auch auf humosen Sandböden. Schwere Böden dürfen nicht zu stark gedüngt werden. Der Kalibedarf von Möhren ist sehr hoch und kann gut mit Holzasche gedeckt werden. Da Kali keimhemmend wirkt, wird die Holzasche erst ab einer Wuchshöhe der Pflanzen von 4 cm gegeben. Eine gute Lockerung vor der Aussaat ist wichtig. Da Möhren eine lange Auflaufzeit haben, ist zum besseren Erkennen der Möhrenreihen eine Markierungssaat mit Radieschen sinnvoll. Im Handel sind von frühen Sorten, die bereits im Juli geerntet werden können, bis hin zu den Lagermöhren, die ruhig bis zu den ersten Nachtfrösten stehen sollen, viele Sorten in unterschiedlichen Wuchsformen erhältlich.

### Möhrenfliege (Psila rosea)

Der häufigste Möhrenschädling ist die Möhrenfliege. Zwei Generationen fliegen im Jahr, die erste von April bis Juli und die zweite ab Ende August. Gefährdet sind besonders Bestände in windstillen Lagen und Beete, die mit frischem Mist oder Jauche gedüngt wurden. Auch das Vereinzeln im Mai bis Juni fördert den Befall (die Fliege legt ihre Eier in die entstandenen Erdlöcher).

Maßnahmen:

- Weite Fruchtfolgen.
- Windige Lagen bevorzugen.
- Stark riechende Kräuter, wie Rainfarn, Dill, Lavendel oder Farnkraut zwischen die Reihen streuen.
- Zweimal wöchentlich mit Zwiebel- oder Knoblauchbrühe überbrausen.
- Mischkultur mit Zwiebeln, Lauch oder Knoblauch.

## Zwiebeln

Zwiebeln wirken im Magen-Darm-Bereich entzündungshemmend. Sie beugen Altersbeschwerden vor und sind wirksam bei Arteriosklerose. Diese Heilkräfte finden sich beim Knoblauch in noch höherem Maße.

Zwiebeln gedeihen am besten auf lehmigen Böden. Sie werden in der Fruchtfolge als Mäßigzehrer eingeordnet und vertragen keinen frischen Dünger. Steckzwiebeln werden größer als Saatzwiebeln. Sie sollten vor dem Stecken 24 Stunden in Regenwasser quellen, dann „springen" sie nicht so leicht wieder heraus. Sollen die Zwiebeln Ende Juli bis Anfang August zum Ausreifen angeregt werden, können die Pflanzen mit der Grabegabel leicht angehoben werden, was die Wasserzufuhr vermindert. Geerntete Zwiebeln bleiben, wenn es das Wetter erlaubt, am besten noch einige Tage auf dem Beet liegen.

### *Zwiebelfliege (Hylemya antiqua)*

Die Zwiebelfliege legt ihre Eier am Grund der Zwiebel ab. Die Maden fressen sich in die Zwiebel ein. Nach drei Wochen erfolgt die Verpuppung im Erdreich. Eine 2. Generation frisst sich ab Juli/August vom Boden her in die Zwiebel ein. Meist folgt eine Fäulnis verursachende Bakterienkrankheit nach. Auch Lauch und Knoblauch können befallen werden. Maßnahmen:

- Zwiebeln mit Algenkalk oder Gesteinsmehl bestäuben.
- Keine frische Düngung mit Mist oder Jauche.

*Zwiebelsaat muss festgeklopft oder -getreten werden*

- Zweimal wöchentlich mit stark riechenden Kräutern gießen.
- Mischkultur mit Möhren.

*Zwiebelfliege
Flugzeit ab Mitte
April und im Mai*

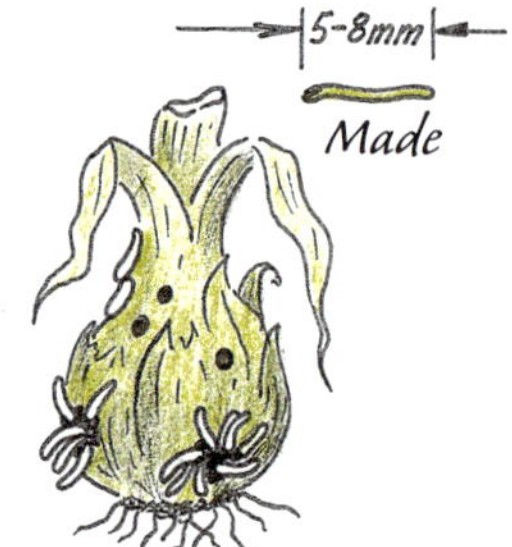


*Madenfraß an der Zwiebel*

*Knoblauch*

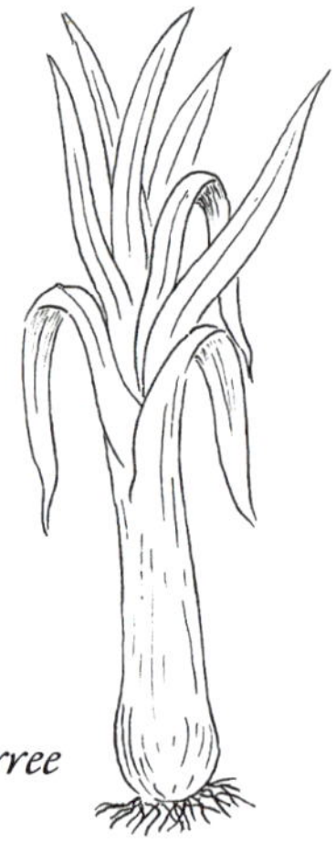

*Porree*

## Knoblauch

Der gesundheitliche Wert von Knoblauch ist sehr hoch (siehe Zwiebel, Seite 115). Knoblauch kann zu Speisezwecken und zur Schäd-lingsabwehr angebaut werden. Außer Bohnen und Kohl mögen ihn alle Gartenpflanzen in ihrer Nähe; er schützt vor Insekten und Pilzbefall.
Knoblauch benötigt einen humosen, nährstoffreichen Boden. Die Zehen werden einzeln in den Boden gesteckt. In Nordeuropa werden die Knollen nicht so groß wie in südlichen Ländern, sind geschmacklich aber ebenso gut.

## Porree (Lauch)

Porree regt den Stoffwechsel und die Ausscheidung an. Er benötigt einen nährstoffreichen Boden, besonders Kali. Es gibt Sommer- und Winterporree.
Porree wird am besten in Rillen gesetzt, die mit der Zeit vollschlämmen. Er kann noch bis Ende September angehäufelt werden. Diese Maßnahmen bringen einen langen Schaft. Blattspitzen sollen beim Pflanzen nicht, Wurzelenden nur wenig gekürzt werden.

### *Lauchmotte (Acrolepiopsis assectella)*

Die erste Generation der Lauchmotte fliegt im Mai, die zweite im Juli-August. Die Raupe frisst sich von den Blattspitzen abwärts in den Schaft, dies kann zum Absterben der ganzen Pflanze führen.

*Pflanzenabstand 12 - 15 cm*

*Porree wird in Rillen gesetzt (die mit der Zeit vollschlämmen) und kann bis Ende September angehäufelt werden. Auf diese Weise entsteht ein langer Schaft. Blattspitzen beim Pflanzen nicht, Wurzelenden nur wenig kürzen, weil der Ertrag sonst leidet.*

Maßnahmen:

- Mischkultur mit Möhren oder Sellerie.
- Windoffene Lagen bevorzugen.
- Schachtelhalmbrühe zur Stärkung gießen.
- Bei frühzeitigem Erkennen haben sich die Raupen noch nicht tief in den Schaft gefressen. Ein starkes Einkürzen der Blätter entfernt die Raupe mit.
- Einzelne Raupen können mit der Hand zerdrückt werden.

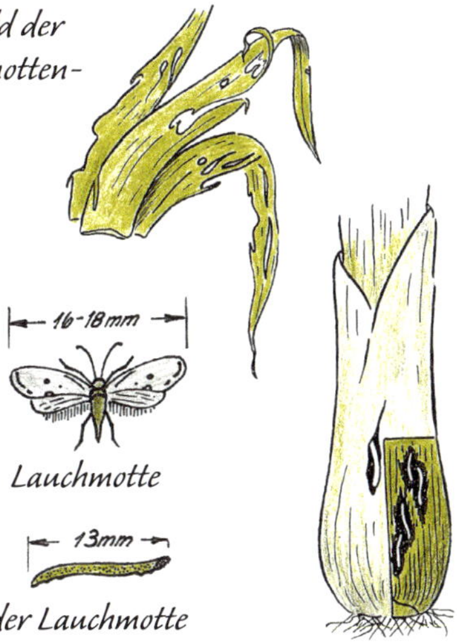


## *Gurken*

Gurken sind wassertreibend, entschlackend und harnsäurelösend.
Sie lieben leicht erwärmbare, humose Böden, brauchen aber nur mäßige Stickstoffdüngung. In schweren Böden stehen die Pflanzen gut auf kleinen Hügeln oder Wällen, in sandigen Böden sind Kuhlen oder Rillen vorteilhaft.
Gurken mögen es windgeschützt. Zwischen zwei weiten Reihen Stangenbohnen in Nord-Süd-Richtung sind sie gut untergebracht und bekommen ausreichend Sonne.

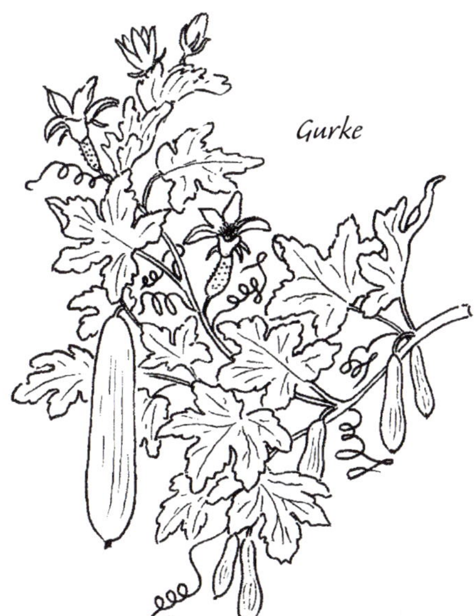

*Gurke*

*Gelochter Eimer*

*Gurkenblätter, -stängel und -früchte sollten nicht mit Gießwasser in Berührung kommen. Hilfreich ist es, einen 5 l-Kunststoffbehälter mit Löchern zu versehen und zu 90 % in den Boden einzugraben. In kompostangereicherter Erde um den Eimer werden ca. 10 Gurkenkerne oder 6 vorgezogene Pflanzen gesetzt. Bei Trockenheit wird in den Eimer Regen- oder gut abgestandenes Leitungswasser (Gurken sind chlorempfindlich) gegossen.*

## *Gurkengerüste*

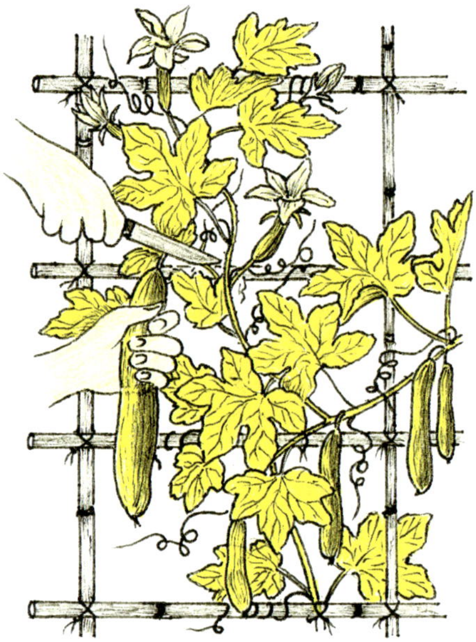

*Gurken am Gerüst*

Auch Gurken wachsen gut an einem Klettergerüst. Besonders zu empfehlen ist eine Kletterhilfe für Schlangengurken, weil diese Früchte hängend besser gedeihen.

Das Gerüst kann aus Holz (Tonkingstäbe), Maschendraht oder einer Baustahlmatte errichtet werden.

Die Gurkenranken müssen von Sprosse zu Sprosse angebunden werden.

Im Frühbeetkasten können Gurken schon Ende April zwischen den verbliebenen Pflänzlingen ausgesät werden. Der humose Boden im Frühbeet ist für Gurken ideal. Später wird das Fenster abgenommen und ein Rankgerüst in den Kasten gesetzt.

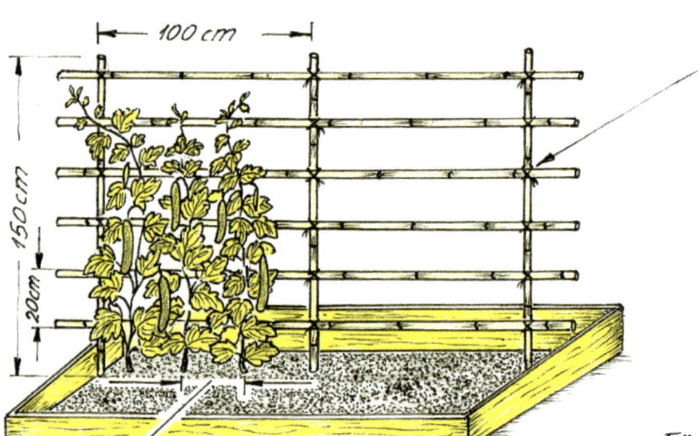


*Pflanzenabstand am Gerüst 25 cm*

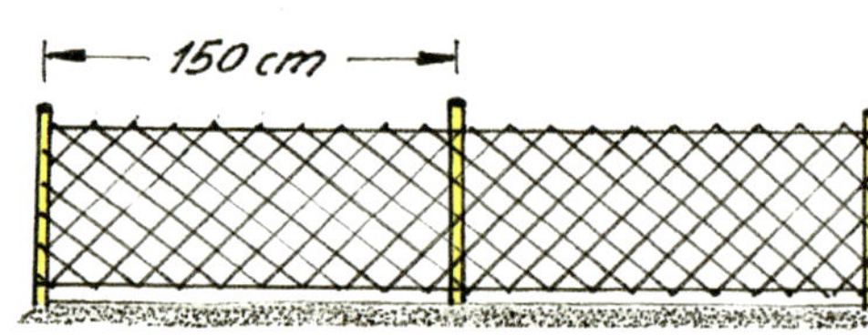


*Für Einlegegurken reicht ein Klettergerüst aus breitmaschigem Zaundraht von 1 m Höhe aus, um die Früchte platzsparend, sauber und trocken heranzuziehen.*

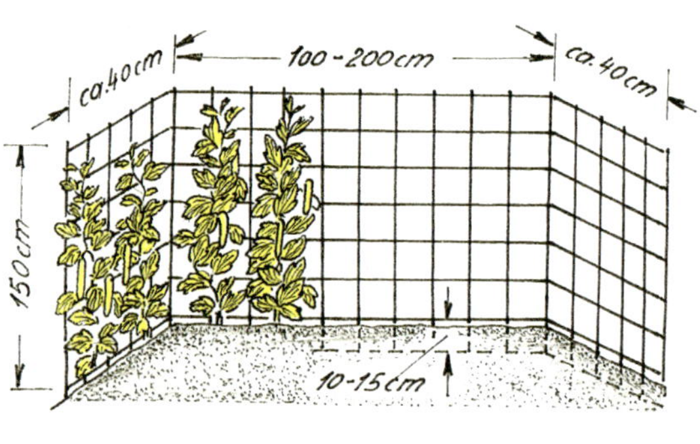


*Wird eine Baustahlmatte seitlich abgeknickt (etwa 45°) und 10 - 15 cm tief in die Erde gesetzt, steht sie als Gerüst fest genug, um ohne Eckpfosten auszukommen.*

Gurken benötigen viel Wasser, aber nicht auf Früchte und Blätter. Ein eingegrabener Blumentopf oder durchlöcherter Eimer tut hier gute Dienste (s. S. 117). Für die flachen Wurzeln ist Hacken ungünstig. Mulch hält den Boden locker.
Gegen Ende des Sommers bekommen Gurken oft Mehltau. Allgemein pflanzenstärkende Maßnahmen beugen vor. Der Schaden ist aber umso geringer, je später der Mehltau auftritt.

## *Kürbis und Zucchini*

Die Herkunft aus Südamerika bzw. Südeuropa deutet schon darauf hin, dass beide Pflanzenarten viel Wärme und Sonne brauchen. Humose Böden und reichlich Feuchtigkeit sorgen für ein gutes Wachstum.
Alle Kürbisarten benötigen viel Stickstoff, Kali und Phosphor. Darum kommt außer Kompost auch Holzasche ins Beet. Die Ansprüche von Zucchini sind geringer, sie gedeihen in jedem gewöhnlichen Gartenboden.
Außer dem riesigen Kürbis, der gut ausgereift bis zu zwei Monate im kühlen Keller lagern kann, gibt es etliche Varietäten. Zu nennen wären Muskatkürbis, Spaghettikürbis, Squash und der schmackhafte Hokkaido.

Diese Sommerkürbisse werden, genau wie Zucchini, un- bis halbreif geerntet. Sie brauchen nicht geschält zu werden. Je kleiner, desto zarter ist ihr Fruchtfleisch. Das gilt ganz besonders für Zucchini.
Wegen der hierzulande oft kurzen Sommer ist eine Vorkultur ab Ende April in Einzeltöpfen oder Kisten sinnvoll (siehe ab Seite 86). Dies kommt den Erträgen zugute.

## *Fenchel*

Fenchel wirkt positiv auf die Verdauungsorgane. Die verdickten Blattstiele bilden die essbare Knolle und die feingefiederten Blätter dienen als Würze. Tiefgründiger, sandiger Lehmboden ist ideal. Gedüngt wird nur mäßig und keinesfalls mit frischem Dünger. Trockenheit verträgt Fenchel nicht.
Fenchel gedeiht am besten im warmen Klima mit spätem Herbstbeginn. Temperaturen unter 15°C bekommen ihm nicht. Werden die Knollen gegen Ende der Kulturzeit angehäufelt, bleichen die äußeren Blätter, was die Qualität verbessert.
In der Fruchtfolge sollte er nicht nach Möhren, Pastinaken oder Sellerie stehen.

*Fenchel*

*Kartoffel*

## *Kartoffeln*

Für kleine Gärten sind, wenn überhaupt, Frühkartoffeln zu empfehlen. Sie lassen sich reihenweise in die Mischkultur einplanen. Nach der Ernte kann noch eine Nachkultur aufs Beet. Der Anbau von Lagerkartoffeln lohnt nur in großen Gärten und auf separaten Beeten. Hier muss das Land im Herbst schon gut mit Kompost versorgt werden. Im Frühjahr bekommen die Kartoffeln dann noch Holzasche und eine Extragabe Dünger. Das Vorkultivieren der Pflanzkartoffeln ist sinnvoll. Frühkartoffeln werden im April einzeln im Abstand von 40 cm in etwa 10 cm tiefe Löcher gelegt. Der Reihenabstand beträgt 60 cm. Hat das Kartoffelkraut eine Höhe von 15 cm erreicht, wird angehäufelt. Eine Mulchschicht auf den Kartoffelhügeln erspart häufiges Wässern. Wiederholte Gaben von Brennnesseljauche versorgen die Kartoffeln ausreichend mit Stickstoff.

*Hat das Kartoffelkraut eine Höhe von ca. 15 cm erreicht, wird angehäufelt*

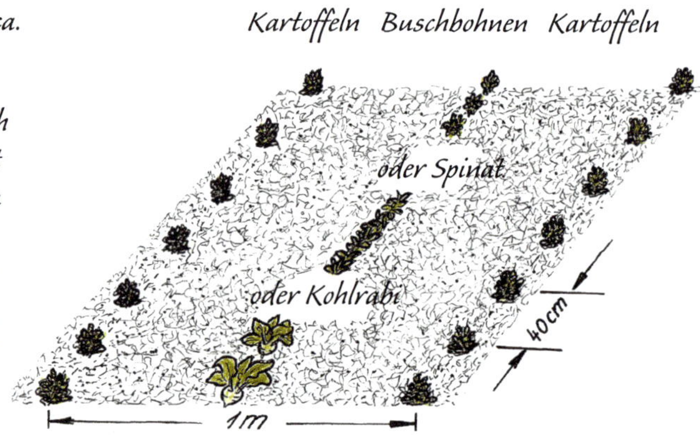


*Vorschlag für den Anbau der Kartoffeln in Mischkultur*

### *Kraut- und Knollenfäule (Streptomyces infestans)*

Diese Pilzkrankheit ist besonders in feuchten Jahren ein Problem. Sie wird durch infiziertes Saatgut oder Ernterückstände übertragen und befällt Kartoffeln, Tomaten und Paprika. Braune Flecken erscheinen auf Blättern und Stängeln. Das Kraut stirbt vorzeitig ab. Auf den Kartoffelknollen zeigen sich braune Flecken mit rostrot verfärbten Fäulnisstellen.

Bei Tomaten entstehen braungrüne bis schwarze Flecken, die Früchte sind ungenießbar. Bei Befall breitet sich die Krankheit rasch aus. Sie kann nur vorbeugend behandelt werden:

- Viermaliges Stäuben mit Algenkalk oder Gesteinsmehl ab Mitte Mai im 7-Tage-Abstand.
- Spritzen mit Knoblauch- oder Zwiebelschalentee im gleichen Zeitraum.
- Wiederholte Behandlungen mit Pflanzenstärkungsmitteln.
- Die für das nächste Jahr ausgewählten Pflanzkartoffeln nach der Ernte für 8 Tage in die Sonne stellen, bis sie richtig grün sind.

### *Kartoffelschorf (Streptomyces scabies)*

Kartoffelschorf tritt besonders bei trockenem, warmen Wetter in kalkhaltigen Böden auf. Pusteln und Schorfstellen mindern die Qualität der Knollen. Es kann nur vorbeugend behandelt werden:

- Besonders 2 Monate nach der Pflanzung benötigen Kartoffeln eine gleichmäßig warme Wachstumsphase (mindestens 3 Wochen gut feuchthalten).
- Keine Kalkgaben im Kartoffelboden.
- Resistente Sorten wählen.
- Bei Trockenheit Gesteinsmehl auf die Pflanzen stäuben.

*Krautfäule am Kartoffelkraut*

*Knollenfäule an der Tomate*

*Knollenfäule an der Kartoffel*

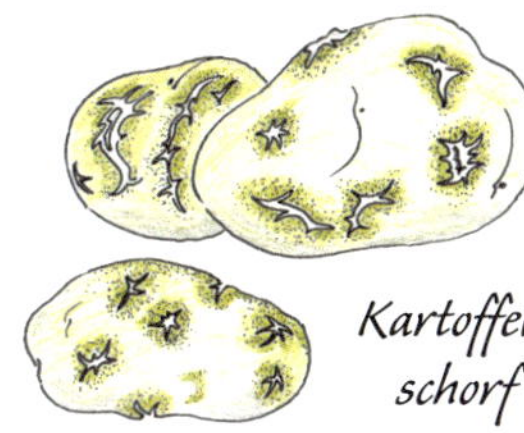

*Kartoffelschorf*

## *Tomaten*

Die Kulturansprüche ähneln denen der verwandten Kartoffel. Da Tomaten von den gleichen Krankheiten befallen werden, sollte ein möglichst weiter Abstand zwischen diesen beiden Pflanzenarten eingehalten werden. Ein humoser, kräftig gedüngter, aber nicht überdüngter Boden ist für ein gesundes Aufwachsen notwendig. Sollen mehrere Reihen Tomaten angepflanzt werden, ist genügend Abstand einzuhalten, um noch eine Reihe guter Mischkulturpartner dazwischenzusetzen. Geschmacksverbessernd wirkt die Untersaat mit Petersilie.

Tomaten lieben Feuchtigkeit im Wurzelbereich, nicht aber am Kraut und an den Früchten. Ein eingegrabener Blumentopf

Tomatenstaude

Das Ausgeizen

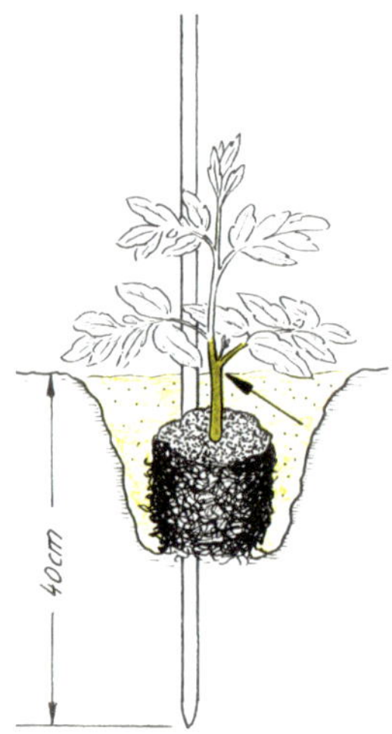


Um eine gute Wurzelbildung zu fördern, wird die junge Pflanze bis zum ersten Blattansatz ins Pflanzloch gesetzt. Dadurch bildet sie am Stamm weitere Wurzeln

erleichtert das Wässern. Tomaten wollen gleichmäßig feucht stehen. Eine Vorkultur kann im Februar in warmen, hellen Räumen erfolgen (siehe ab Seite 86). Nach zweimaligem Pikieren wird Ende Mai ins Freiland gepflanzt. Zum Anbinden der Pflanzen sind am besten gewellte Tomatenstäbe aus Metall geeignet. In Holzstäben können sich Pilze einnisten und überwintern.

Tomaten mögen es, in jedem Jahr an der gleichen Stelle zu stehen. Bei Krankheiten im Vorjahr muss aber der Standort gewechselt werden. Wenn während des Wachstums die Seitentriebe in den Blattachseln immer wieder ausgekniffen werden (Ausgeizen), beginnt die Ernte um einige Wochen früher und die Pflanze ist weniger anfällig für Pilzerkrankungen. Das Klima hierzulande ist selten ideal

Tomaten lieben Feuchtigkeit im Wurzelbereich

für Tomaten. Gut wachsen sie, vor Regen geschützt, in großen Töpfen unter dem Dach der Terrasse, in Gewächshäusern oder anderweitig überdacht. Eingerollte Blätter ohne Verfärbung sind kein Krankheitszeichen, sondern Hinweis auf Überdüngung oder witterungsbedingte Wachstumsstörungen.

*Bakterienwelke*
*(Corynebacterium michiganena)*

Diese Bakterienkrankheit befällt zuerst nur Teile einiger Blätter, sie werden erst gelb, dann braun und vertrocknen. Später stirbt die ganze Pflanze. Die Früchte zeigen braune, eingesunkene Flecken, die von einem hellen Hof umgeben sind.

Maßnahmen:

- Vorbeugende Maßnahmen wie bei Krautfäule (S. 121) beschrieben.
- Befallenen Pflanzen entfernen und vernichten.
- Vier Jahre an dieser Stelle keine Tomaten anbauen.
- Von befallenen Pflanzen keine Samen nehmen.

*Krautfäule (Didymella dycopersici)*

Krautfäule tritt an Stängeln, Blättern und Früchten auf.

Maßnahmen:

- siehe unter Kartoffeln (S. 121).

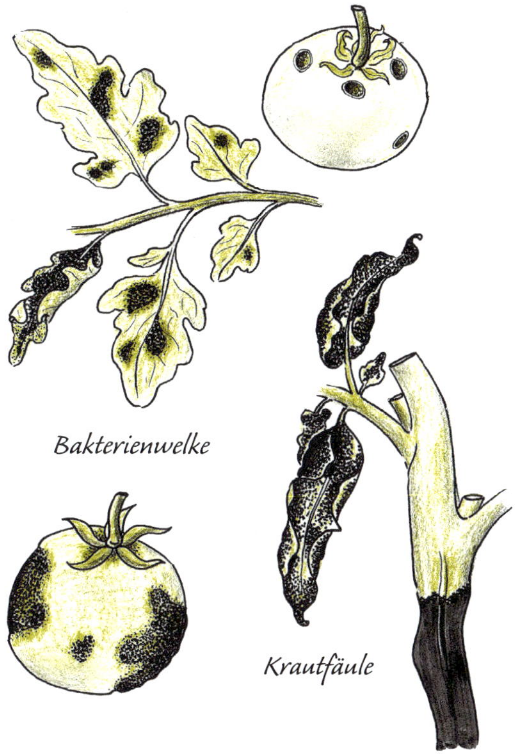


*Tomatenkrankheiten*

*Tomatenstützen*

Die heutige, in unseren Gärten angebaute Tomate ist die Zuchtform einer ursprünglich in Südamerika beheimateten Bergpflanze. Sie bringt viel mehr und auch bedeutend größere Früchte hervor als die Stammart.

Aus diesem Grund ist eine Stütze der Tomatenpflanze in irgendeiner Art erforderlich. Am einfachsten ist das Anbinden an einen Stützpfahl von etwa zwei Metern Länge, der vor dem Pflanzen 40 cm tief in die Erde geschlagen wird.

Das Anbinden wird jeweils kurz unter den Blütenständen vorgenommen. Zuerst wird das Flachband (Bast) so fest am Pfahl verknotet, dass es nicht verrutschen kann.

*Tomatenpflanzen werden an Holzpfähle oder an im Handel erhältliche Welldrahtstäbe (rechts) locker angebunden. Das Band wird am Pfahl fest verknotet (links).*

Der Tomatenstamm wird dann nur locker in einer Schlaufe eingebunden.

## *Bohnen*

Als Schmetterlingsblütler bilden Bohnen Knöllchenbakterien aus, welche die Pflanze ausreichend mit Stickstoff versorgen. Deshalb sind keine zusätzlichen Stickstoffgaben notwendig.
Buschbohnen haben einen schwachen, Stangenbohnen einen mittleren Nährstoffbedarf. Buschbohnen wachsen gut auf ungedüngtem Boden, sofern er genügend Kali und Phosphor enthält. Stangenbohnen bekommen Kompostgaben.
Bohnen sind frostempfindlich, lassen sich aber im Frühbeet ab April vorziehen. Bis Mitte Juli können Folgesaaten von Buschbohnen vorgenommen werden, so dass die Ernte bis in den Herbst hineinreicht.
Buschbohnen werden in Horsten angebaut, d.h. immer vier bis fünf Bohnen pro Saatloch. Stangenbohnen wachsen am besten an einzeln stehenden Stangen (siehe detailliert Seite 126). Hier können sie bei nassem Wetter besser abtrocknen als an Gerüsten. Je 10 bis 12 Bohnen werden um jede Stange gelegt.
Sind die Bohnenpflanzen etwa handhoch, wird angehäufelt. Das verstärkt die Wurzelbildung und stabilisiert die Pflanze.

Eine vorbeugende Kräftigung des Pflanzengewebes mit Schachtelhalm oder durch Pflanzenstärkungsmittel macht die Bohnen widerstandsfähig gegen Pilzerkrankungen. Zudem sollte bei trockenem Wetter geerntet werden. Ernten bei nassem Wetter fördert den Pilzbefall (Pilzsporen sind bei Feuchtigkeit besonders aktiv. Durch das Ernten trägt der Gärtner

*In etwa 30 - 40 cm tiefe Löcher werden die Bohnenstangen senkrecht eingesetzt und die Löcher mit Erde gut geschlossen*

die durch die Feuchtigkeit munteren Sporen von Blatt zu Blatt oder von Pflanze zu Pflanze). Beim Pflücken wird die Pflanze mit der einen Hand festgehalten, damit mit den Früchten nicht die ganze Pflanze ausgerissen wird.

*Beim Pflücken der Bohnen wird die Pflanze mit einer Hand festgehalten*

### *Fettfleckenkrankheit (Pseudomonas phaseolicola)*

Verbreitete Pilzkrankheit bei Bohnen und Erbsen. Auch schon an Keimlingen tritt sie auf und führt meist zum Absterben der jungen Pflanze.

Maßnahmen (vorbeugend):

- Nur von gesunden Pflanzen Samen verwenden.
- Saatgut auf Flecken untersuchen.
- Alle befallenen Pflanzen verbrennen.
- Fruchtfolge weit halten.

*Fettfleckenkrankheit an Bohnen*

*Fettfleckenkrankheit an Sämlingen*

*Spitze auskneifen*

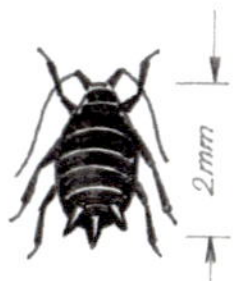


*Schwarze Bohnenblattlaus*

*Sie befällt vorwiegend die Pflanzenspitzen*

## Ackerbohne/Puffbohne

Ebenfalls zu den Schmetterlingsblütlern gehört die Puffbohne. Sie wird heute seltener angebaut als früher. Bei früher Aussaat ab Ende Februar ist der sonst häufige Blattlausbefall mit der schwarzen Bohnenblattlaus eher gering.

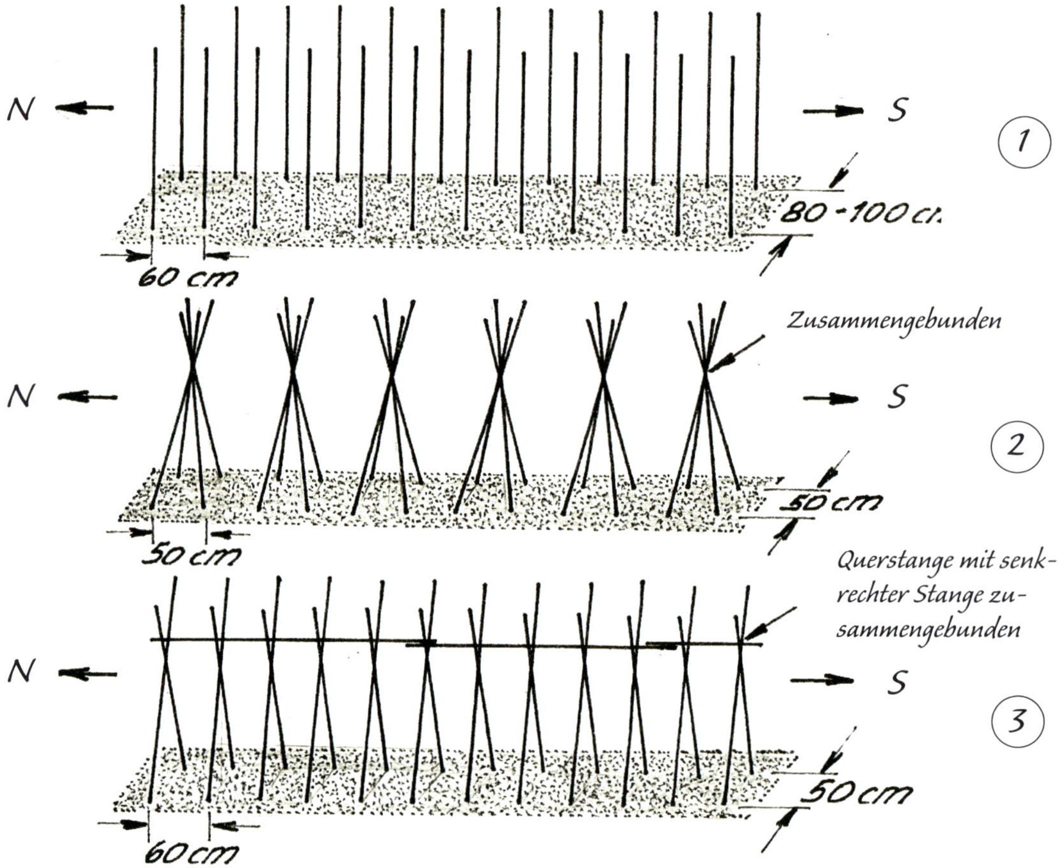


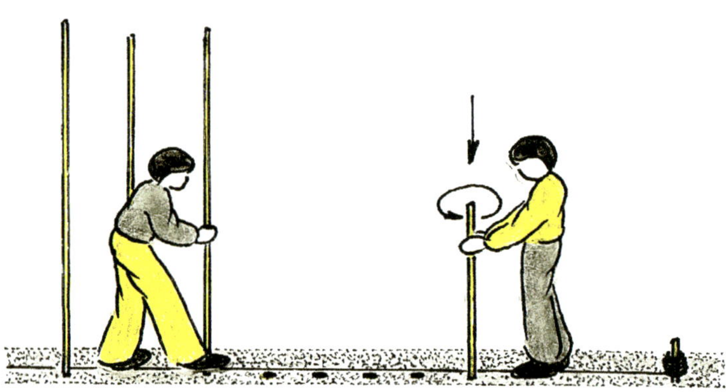

Runde Eisenstange für die Löcher der Bohnenstangen 30 - 40 cm tief in den Erdboden stoßen und das Loch kreisend erweitern.

Es gibt mehrere Möglichkeiten das Stangengerüst aufzubauen:

1 Die Stangen werden einzeln etwa 60 cm voneinander aufgestellt, der Zwischenraum zwischen den Stangenreihen sollte 80 - 100 cm breit sein.

2 Jeweils 4 Stangen werden in Pyramidenform zusammengebunden, eine in Sturm gefährdeten Gebieten bevorzugte Form.

3 Schrägwandform

### *Stangenbohnengerüste*

Stangenbohnen werden drei bis vier Meter hoch und sind ohne Leiter kaum zu pflücken. Dies sollte bereits beim Stecken der Bohnenstangen berücksichtigt werden, d.h. der Reihenabstand wird so breit angelegt, dass eine Trittleiter dazwischen Platz findet. Es gibt mehrere Möglichkeiten, die Stangen zu stecken, wobei die Einzelstangenform die ertragreichste ist. Am einfachsten sind die Löcher für die Bohnenstangen mit einer Eisenstange herzustellen, indem diese etwa 40 cm tief in den Boden gestoßen wird. Die Stangen werden in die Löcher gesteckt und anschließend rundherum mit Erde verschlossen. Die Löcher lassen sich natürlich auch mit dem Spaten vorbereiten (siehe hierzu die Abbildungen links).

*Die Fußbreite einer kleinen Trittleiter liegt zwischen 40 und 70 cm.*

## *Erbsen*

Erbsen lieben humose, kali- und kalkhaltige Böden. Sie gehören wie Bohnen zu den Schmetterlingsblütlern. Erbsen sind Kletterpflanzen und gedeihen gut und bringen die höchsten Erträge, wenn man sie mit Reisern oder Maschendraht stützt (siehe Seite 128).
Frostharte Sorten sind die Schal- und Palerbsen. Markerbsen vertragen Kälte nicht so gut und sollten erst ab Mitte April gelegt werden. Das Abdecken mit Reisig oder Vogelnetzen bis zum Auflaufen der Saat schützt die Erbsen vor hungrigen Vögeln. Anhäufeln bei einer Höhe von 10 cm und Feuchtigkeit bis zur Blüte fördern den Ertrag. Bis Juli können Folgesaaten vorgenommen werden.

### *Erbsenwickler*

Der oliv-braune Schmetterling legt die Eier auf Blätter und Hülsen. Die Raupe bohrt sich durch die Erbsenschale und frisst an den Früchten. Maßnahmen:

- Fruchtfolge einhalten.
- Windoffene Lage bevorzugen.
- Entweder sehr früh oder sehr spät aussäen, damit die Flugzeit des Erbsenwicklers (Mai bis Juni) nicht mit der Blütezeit der Erbse zusammenfällt.

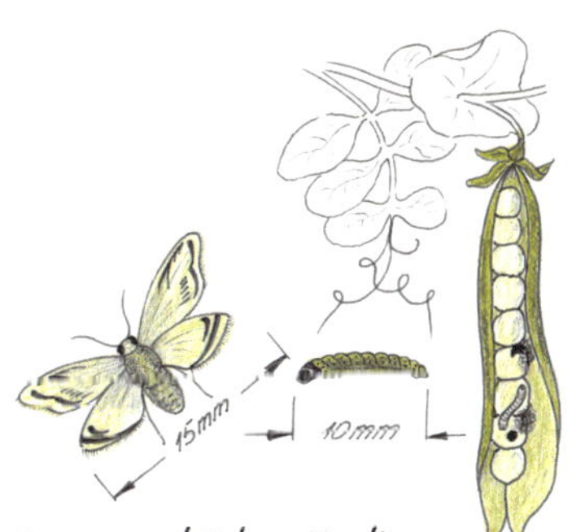


*Larve und Schmetterling des Erbsenwicklers*　　*Schadbild*

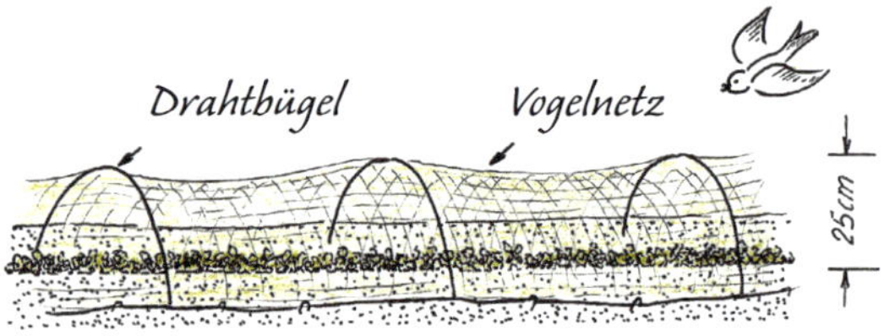


*Gegen Vogelfraß*
- *Beizen der Saat mit Wermuttee*
- *Saat tief legen (5 - 6 cm)*
- *Gleich nach dem Legen Netze spannen*

### *Erbsengerüste*

Erbsen sind Kletterpflanzen. Deshalb sollte man stets ein Gerüst anlegen. Als Kletterhilfen eignen sich Reisig, Maschendraht und Schnüre oder Spanndrähte. Bei der einreihigen Aussaat wird das Gerüst an der Seite angebracht, die dem Wind abgewandt ist. Dadurch werden die Pflanzen gegen die Kletterhilfe gedrückt und können sich gut anklammern. Bei der doppelreihigen Aussaat stellt man das Drahtgerüst mit den Pfosten zwischen den Reihen auf. Reisigstützen werden zeltförmig über die Pflanzen gesteckt.

*Erbsenernte*

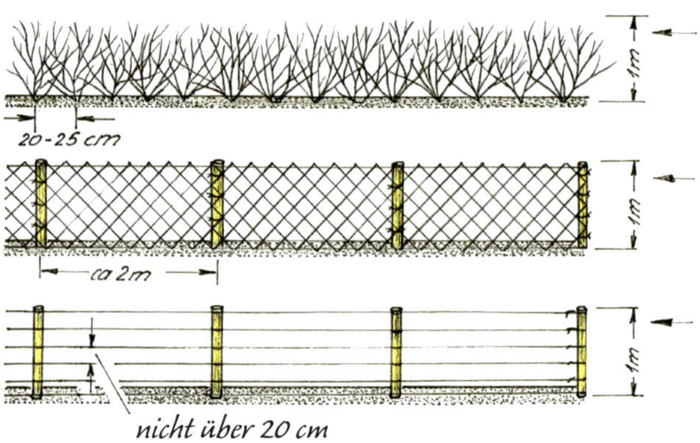


*Reisig (bestes Klettergerüst für Erbsen)*

*Zaundraht (breitmaschig)*

*Schnüre oder Spanndrähte*

*Einreihige Aussaat (Gerüst an der windabgewandten Seite)*

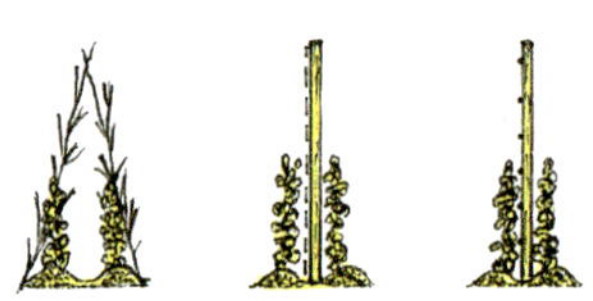

*Doppelreihige Aussaat (Gerüst zwischen den Reihen)*

*6 - 8 cm dicke und 130 cm lange Pfosten werden für das Gerüst 30 cm tief in die Erde geschlagen (Außenpfosten eventuell seitlich verspannen).*

# 5. Heil- und Küchenkräuter

Das Wissen um die Heilkräfte, die in unseren Küchenkräutern steckt, ist für viele wieder interessant geworden. In der Medizin finden Heilkräuter zunehmend Beachtung. Im Folgenden wird auf den medizinischen Aspekt jedoch nur am Rande eingegangen.
Wegen der vielfältigen Aromastoffe ist der reichliche Gebrauch von Würzkräutern in der Küche der Gesundheit förderlich.

Im Garten nehmen sich die Kräuter eher bescheiden aus. Ein eigenes Beet ist nicht unbedingt notwendig. Sie wachsen zwischen den Gemüsepflanzen oder Blumen. Viele Kräuter bringen im Sommer farbenprächtige Blüten hervor und werden gerne von Insekten besucht.
Mittelmeerkräuter (Majoran, Salbei, Lavendel) mögen es eher mager und trocken. Sie sollten kaum gedüngt werden. Es ist völlig ausreichend, wenn alle zwei Jahre dünn Kompost auf das Beet gebracht wird, der mit Kalk und Steinmehl angereichert ist. Mitteleuropäische Arten, wie Liebstöckel oder Petersilie mögen es humos und eher feucht, ihre Bodenansprüche sind denen der Schwachzehrer ähnlich.
Kräuter, die überdüngt wurden, enthalten kaum ätherische Öle und sind weniger aromatisch.

Sollen die Kräuter getrocknet werden, ist zu beachten, dass der Gehalt an ätherischen Ölen kurz vor der Blüte am höchsten ist. Geerntet wird am besten am frühen Vormittag eines sonnigen Tages. Die geschnittenen Kräuter werden locker gebündelt und luftig an einem schattigen Platz aufgehängt, bis sie völlig trocken sind.

 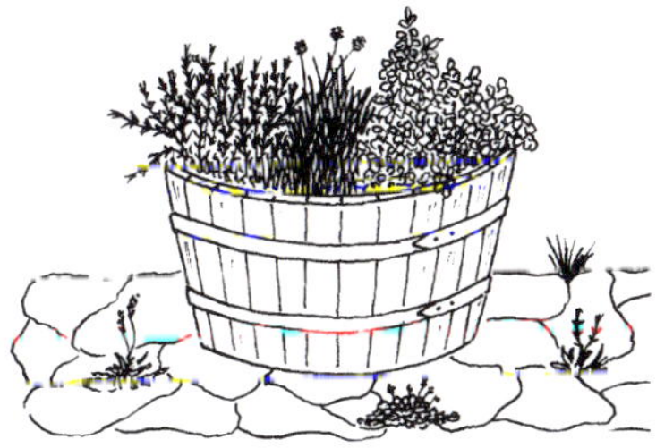 

## *Bohnenkraut*

*Bohnenkraut*

Es gibt das einjährige Garten- und das mehrjährige Bergbohnenkraut. Das Aroma ist dem des Thymians ähnlich. Roh schmeckt Bohnenkraut recht scharf, beim Kochen verliert sich die Schärfe, leider auch viel vom Aroma, deswegen nur kurz mitkochen.

Einjähriges Bohnenkraut kann zwischen den Bohnen stehen. Es benötigt einen warmen Standort.

In der Küche gehört es in Eintöpfe, besonders gut passt es zu Hülsenfrüchten, es fördert deren Verdauung. Es wirkt krampfstillend, verdauungsfördernd.

## *Basilikum*

Hiervon gibt es zwei Arten: das kleinblättrige mit feinem Aroma und das großblättrige, widerstandsfähigere mit kräftigerem Aroma. Basilikum schmeckt pfeffrig-würzig.

Im Garten ist Basilikum eher wärmebedürftig und sollte im Frühbeet vorgezogen werden. In der Küche wird Basilikum zu Salaten und Gemüsen genommen, unverzichtbar für Caprese. Es wirkt beruhigend und entkrampfend auf Magen und Nerven.

*Basilikum*

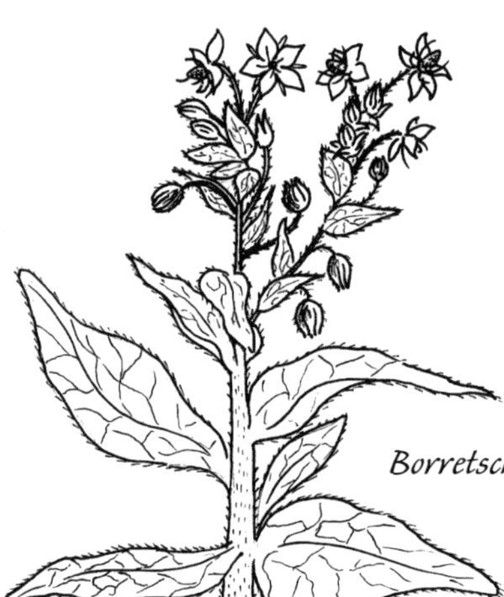

*Borretsch*

## *Borretsch*

Fühlt sich Borretsch wohl im Garten, braucht man sich um die Vermehrung dieses einjährigen Krautes nicht mehr zu kümmern. Es samt sich aus. Die Blätter riechen und schmecken intensiv nach Gurke.

Die Pflanze benötigt einen guten Boden und steht am besten im Gemüsebeet. Dort wird sie nicht selten einen Meter hoch und ebenso breit.

Comfrey, Beinwell

Dill

Estragon

Da die Blätter einen Giftstoff enthalten, sollte man nur die jungen und auch die nicht in großer Menge verwenden. Sie passen gut in Salate. Gekocht oder getrocknet geht das Aroma vollständig verloren. Die hübschen blauen Blüten werden gerne zur Dekoration genommen und können mitgegessen werden.

## *Comfrey, Beinwell*

Comfrey, auch Beinwell genannt, ist ein einheimisches Kraut, das weniger in der Küche als vielmehr in der Medizin Verwendung findet. Ein Umschlag aus Wurzelbrei hilft bei Quetschungen, und der Tee aus Blättern wirkt lindernd bei rheumatischen Beschwerden. Jauche aus den frischen Blättern ist ein schnell wirkender Dünger (siehe Seite 201).
Das einheimische Kraut wächst wild an Gräben und auf feuchten Wiesen. Es braucht zum Gedeihen viel Kompost und liefert dann große Blattmengen, die auch zum Mulchen verwendet werden können.

## *Dill*

Als guter Mischkulturpartner passt Dill ins Gemüsebeet. Das typische Dillaroma ist sowohl in den Blättern als auch in den Samen zu finden. Dill findet Verwendung als Einlegegewürz für Gurken. Frisch macht er sich gut in Salaten. Dill enthält viel Vitamin C.

## *Estragon*

Estragon stammt aus Osteuropa und Asien. Angeboten werden Russischer und Französischer Estragon. Die russische Art ist robuster. Im Garten ist er anspruchslos, benötigt aber einen geschützten, warmen Standort.
Die frischen Triebe werden in der Küche in Salate, Suppen und feine Soßen gegeben. Eingelegt in Essig oder Öl gibt er sein Aroma an die Flüssigkeit ab. Estragon wirkt harntreibend und appetitanregend.

Kerbel

## *Kerbel*

Ein ausgesprochenes Frühjahrskraut ist der Kerbel. Man kann ihn bereits im März aussäen und nach wenigen Wochen ernten. Da er nur jung und roh gegessen wird, sollte man ihn regelmäßig nachsäen. Er wird in Salaten und Soßen verwendet (ohne Kerbel ist z. B. die Frankfurter Grüne Soße unvollständig).
Kerbel wirkt blutreinigend und stoffwechselanregend. Er wird zu Frühjahrskuren verwendet.

## *Kapuzinerkresse*

Obwohl Kapuzinerkresse ursprünglich als Zierpflanze Einzug in die Gärten hielt, hat sie als Gewürzpflanze viele Liebhaber gefunden.
Sie liebt die Sonne, steht aber auch gut unter Obstbäumen, wo sie als schädlingsabwehrende Pflanze dient.
Die kresseartig-scharfen Blätter werden roh in Salate oder Quarkspeisen gegeben. Die essbaren Blüten sind eine hübsche Dekoration für Platten und Salate.

Kapuzinerkresse

Liebstöckel

## *Liebstöckel*

Eindrucksvolle zwei Meter hoch wächst diese ausdauernde Gewürzpflanze, die einen kräftigen, lockeren Boden benötigt. Im Winter friert sie vollständig zurück, und treibt im Frühjahr wieder aus. Den Beinamen Maggikraut trägt Liebstöckel zu Recht. Seine Blätter sind sehr würzig und sollten sparsam verwendet werden. In Eintöpfen können sie mitgekocht, in Soßen roh und kleingehackt zugegeben werden. Liebstöckel wirkt harntreibend und löst Blähungen.

## Melisse

Wegen ihres ausgeprägten Zitronenaromas wird sie auch Zitronenmelisse genannt. Die jungen Triebe werden roh zu Salat, Soßen und Süßspeisen gegeben. Aufgegossen als Tee geht viel vom Aroma verloren, besser eignet sich Melisse in Teemischungen, denen sie ein zartes Aroma verleiht. Melisse wirkt beruhigend, besonders auf die Magennerven.

## Majoran

Entscheidend für die Entwicklung des bitter-süßlichen Aromas ist die Wärme während des Wachstums. Im Frühbeet vorgezogen, wird Majoran Mitte Mai an einen warmen Standort ausgepflanzt.
Die frischen Triebe können den ganzen Sommer über geerntet werden. Getrocknet verliert Majoran viel Aroma.
Majoran ist sehr verdauungsfördernd und wird häufig zu fetten Speisen verwendet. Das feine Aroma der frischen Triebe passt aber auch gut zu Fischgerichten.

## Petersilie

Mit ihrem würzigem Aroma ist Petersilie ein Klassiker in der Küche. Im Garten benötigt sie humosen Boden und genügend Feuchtigkeit. Die Blätter der zweijährigen Pflanze schmecken nur im ersten Jahr. Deshalb sollte Petersilie jedes Jahr frisch gesät werden.
Petersilie wird roh und erst nach dem Kochen über die Speisen gestreut, so behält sie den hohen Vitamin-C-Gehalt und ihre harntreibende Wirkung.

## Salbei

Die grau-grünen Blätter schmecken würzig-aromatisch und werden sowohl frisch als auch getrocknet verwendet.
Im Garten benötigt Salbei volle Sonneneinstrahlung und einen eher mageren, kalkhaltigen Boden. Im Winter ist leichter Winterschutz notwendig. In mildem Klima kann Salbei das ganze Jahr über geerntet werden. Ein kräftiger Rückschnitt im Frühjahr fördert das Wachstum. Salbei findet sich in vielen Würzmischungen, passt gut zu Eintopf, Käsegerichten und zu salzigem Gebäck. Seine entzündungshemmende Wirkung ist bei Erkältungen und Zahnfleischentzündungen hilfreich. Man kann mit einem Aufguss gurgeln oder Blätter kauen.

## Pfefferminze

Frisch aufgebrüht kommt der scharfminzige Geschmack der Pfefferminze am besten zur Geltung. Getrocknet bleibt das Minzearoma gut erhalten. Im Garten braucht die Minze einen humosen, feuchten Standort. Wo sie sich wohlfühlt, breitet sie sich schnell durch Wurzelausläufer aus.
Pfefferminze ist ein Heilkraut mit vielfältigen Anwendungsmöglichkeiten. Übermäßiger Teegenuss kann bei empfindlichen Menschen den Magen reizen. Ansonsten wirkt Pfefferminze eher beruhigend und verdauungsfördernd und wird auch gern in Salaten und Soßen verwendet. Liebhaber finden viele Minzearten im Handel von der Ananasminze über die Japanische Minze bis hin zur Wasserminze.

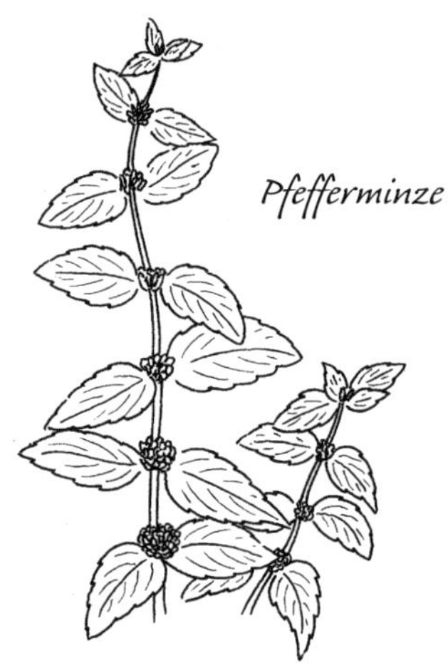


## Schnittlauch

Neben Petersilie ist Schnittlauch das klassische Würzkraut. Es schmeckt zwiebelartig scharf. Im Garten benötigt Schnittlauch einen halbschattigen Standort, humosen Boden und reichlich Kompost. Er kann mehrere Jahre lang stehen bleiben. Schnittlauch liefert auch in milden Wintern frisches Grün für die Küche.

*Weinraute*

## *Weinraute*

Die Blätter von Weinraute haben einen leicht bitteren und kräftig-würzigen Geschmack.
Im Garten steht sie gut bei Salbei und Thymian, wird mit 80 cm Wuchshöhe recht groß und bietet mit ihren grau-grünen Blättern und gelben Blüten einen schönen Anblick.
In der Küche werden die Blätter sparsam verwendet und passen gut zu Hackfleisch- und Käsegerichten. Weinraute wirkt appetitanregend und beruhigend.
In großen Mengen genossen ist Weinraute giftig.

## *Thymian*

Das herbe, kräftige Aroma entwickelt sich umso besser, je sonniger der Thymian steht. Er benötigt einen trockenen Standort und mageren Boden und steht am besten im Steingarten.
In der Küche wird Thymian zu Fleisch und kräftigen Eintöpfen gegeben.
Die ätherischen Öle der Pflanze wirken desinfizierend und krampflösend. Bei Husten und anderen Erkältungskrankheiten leistet Thymian gute Dienste.

*Thymian*

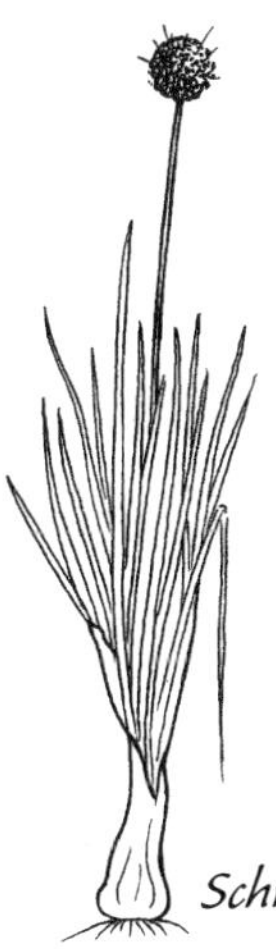

*Schnittlauch*

*Ysop*

## *Ysop*

Bitter-würzig schmecken die Blätter dieses hübschen, blaublütigen Krauts. Im Garten benötigt es einen sonnigen und trockenen Standort. Mit leichtem Frostschutz kommt es gut durch den Winter.
In der Küche rundet Ysop den Geschmack von Suppen und Soßen ab. Die Bitterstoffe wirken magenstärkend und blutreinigend. Ein Dampfbad bringt bei drohendem Schnupfen Erleichterung.

# Hausteemischungen

Gute Hausteemischungen können selbst aus wildwachsenden oder im Garten angebauten Pflanzen zusammengestellt werden.
Tee, der jeden Tag getrunken wird, sollte keine oder nur sehr wenige Heilkräuter enthalten. Untenstehend sind einige wohlschmeckende Mischungen aufgeführt, die für den täglichen Gebrauch geeignet sind. Es möge aber jeder nach Herzenslust selbst kombinieren und so seine eigene Hausteemischung finden.

**Mischung Nr. 1**

50 g Brennnesselblätter
30 g Blätter der schwarzen Johannisbeere
20 g Pfefferminze

**Mischung Nr. 2**

25 g Erdbeerblätter
25 g Himbeerblätter
25 g Brombeerblätter
25 g Lindenblüten

**Mischung Nr. 3**

50 g Heidekraut mit Blüten
30 g Melisseblätter
20 g Pfefferminze

**Mischung Nr. 4**

50 g Brennnesselblätter
25 g Brombeerblätter
25 g Heidekraut mit Blüten

**Mischung Nr. 5**

50 g Erdbeerblätter
25 g Himbeerblätter
25 g Melisseblätter

**Mischung Nr. 6**

30 g Brombeerblätter
20 g Himbeerblätter
20 g Erdbeerblätter
25 g Melisseblätter
5 g Waldmeister

**Mischung Nr. 7**

50 g Blätter der schwarzen Johannisbeere
40 g Brombeerblätter
10 g Fenchelsamen

**Mischung Nr. 8**

30 g Holunderblüten
20 g Lindenblüten
50 g Hagebutten

**Mischung Nr. 9**

30 g Gundelrebe
30 g Melisseblätter
40 g Pfefferminze

# 6. Beerenobst im Garten

Frisch geerntete Früchte aus dem eigenen Garten sind im Geschmack nicht zu übertreffen. Biologisch angebaut, sind sie zudem noch frei von giftigen Pflanzenschutzmitteln, deren Rückstände bei Beerenobst schlecht zu entfernen sind. Der Anbau ist einfach und die Verwendung der Früchte vielfältig: frisch als Süßspeise, konserviert als Marmelade oder einfach von der Hand in den Mund. Da Beerenobst lange Jahre am selben Ort steht, ist eine gründliche Vorbereitung des Bodens wichtig. Auf nährstoffarmen und undurchlässigen Böden sollte vor der Pflanzung eine tiefwurzelnde Gründüngung eingesät werden. Wicken, Lupine und Rotenburger Kombigemenge sind ausgezeichnete Voraussaaten.

## Erdbeeren

Die Entstehung von Erdbeeren ist einem züchterischen Zufall zu verdanken, bei dem vor 200 Jahren verschiedene amerikanische Wildarten gekreuzt wurden. Erdbeeren haben einen hohen Gehalt an Mineralstoffen, an Fruchtsäuren und Vitaminen. Erdbeeren entgiften den Darm, kräftigen das Immunsystem und den Stoffwechsel, wirken entwässernd, blutbildend und fördern das Zellwachstum.
Im Garten sind sie jahreszeitlich die frühesten Früchte. Je nach Sorte beginnt die Ernte Ende Juni und ist bis in den August möglich. Zweimaltragende Sorten haben ab September noch einmal eine kleine zweite Fruchtperiode.

*Erdbeere = Rosengewächs*

In der Sonne werden die Erdbeeren am aromatischsten, sie gedeihen aber auch noch im Halbschatten. Der Boden sollte humushaltig sein und einen pH-Wert von 6 - 7 haben. Gepflanzt wird möglichst schon im Juli, dann tragen die Pflanzen bereits im nächsten Jahr reichlich Früchte. Erdbeeren lieben die Nachbarschaft mit anderen Pflanzen, besonders mit Blumen und Kräutern. Für eine förderliche Mischkultur ist ein Reihenabstand von 60 bis 80 cm richtig.
Gleich nach dem Pflanzen wird gegossen und gemulcht. Im Frühjahr darf kein stickstoffhaltiger Dünger an die Pflanzen gelangen, jedoch wird während der er-sten Blütenbildung entweder mit Rinde, Stroh, trockenem Farnkraut oder mit zerkleinertem Laub gemulcht.
Nur in extrem trockenen Sommern darf während der Erntezeit gegossen werden.

*Zwischen den Reihen kann man Porree, Knoblauch, Feldsalat oder Gründünger anbauen. Ersatzweise Bodenabdeckung mit Mulchmaterial*

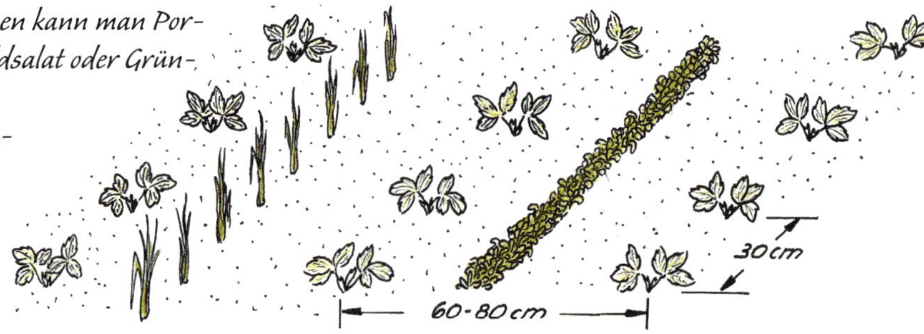

*Im Frühjahr darf kein stickstoffhaltiger Dünger an die Pflanzen, der Boden wird aber während der ersten Blütenbildung entweder mit Rinde, Stroh, Holzwolle, trockenem Farnkraut oder zerkleinertem Laub bedeckt. Die Früchte liegen dadurch sauber und trocken.*

Werden keine Ableger für Neupflanzungen benötigt, wird das Erdbeerbeet gleich nach der Ernte gereinigt, d.h. alle Ableger werden entfernt. Anschließend erhalten die Pflanzen eine Kompostgabe und werden gründlich mit Brennnesseljauche gegossen. Drei bis vier Jahre können gesunde und reichtragende Erdbeerpflanzen an der gleichen Stelle stehen bleiben.
Wer dauer- oder zweimaltragende Erdbeeren schon im August wieder ernten will, sollte die Frühjahrsblüten auskneifen.

## Schädlinge und Krankheiten

### Grauschimmel (Botrytis cinerea)

Feucht-warmes Wetter fördert die Ausbreitung dieses Pilzes und wirkt sich sehr schädigend auf die Erdbeerernte aus. Beginnend mit einem kleinen graubraunen Fleck, wird nach und nach die ganze Frucht mit grauem Pilzrasen überzogen. Die befallenen Früchte müssen gepflückt und vernichtet werden, weil die Ansteckungsgefahr sehr groß ist.

*Grauschimmel-Befall*

*Bei Grauschimmel-Befall sofort nach der Ernte das Laub bis auf zwei Herzblätter abschneiden. Die Pflanzen treiben schnell wieder aus und der Winterschutz ist gesichert.*

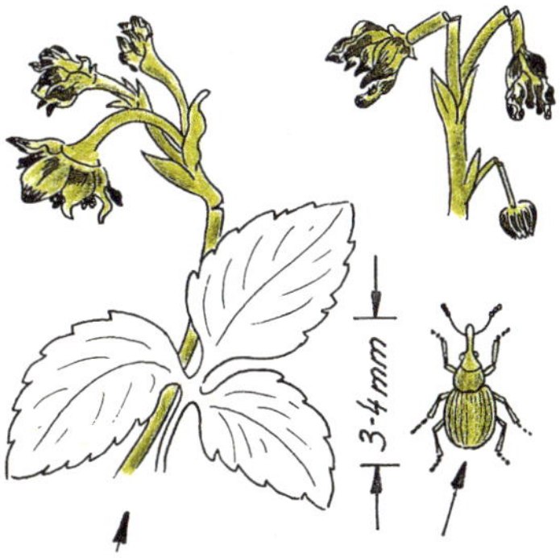


Schadbild des Erdbeerstängelstechers

Erdbeerblütenstecher

Mit Erdbeermilben befallene Blätter

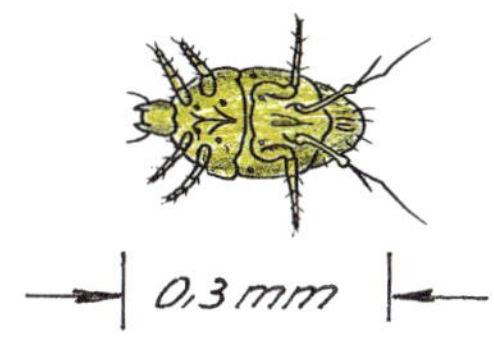


Erdbeermilbe

Maßnahmen:

- Stickstoffdünger sparsam verwenden.
- Keine Düngung im Frühjahr.
- Großen Pflanzabstand einhalten.
- Gesteinsmehl streuen.
- Knoblauch, Porree und Zwiebeln zwischen die Erdbeeren pflanzen.
- Schon vorbeugend und dann wiederholt Schachtelhalmbrühe spritzen.
- Bei Vorjahresbefall Pflanzenstärkungsmittel spritzen.

### *Erdbeerblütenstecher (Anthomus rubi)*

Dieser Rüsselkäfer schädigt Erd- und Himbeeren. Der Schaden ist allerdings selten groß. Der Käfer legt ein Ei in die Blüte und nagt anschließend den Stiel durch. Die Blüten vertrocknen und fallen ab. Der Erdbeerstängelstecher verhält sich ähnlich, nur dass durch ihn ganze Blütenstände umknicken. Maßnahmen:

- Boden mit Farnkraut bedecken.
- Vertrocknete Blütenstände absammeln und verbrennen, bevor die Larve schlüpft.
- Rainfarntee spritzen.

### *Erdbeermilbe (Tarsonemus pallidus)*

Die 0,3 mm großen Milben wohnen im Herz der Pflanze. Befallene Pflanzen zeigen gekräuselte Blätter, geringes Wachstum, Bräunung und Absterben der Herzblätter. Maßnahmen:

- Gesunde Pflanzen kaufen.
- Bei frühem Erkennen einen Kaltwasserstrahl in das Herz der Pflanze spritzen.
- Zwiebelschalen- oder Rainfarntee spritzen.
- Bei starkem Befall Pflanzen roden und verbrennen, Neupflanzung von Erdbeeren an einer anderen Stelle des Gartens vornehmen.

# Brombeeren

Berichtet wird schon seit 3000 Jahren über die Brombeere als Wild- und Heilpflanze. Als Kulturpflanze kam sie erst spät in unsere Gärten, etwa um 1850. Die meisten Züchtungen kommen aus Amerika. Viele von ihnen sind für unsere europäischen Anbaugebiete mit ihrer kalten Winterzeit nicht geeignet, weil sie weder genügend frosthart sind noch rechtzeitig reifen.
Viele Gartenbesitzer scheuen die Mühe mit den stacheligen Büschen. Deswegen gibt es auch stachellose Züchtungen. In den Gartenkatalogen werden diese Sorten als dornenlos bezeichnet, obwohl es, botanisch gesehen, Stacheln sind, die so unangenehm stechen. Wir unterscheiden zwischen -bedornten, rankenden Sorten (Rubus fructicosus) -bedornten, aufrecht wachsenden Sorten (Rubus discolor) -und den rankenden, dornenlosen Sorten (Rubus laciniatus)

Am aromatischsten und ertragreichsten sind die rankenden Sorten. Die aufrecht wachsenden Sorten ähneln im Anbau und Wuchs den Himbeeren. Die dornenlosen Sorten sind einfach zu handhaben.
Bei allen Sorten wachsen im ersten Jahr lange Ruten, die im zweiten Jahr an ihren Seitentrieben blühen und fruchten. Nach der Ernte sterben diese Triebe ab.
Brombeerblüten sind wertvolle Futterpflanzen für Bienen und Hummeln. Die Frucht ist eine Sammelsteinfrucht und löst sich auch im vollreifen Zustand nicht vom Zapfen.

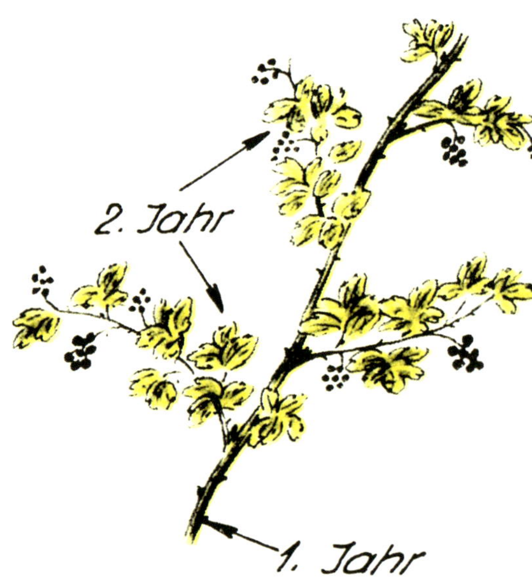

Halbreife und grüne Brombeeren wirken getrocknet gegen Durchfall. Tees aus Brombeerblättern werden mit Erfolg bei Zahnfleischentzündungen, Hautkrankheiten, Blutergüssen, zur Wundheilung und bei Erkältungskrankheiten angewandt. Die Ansprüche der Brombeeren an den Boden ähneln denen der Himbeere, nur der pH-Wert sollte etwas höher (6-6,8) sein, denn Brombeeren benötigen Kalk. Sie vertragen Trockenheit und müssen bei Hitze nicht so oft gegossen werden. Die meisten Brombeersorten erfrieren bei Temperaturen unter -18°C, manche bereits bei -10°C. Warme, geschützte und sonnige Plätze sind darum bei der Standortwahl empfehlenswert.

*Brombeergerüst*

Die rankenden Brombeersorten treiben jährlich lange Ruten. Deshalb muss das Gerüst entsprechend hoch und stabil gebaut werden.

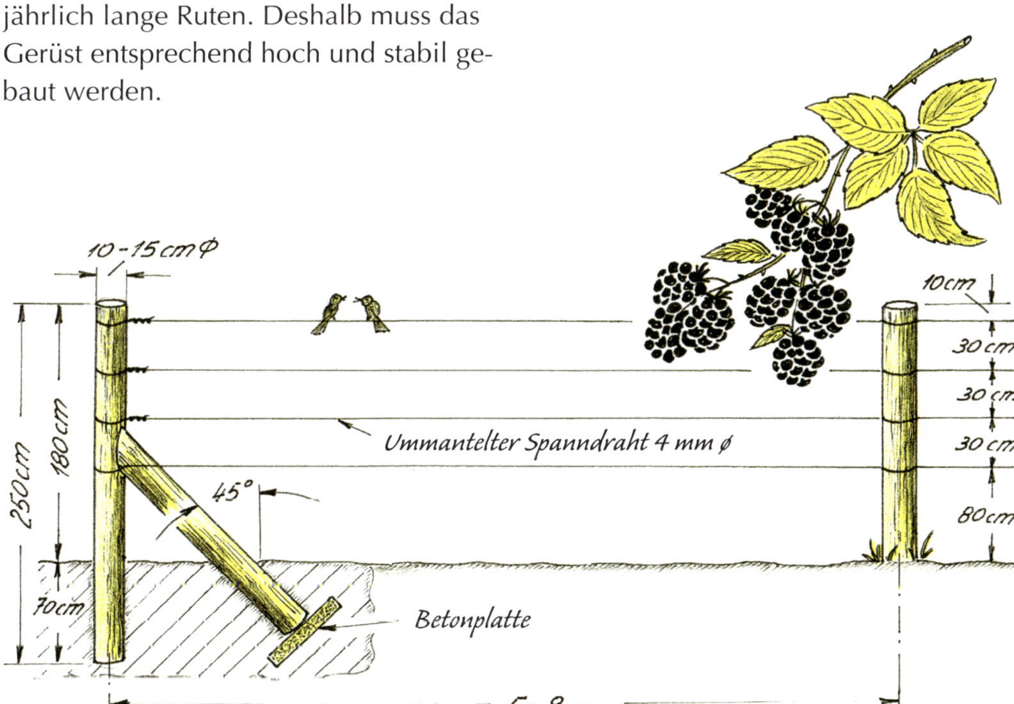

# *Himbeeren*

*Himbeere = Rosengewächs*

Die Himbeere ist in der gemäßigten Zone der nördlichen Erdhälfte beheimatet. Die Blätter enthalten Gerbstoffe und wirken somit gegen Durchfall. Man findet sie häufig in blutreinigenden Teemischungen. Die Früchte sind Vitamin-C-reich. Ferner enthalten sie Vitamin A, Rutin und viel Biotin, das unter anderem für Glanz und Fülle der Haare sorgt.
Himbeeren benötigen einen feuchten, humosen (reichlich Kompost) und tiefgründig lockeren Boden mit einem pH-Wert zwischen 4,5 und 6. Der besseren Wurzelbildung wegen sollte eine Neupflanzung im Frühjahr stattfinden.
Himbeeren gedeihen zwar auch im Halbschatten, bringen aber in sonnigen Lagen höhere Erträge. Von ihrem Standort aus entziehen sie dem Boden noch in bis zu drei Metern Entfernung Nährstoffe. Deshalb dürfen sie nicht zu nahe an Obstbäumen stehen.

Himbeeren brauchen einen feuchten Fuß. Dieses Bedürfnis lässt sich durch Mulchen und die Aussaat von Gründüngungspflanzen befriedigen. Besonders gut passt Vergissmeinnicht zwischen die Himbeeren. Die blauen Blüten irritieren den Himbeerkäfer auf der Suche nach Himbeerblüten.
Erhältlich sind ein- und zweimaltragende Himbeeren. Zweimaltragende Sorten bringen im Herbst bis zum Frost noch Früchte hervor. Da der Himbeerkäfer zu dieser Zeit nicht mehr fliegt, sind die Beeren absolut wurmfrei.

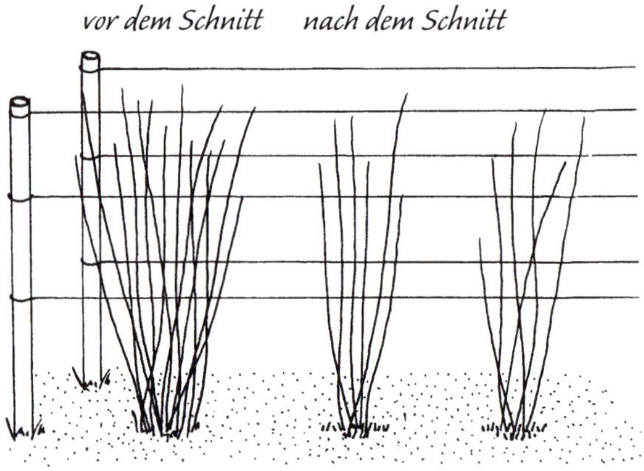


*Himbeeren brauchen ein Gerüst*

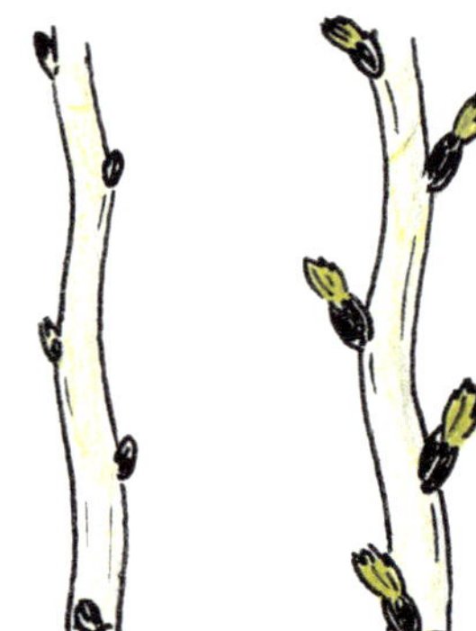


*Ab April ist gut erkennbar, welche Triebe austreiben bzw. nicht austreiben*

Himbeeren benötigen ein Gerüst. Drei Spanndrähte auf jeder Seite geben den Pflanzen den erforderlichen Halt und dem Gärtner die nötige Übersicht (siehe Abbildung links, weitere Modelle siehe unten).
Gleich nach der Ernte werden abgetragene Himbeerruten ebenerdig abgeschnitten. Auch die einjährigen Triebe werden bis auf sechs Ruten pro Pflanze herausgeschnitten.

Zweimaltragende Sorten benötigen reichlich Kompost. Die Ruten, an denen im Herbst Beeren hängen, treiben im Frühjahr oft noch einmal aus und tragen im Sommer Früchte. Zweimaltragende Sorten werden nach der Sommerernte gekürzt und im folgenden Frühjahr dann diejenigen Ruten ausgeschnitten, die nicht erneut austreiben. Ebenso sollte alles entfernt werden, was zu dicht steht.
Der Boden unter den Himbeeren wird nicht gehackt, sondern nur bedeckt gehalten.

*Himbeergerüste*

Himbeeren stehen am besten an einem Gerüst, das in Nord-Süd-Richtung angelegt ist. Es gibt unterschiedliche Gerüstmodelle. Der Abstand von Pfosten zu Pfosten beträgt bei allen Gerüsten ca. 3 m. Alle Gerüstpfosten werden 50 cm tief in die Erde gesetzt.

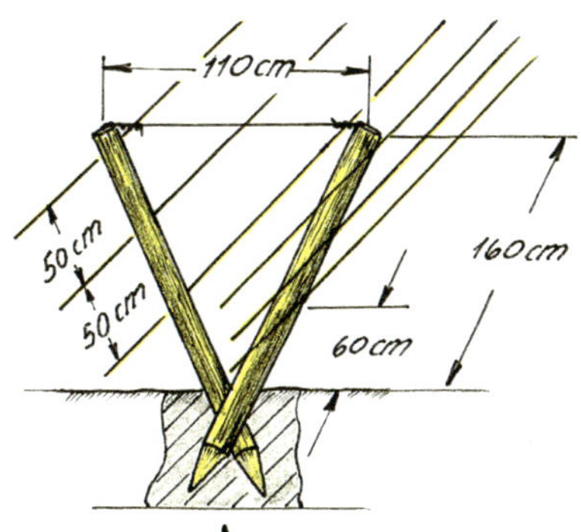


V-Gerüst

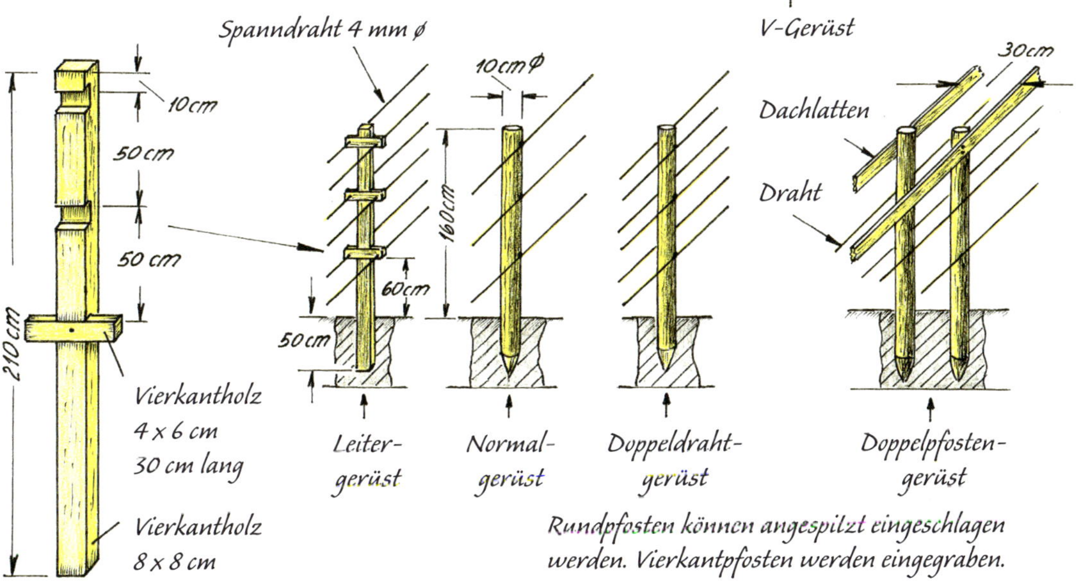


*Rundpfosten können angespitzt eingeschlagen werden. Vierkantpfosten werden eingegraben.*

## Schädlinge und Krankheiten

### Himbeerrutenkrankheit (Didymella applanta)

Diese Pilzkrankheit ist recht verbreitet. Verletzte Ruten und stehengebliebene Stummel bieten dem Pilz Eintritt und Überwinterungsplätze. Die Ruten verfärben sich bläulich-braun. Der Schaden ist selten groß, denn die Ernte wird kaum beeinträchtigt. Maßnahmen:

Gute Pflege und ein optimaler Standort beugen dem Befall vor. Dazu gehören:

- Luftiger Stand durch regelmäßigen Schnitt. Gleichmäßige Feuchtigkeit.
- Keine starke Stickstoffdüngung.
- Ständige Bodenbedeckung.
- Zweimalige Spritzung mit Preicobakt.
- Wiederholte Spritzungen mit Schachtelhalm oder Pflanzenstärkungsmitteln, die das Pflanzengewebe stärken.
- Bei starkem Befall die Ruten herausschneiden und verbrennen.

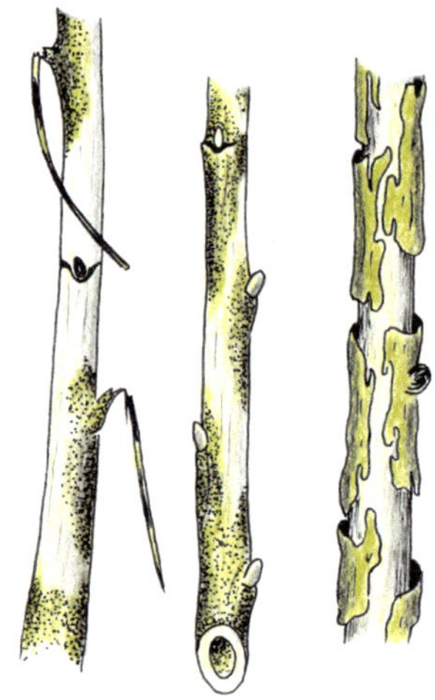

*Himbeerrutenkrankheit*

### Himbeerkäfer (Byturus tomentosus)

Der Käfer fliegt von Mai bis Juni. In Knospen und aufbrechenden Blüten fressen und paaren sich die Käfer. Werden sie jetzt abgesammelt, können die Weibchen im Juni ihre Eier nicht mehr in die Blüten legen. Maßnahmen:

- Ablesen der Käfer während der Paarungszeit.
- Spritzen des Bodens mit Rainfarntee.
- Das Holzstützgerüst (ein beliebter Überwinterungsplatz) mit Preicobaktbrei, der mit Rainfarntee angerührt wurde, einstreichen.
- Während der Ernte alle gefundenen Larven vernichten.

*Himbeerkäfer (Byturus tomentosus) Der Käfer fliegt von Mai bis Juni. In Knospen und aufbrechenden Blüten fressen und paaren sich die Käfer.*

*Himbeerkäfer lassen sich bei Berührung sofort fallen. Darum hält man beim Ablesen der Käfer ein Wassergefäß unter die Fruchtstände*

*Himbeerkäfer und Larve*

# Stachelbeere

Stachelbeeren enthalten außer Vitamin B und C nennenswerte Gehalte an Nicotinamid. Sie haben ähnliche Boden-, Anbau- und Pflegeansprüche wie Johannisbeeren, benötigen nur eine etwas höhere Kaliversorgung des Bodens.
Stachelbeeren gedeihen im Halbschatten noch sehr gut. Durch ihre flachen und tiefen Wurzeln sind sie trockenheitsbeständiger als Johannisbeeren. Ein gut bedeckter Boden reicht in normalen Sommern aus.
Es sollten mehltauresistente Sorten gewählt werden. Es gibt rot- und grünfrüchtige Sorten.
Für die Pflanzung der Stachelbeeren und auch Johannisbeeren gelten die gleichen Regeln, die im Kapitel Baumobst (siehe ab Seite 151) aufgeführt sind.
Der Pflanzschnitt erfolgt auch bei der Herbstpflanzung im frühen Frühjahr. Vier bis sechs Zweige bleiben stehen und diese werden auf vier bis fünf Augen eingekürzt.

*Stachelbeere = Steinbrechgewächs*

### *Der Schnitt*

Stachelbeeren müssen gut geschnitten sein, denn sonst wird die Ernte zwischen den stacheligen Zweigen schwierig. Altes Holz, nach innen wachsende Triebe und schwache Bodentriebe werden so tief wie möglich herausgeschnitten. Auch zu dicht stehende Seitenzweige werden entfernt. Mit dem Einkürzen zu langer Triebe sollte man sich zurückhalten, denn die Früchte sitzen am einjährigen Holz am reichlichsten. Der Herbstschnitt ist dem Frühjahrsschnitt vorzuziehen, da Stachelbeeren früh austreiben.

*Schnitt der Stachelbeersträucher*

*Vor (links) und nach dem Schnitt (rechts)*

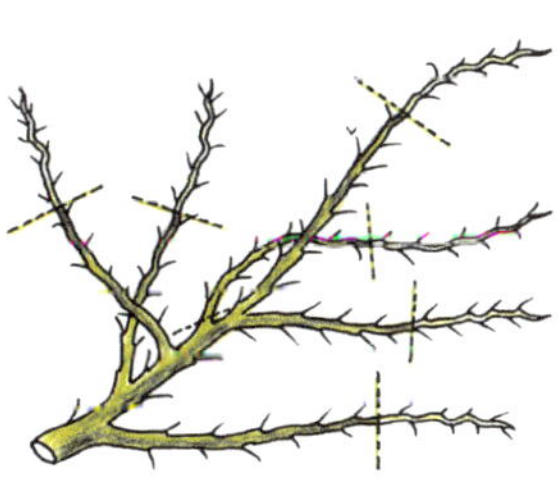

*Günstig ist der Schnitt im Herbst. In jedem Fall muss er wegen des frühen Austriebs bis Ende Februar beendet sein. Durch Stachelbeermehltau verformte Triebe (korkenzieherförmig) werden um 1/3 ihrer Länge eingekürzt.*

# Krankheiten und Schädlinge

## *Mehltau (Spaerotheca mors-uvae)*

Bei zu geringem Pflanzenabstand und bei zu dichtem Wuchs neigen Stachelbeeren zu Mehltau. Wie dieser zu behandeln ist, wird in Kapitel 9 (Seite 182) beschrieben. Außerdem werden alle befallenen Triebe stark eingekürzt.

*Stachelbeermehltau*

## *Stachelbeerspinnmilbe (Bryobia praetiosa)*

Diese Tiere übertragen Viruskrankheiten. Sie überwintern am Holz der Sträucher und wandern im Frühjahr in großen Mengen auf die Blätter, an denen sie saugen. Die Blätter sind erst weiß gesprenkelt, verfärben sich grau-braun, vertrocknen und fallen schließlich ab. Die Früchte bleiben klein und reifen nicht aus. Besonders Büsche an sonnigen Standorten werden befallen.

Maßnahmen:

- Heißwasserspritzung bei Befall (52° C).
- Reichliche Februar-März-Spritzung mit Rainfarntee.

*Schadbild der Stachelbeerspinnmilbe*

*Stachelbeerspinnmilbe*

*Eier auf der Blattunterseite*

*Schmetterling und Raupe des Stachelbeerspanners*

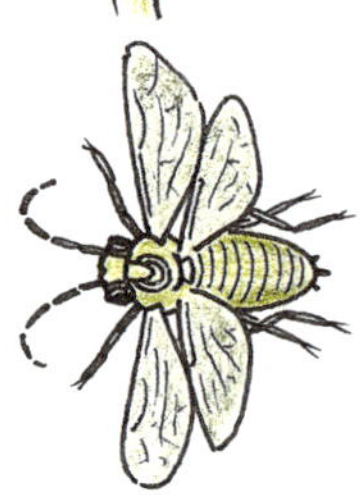

*Stachelbeerblattwespe und die Raupen der Stachelbeerwespe beim Fraß*

*Stachelbeerrost*

*Stachelbeerrost, stark vergrößert*

### *Stachelbeerspanner (Abraxas grossulariata) und Stachelbeerblattwespe (Pteronus ribis)*

Die Raupen beider Insekten können große Fraßschäden anrichten.

Maßnahmen:

- Bei geringem Befall Raupen ablesen.
- Bei starkem Befall Algomin stäuben.
- Stoff oder Papier unter den Busch legen und kräftig schütteln, die herabgefallenen Tiere sofort vernichten.

### *Stachelbeerrost (Puccinia caricina var. Phrinosheimiana)*

An Säuregräsern der Gattung Carex (Seggen) hält sich dieser Rostpilz auf. Im Frühjahr wehen die Sporen auf die Büsche in der Nähe. Auf Blättern und Früchten zeigen sich orange- bis dunkelrote Polster, in denen neue Sporen heranreifen, die dann wieder auf die Gräser wechseln.

Maßnahmen:

- Sträucher stark zurückschneiden.
- Schachtelhalmbrühe im Frühjahr und Herbst auf Strauch und Boden spritzen.
- Sauergräser im Umkreis entfernen.

### *Blattfallkrankheit (Drepanopeziza ribis)*

siehe nächste Seite unter Johannisbeeren.

# Johannisbeeren

Rote und weiße Johannisbeeren haben einen hohen Vitamin A- und C-Gehalt und enthalten Pektinstoffe. Die Schwarze Johannisbeere ist mit 150 mg pro100 g eine der Vitamin-C-reichsten Früchte. Der Tee aus Blättern ist harntreibend und wird bei Gicht und Rheuma empfohlen. Johannisbeeren nehmen mit jedem Boden vorlieb, sofern er nur etwas humos und nicht sauer ist. Sie sind Flachwurzler, die Bodenbearbeitung darf also nur oberflächig erfolgen. Auch sind sie trockenheitsanfällig. Eine ganzjährige Mulchschicht oder Untersaat mit Klee ist günstig.

*Johannisbeere = Steinbrechgewächs*

*Der Schnitt*

Rote und weiße Johannisbeeren tragen am zwei- bis dreijährigen Holz, schwarze am einjährigen. Alles ältere Holz (dunkel) wird bodennah abgeschnitten. Es wachsen immer genügend Neutriebe nach. Rote und weiße Johannisbeeren werden im Herbst und Winter geschnitten, schwarze Johannisbeeren gleich nach der Ernte.

*Vor dem Schnitt*

*Nach dem Schnitt*

*Schnitt: Bis zu 10 Neutriebe können stehenbleiben und verjüngen so den Busch immer wieder*

*Johannisbeeren sind Flachwurzler. Deshalb nur flach den Boden lockern und dick mit Mulch bedecken oder Gründünger säen.*

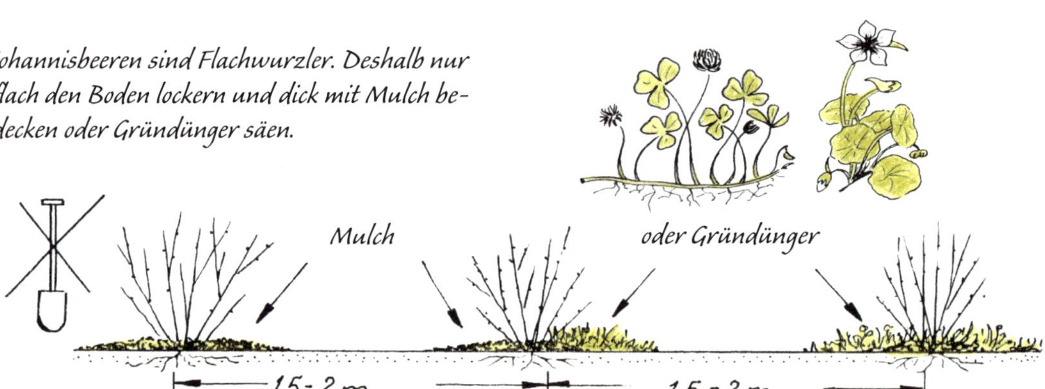


*Pflanzabstand 1,5 bis 2 m*

## *Schädlinge und Krankheiten*

### *Blattfallkrankheit (Drepanopeziza ribis)*

Neben einem vorzeitigen Welken und Abfallen der Blätter, ausgelöst durch heiße und trockene Sommer, gibt es die durch Pilzbefall auftretende Blattfallkrankheit. Der Pilz überwintert in abgefallenem Laub, seine Sporen infizieren schon im Frühjahr den Neuaustrieb. Die Blätter bekommen im Mai gelbliche und braune Flecken und fallen im Juli und August ab.

Maßnahmen:

- Zwiebeltee spritzen.
- Laub einsammeln und vernichten.
- Schachtelhalmbrühe und Brennnesseljauche mischen und mehrmals spritzen.
- Im Frühjahr diese Spritzung wiederholen.

### *Johannisbeersäulenrost (Cronartium ribicola)*

Diese an schwarzen Johannisbeeren (vereinzelt auch an Stachelbeeren) vorkommenden Pilzsporen überwintern an Weymouthkiefern. An Johannisbeeren zeigen sich bei Befall gelbe Flecken mit Pusteln an der Blattunterseite. Die Blätter fallen zu früh ab, und durch die mangelnde Holzreifung gibt es Ertragseinbußen.

Maßnahmen:

- Schwarze Johannisbeeren nicht in die Nähe von Weymouthkiefern pflanzen.
- Wermut in die Nähe der Büsche pflanzen.
- Dreimal vor und einmal nach der Blüte mit Wermuttee oder Schachtelhalmbrühe spritzen, auch die Blattunterseiten.

### *Tierische Schädlinge*

Läuse und Milben verursachen oft Verformungen der Blätter und Knospen.

Maßnahmen:

- befallene Zweige herausschneiden und vernichten.
- Pflanzenstärkende Spritzungen beugen vor.

*Blattfallkrankheit an Johannis- und Stachelbeeren*

*Schadbild der Johannisbeerblasenlaus*

*Johannisbeergallmilbe stark vergrößert*

*Schadbild der Johannisbeergallmilbe*

*Stachel- und Johannisbeerstämmchengerüst*

Hochstämmige Pflanzlinge sind sehr sturmgefährdet und brechen leicht ab. Sie brauchen einen Stützpfahl, besser noch ein Stützgerüst.

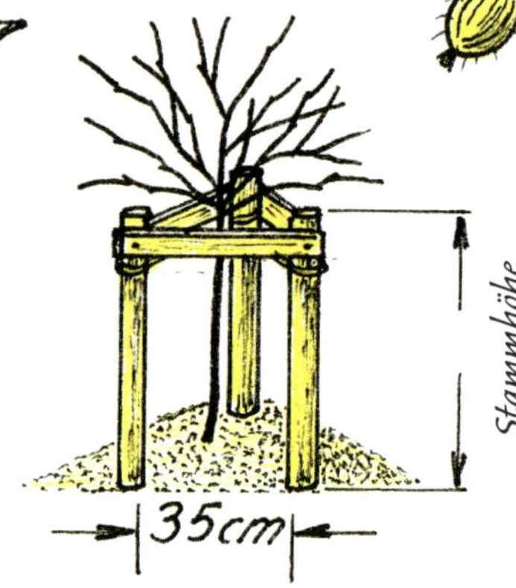


*Stützpfahl in Windrichtung und Kronenhöhe*

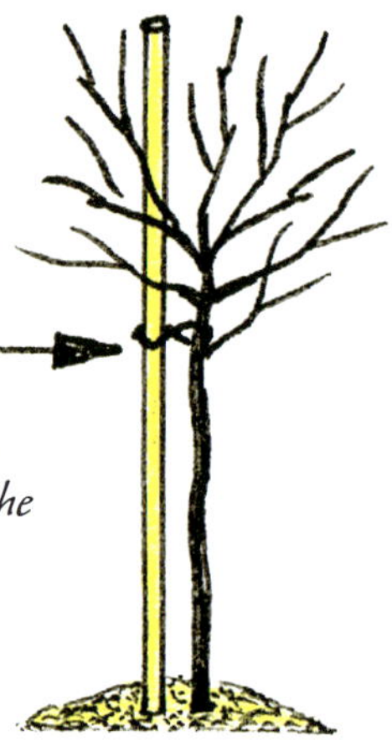

*Gurtband oder Sisalschnur kreuzförmig um Stamm und Stützpfahl binden*

# 7. Baumobst im Garten

Die meisten Obstarten gehören zu den Rosengewächsen. Sie gedeihen gut in humushaltigen Lehmböden ohne Staunässe. Baumschulen bieten oftmals eine große Sortenvielfalt an. Dort kennt man auch am besten die bewährten Sorten der Gegend, deren Bodenansprüche, Platzbedarf und eventuell notwendige Befruchtersorten.

Obstbäume bleiben lange Zeit am gleichen Standort. Deshalb ist eine gute Bodenvorbereitung nötig. Soll eine Obstwiese entstehen, wird das Land zunächst mit Leguminoseneinsaat aufgewertet. Im darauffolgenden Jahr können die Bäume gepflanzt werden. Buschobst hat einen höheren Nährstoffbedarf und sollte deshalb in offenem Boden stehen. Auch das offene Land bekommt im Frühjahr eine Gründüngung.

# *Pflanzen von Bäumen*

Pflanzzeit für Bäume und Büsche ist Oktober bis November oder auch das frühe Frühjahr (Ende März).
Vorteilhaft ist, die Pflanzgrube für die Herbstpflanzung bereits im September und die für die Frühjahrspflanzung im November des Vorjahres auszuheben. Der Aushub, die obere und untere Erdschicht, wird getrennt in zwei Haufen gelagert: Beide Haufen werden mit je zwei Spaten voll Reifkompost, 2 kg Gesteinsmehl und etwas Holzasche vermischt. Danach den Aushub und die Grubensohle bis zur Pflanzung mit Mulchmaterial abdecken.
Vor dem Setzen des Baumes wird ein Stützpfahl etwas seitlich in Windrichtung in die Pflanzgrube eingebracht.
Beschädigte und dickere Wurzeln am Baum werden mit der Schnittfläche nach unten abgeschnitten, Faserwurzeln bleiben ungeschnitten. Der Wurzelballen wird für 20 Minuten in einen sämigen Preicobaktbrei (siehe S. 153) gestellt und dann so eingesetzt, dass die Veredelungsstelle, sofern nicht direkt unterhalb der Krone, eine Handbreit aus dem Boden herausragt und die Wurzeln nicht abgeknickt zu liegen kommen. Der Boden wird wieder so eingefüllt, wie er war, d.h. zuerst die untere Bodenschicht und dann die obere. Für diese Arbeit ist man am besten zu zweit. Nach der Pflanzung steht der Baum zunächst leicht erhöht. Gründliches Wässern schlämmt die Hohlräume zwischen den Wurzeln ein. Danach wird gemulcht. Nach etwa drei Wochen hat sich der Baum gesetzt und kann an den Stützpfahl angebunden werden.

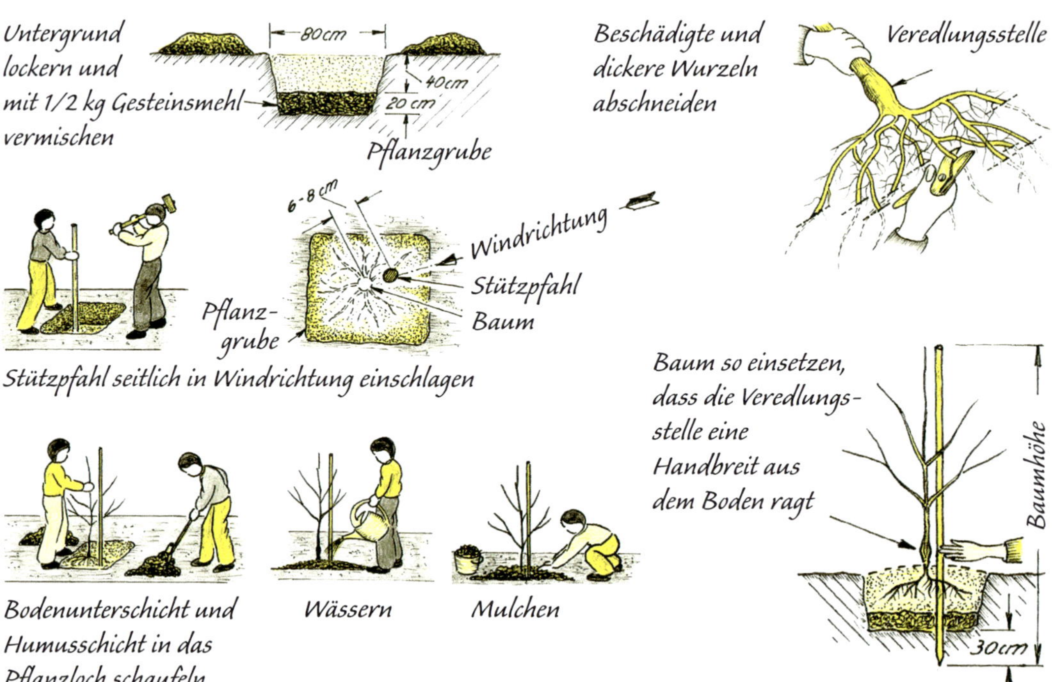

# Pflanzen von Büschen

Prinzipiell können alle Gartenbüsche so gepflanzt werden, wie es die folgende Arbeitsanleitung zeigt, es sei denn, die Baumschule gibt weitere Pflanzanweisungen. Lediglich Schwarze Johannisbeerbüsche bilden eine Ausnahme. Sie werden 8 cm tiefer gesetzt, als sie in der Baumschule standen.

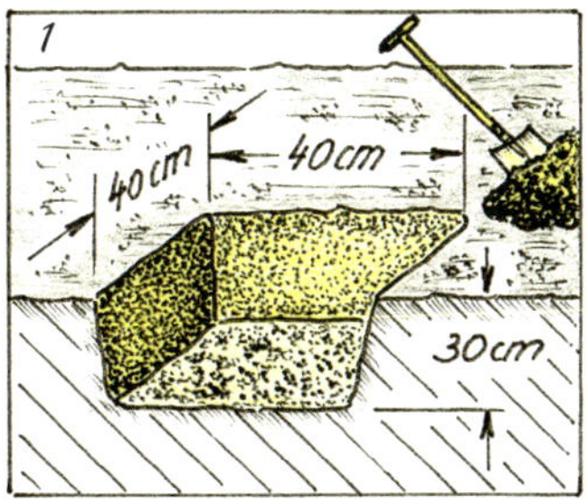


*Pflanzgrube ausheben (möglichst 14 Tage vor der Pflanzung)*

*Untergrund gut lockern*

*Erdaushub mit Reifkompost und Steinmehl vermischen*

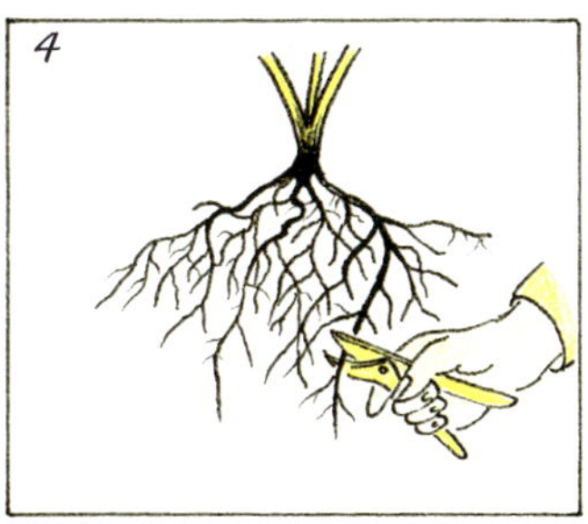


*Beschädigte und zu lange Wurzeln abschneiden*

*Trockenes Wurzelwerk einige Stunden ins Wasser stellen*

*Danach Wurzelwerk 20 Min. in sämigen Preicobaktbrei stellen*

*Busch so einsetzen, dass keine Wurzel abgeknickt wird*

*Leicht festtreten, trockenen Boden gießen*

*Pflanzstelle mit Mulchmaterial abdecken*

# Der Obstbaumschnitt

Ein gut geschnittener Obstbaum trägt mehr und gesündere Früchte. Deshalb sollen einige Grundlagen des Obstbaumschnittes hier erläutert werden. Ein praktischer Kurs, wie er z. B. an Volkshochschulen angeboten wird, ist aber darüberhinaus jedem zu empfehlen, der Obstbäume im Garten hat. Vielleicht lässt sich sogar der eigene Baumbestand zur Demonstration anbieten.

Für den Schnitt und die Pflege von Obstbäumen werden folgende Werkzeuge benötigt:

- Gartenschere: Sie schneidet Zweige bis zu 1,5 cm Dicke.
- Astschere: Sie schneidet dicke Zweige und dünne Äste bis etwa 4 cm Dicke. Auch für den Schnitt stacheliger Büsche wie Brombeeren und Stachelbeeren ist sie wegen der langen Griffe gut geeignet.
- Bügelsäge: Sie schneidet dickere Äste. Es ist wichtig, dass das Sägeblatt seitlich verstellbar ist, um auch in Astgabelungen gut sägen zu können.
- Stichsäge: Sie ist für schwer zugängliche Stellen unentbehrlich. Sägen für den Baumschnitt haben einen speziellen Schliff, um auch grünes, feuchtes Holz gut sägen zu können.
- Hippe: Sie wird zum Glätten der Ränder bei Sägeschnitten und zum Schneiden dünner Zweige, sowie zum Ausschneiden von Krebs- und sonstigen Schadwunden benutzt.
- Bürste: Sie eignet sich gut zum Reinigen der Stämme und Äste von Flechten, Moosen, loser Rinde und Eigelegen.

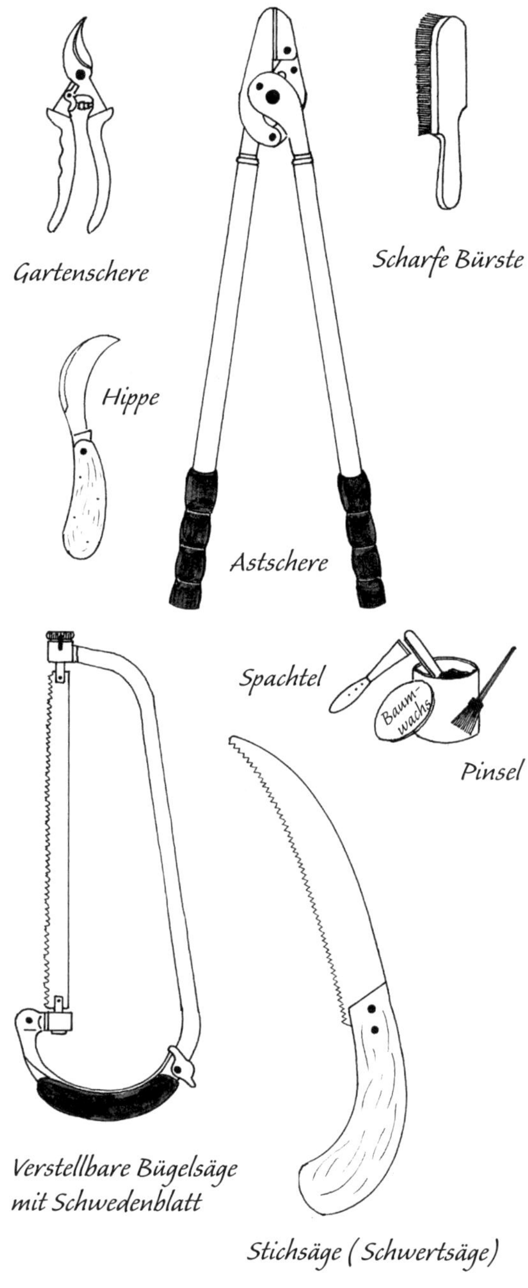


*Werkzeug und Material für den Gehölzschnitt*

# Baumformen

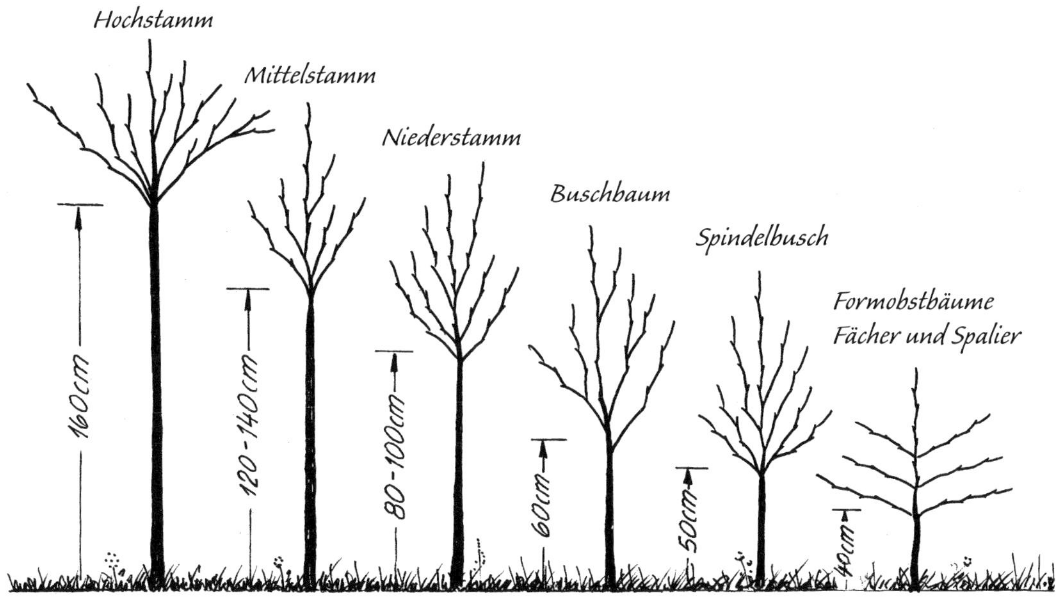


# Pflanzschnitt

Der Pflanzschnitt wird bei der Herbst- und Frühjahrspflanzung im Frühjahr vorgenommen. Zum richtigen Einkürzen der Triebspitzen siehe Seite 162.

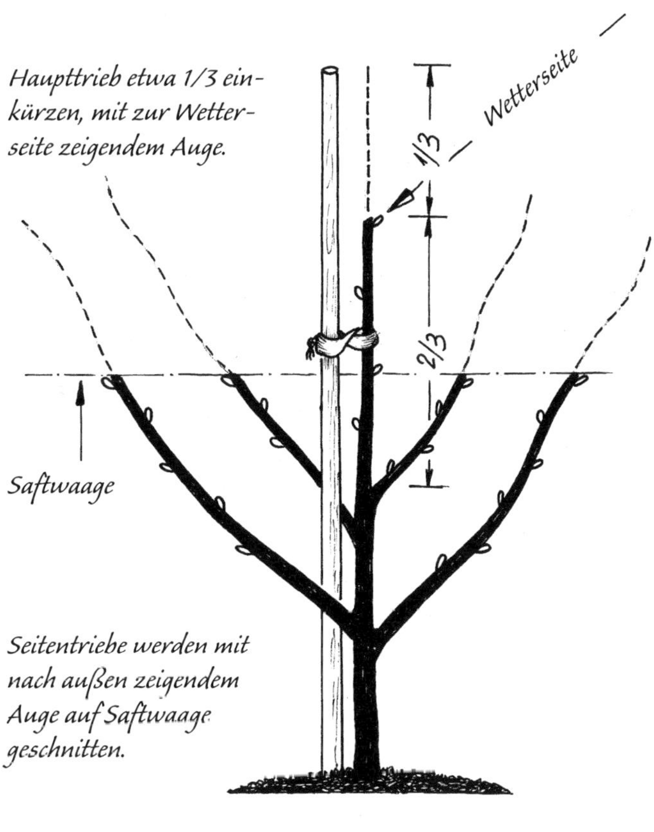

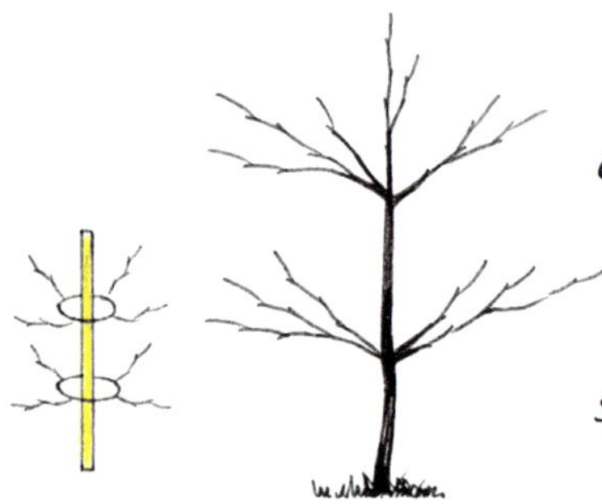

*Quirlförmiger Leitastaufbau (links)*

*Spiralförmiger Leitastaufbau (rechts)*

- Spachtel und Pinsel: Mit ihnen wird Baumwachs auf frische Sägeschnittwunden gestrichen.

Grundsätzlich ist zu beachten, dass ein starker Rückschnitt zwangsläufig zu einem starken Holzaustrieb führt, weil die wenigen verbliebenen Austriebsstellen unter dem Druck des Nährstoffstromes stehen und dadurch stärker und schneller wachsen. Diese meist unerwünschten Austriebe lassen sich im ersten Jahr, wenn noch keine Verholzung stattgefunden hat, einfach mit der Hand ausreißen. Im Sommer heilen Risswunden schnell. Bei schwachem Schnitt verteilt sich der Saftstrom auf viele Austriebsstellen, was zu einem geringeren Holzaustrieb führt. Ebenso ist der Zeitpunkt des Schnittes von Bedeutung. Früher Winterschnitt führt zu kräftigem Wachstum, er ist deshalb für Bäume geeignet, die zum Wachstum angeregt werden sollen. Wird der Schnitt im späten Winter durchgeführt, haben die Bäume oft schon begonnen, die Nährstoffreserven aus den Wurzeln zu holen. Diese gehen dann beim Schnitt teilweise verloren. Ein später Schnitt eignet sich deshalb für Bäume, die in ihrem Wachstum gebremst werden sollen. Jegliche Schnittmaßnahmen dürfen nur bei Temperaturen über -4°C durchgeführt werden.

Nach dem Pflanzschnitt, bei dem die Krone etwa ein Drittel zurückgeschnitten wird und der das Gleichgewicht zwischen Wurzeln und Krone wieder herstellt, geht es beim jungen Baum darum, die Anordnung der Leitäste zu bestimmen.

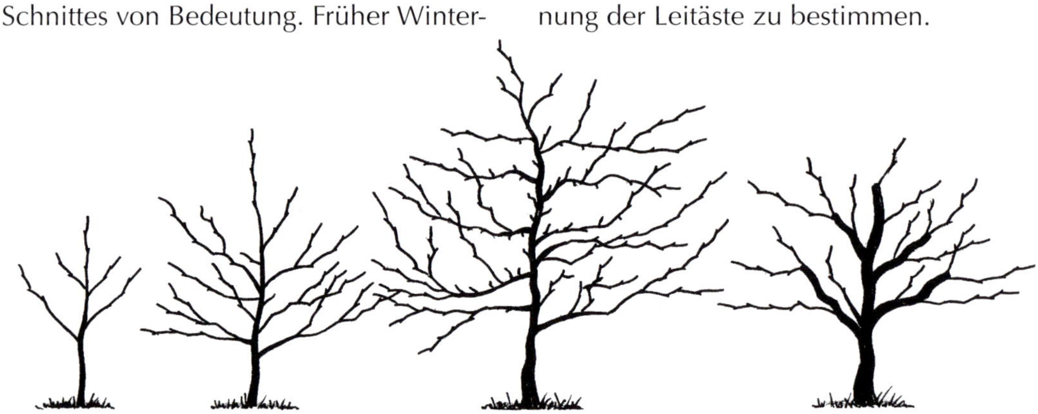

*Pflanzschnitt* *Aufbauschnitt* *Ertragsschnitt* *Verjüngungsschnitt*

# Kronenaufbau

## Das Herunterbinden

Neben regelmäßigem Schnitt gehört bei jungen Bäumen das Herunterbinden oder -spreizen zur Erziehung in die gewünschte Form.

Durch das Herunterbinden oder -biegen wachsen die Äste nicht zu steil in die Höhe und treiben weniger aus, bilden aber schneller Fruchtholz mit Blüten. Am stärksten ist die Fruchtbildung an Zweigen, die im Winkel von 60° stehen.

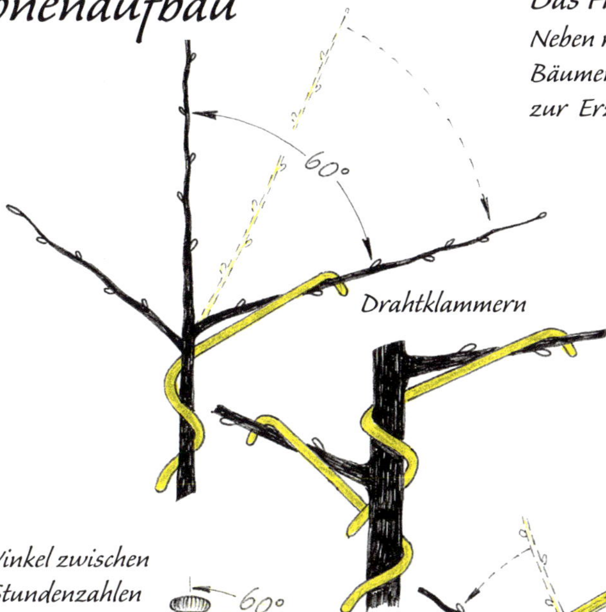


Der Winkel zwischen zwei Stundenzahlen beträgt 60°

Mit Hilfe einer Uhr lassen sich genau 60° ablesen

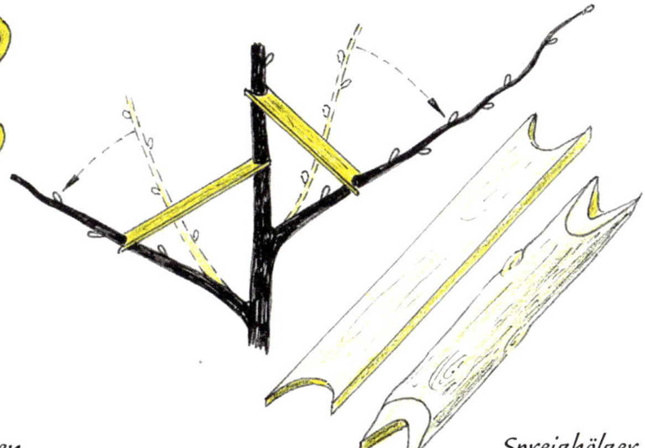

Spreizhölzer

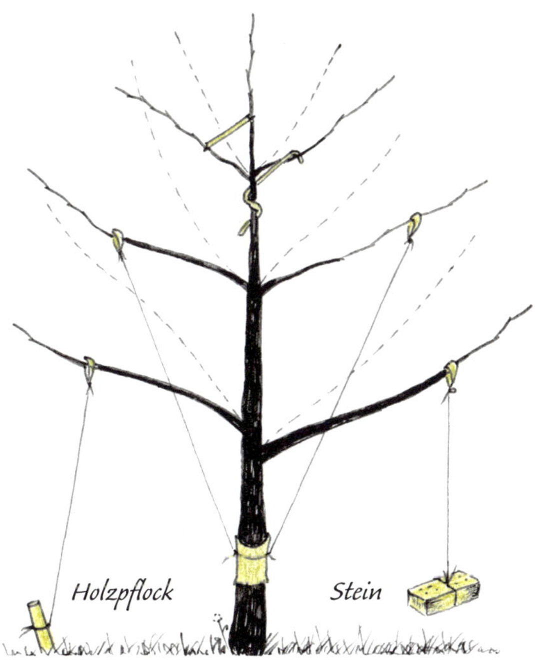


Zugschlaufe

Zugschlaufen werden aus alten Fahrraddecken oder ähnlichem Material gefertigt.

Drahtklammern schneiden und passend biegen. Sie lassen sich nur bei schwach verholzten, dünnen Zweigen einsetzen.

So können Busch- und Spindelobst zu frühzeitigem Ertragsbeginn angeregt werden.

# *Erziehungs- oder Aufbauschnitt*

Die um den Stamm herumführende, unregelmäßige Anordnung von Leitästen kommt der Natur des Baumes näher als die quirlförmige Anordnung. Sie bietet außerdem mehr Licht- und Lufteinfall sowie größere Bruchsicherheit bei Fruchtbehang und Sturm. Alle 20 bis 30 cm kann ein Ast stehenbleiben. Zu steil stehende Äste können heruntergebogen oder gespreizt werden. Ein Winkel von 60° ist für die Neubildung von Fruchtholz ideal (siehe Abbildungen Seite 157). Beim jährlichen Aufbauschnitt kommt es darauf an, den Baum zur ständigen Neubildung von Fruchttrieben anzuregen, d.h. schwachwachsende Sorten müssen viel weiter zurückgeschnitten werden als starkwachsende.

Der Mitteltrieb wird jährlich um 30 bis 40 cm zurückgeschnitten. Die zwischen den Leitästen wachsenden Fruchtruten kürzt man ein. Sie fruchten sehr früh und werden später, wenn die Fruchthölzer der Äste zu tragen beginnen, ganz entfernt. Alle nach innen oder nach oben wachsenden Triebe werden abgeschnitten. Auch Seitenäste, die zu lang herunterhängen, werden etwas gekürzt. Der Schnitt erfolgt immer etwas oberhalb einer Knospe (siehe Seite 162). Ist der Abstand zwischen Knospe und Schnitt zu groß, vertrocknet die Triebspitze, bei zu knappem Abstand vertrocknet die Knospe und ein Teil der Triebspitze. Eingetrocknete Baumpartien sind ideale Brutstätten für schädliche Pilze und Schadinsekten.

Der Schnitt lässt sich durch das Herunterbinden von ausgewählten Ästen und Zweigen ergänzen. Durch das Herunterbiegen wachsen die Äste nicht zu steil in die Höhe und treiben weniger aus, bilden aber schneller Fruchtholz mit Blüten. Am stärksten ist auch die Fruchtbildung an Zweigen, die im Winkel von 60° zum Stamm stehen. So kann Busch- und Spindelobst zu frühzeitigem Ertragsbeginn angeregt werden.

*Apfelbusch (vor) und nach (unten) dem Aufbauschnitt*

# Ertrags- oder Erhaltungsschnitt

Jahrelang ungeschnittene Bäume sollten ausgelichtet werden. Wie beim Aufbauschnitt werden zunächst alle nach innen und steil nach oben wachsenden Äste entfernt. Ebenso muss sich kreuzendes Holz entfernt werden.
Von zwei gesunden, aber zu dicht und zu lichtundurchlässig stehenden Ästen wird der schwächere entfernt.
Entstehen größere Lücken in der Baumkrone, kann man durch Herunterbinden eines passenden Astes diese kahle Stelle füllen.

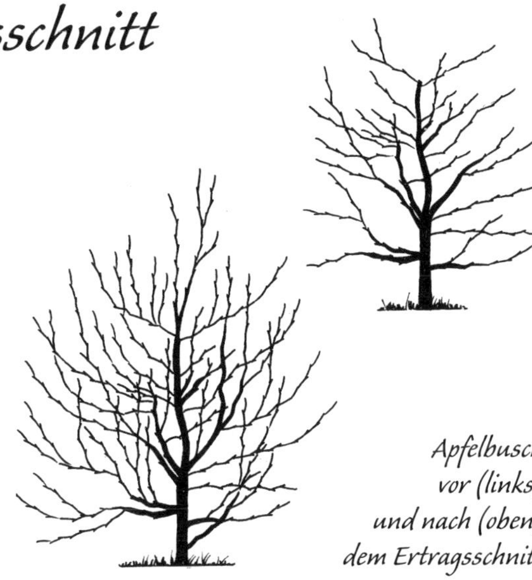

*Apfelbusch vor (links) und nach (oben) dem Ertragsschnitt*

*Birnenbusch vor (oben) und nach (rechts) dem Ertragsschnitt*

# Verjüngungsschnitt

Ist ein Baum alt, bilden sich zwar viele, aber nur kurze Triebe. Die Früchte sind zahlreich, aber klein. Bevor man glaubt, den Baum fällen zu müssen, kann man es nochmal mit einem Verjüngungsschnitt versuchen. Alle abgestorbenen und zu dicht stehenden Äste werden entfernt. Ebenso sich kreuzendes, nach innen oder nach unten wachsendes Holz. Die Verjüngung erfolgt durch Einkürzen der Äste bis ins alte Holz, wobei hier die Wachstumsrichtung auf junges, eher aufrecht wachsendes Holz abgeleitet wird. In den folgenden zwei bis drei Jahren ist ein sorgfältiger Aufbauschnitt notwendig. Pfirsich und Aprikose können nicht verjüngt werden. Für Spindelobst lohnt sich wegen der recht kurzen Lebensdauer der Aufwand einer Verjüngung nicht.

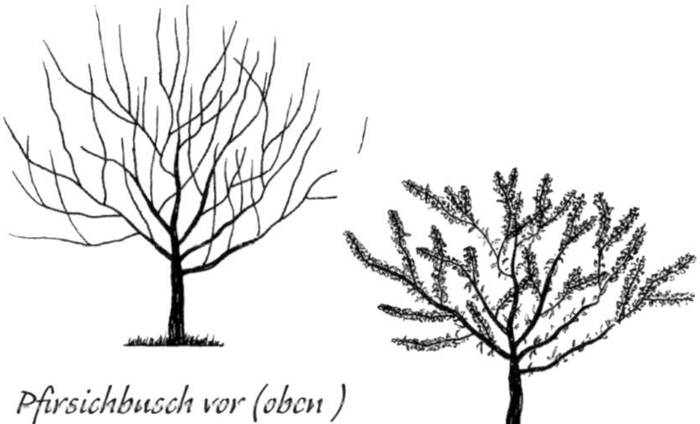

*Pfirsichbusch vor (oben) und nach dem Schnitt (rechts). Beim Pfirsich wird der Schnitt kurz vor oder kurz nach der Blüte vorgenommen.*

*Älterer Apfelniederstamm vor (links) und nach (rechts) dem Verjüngungsschnitt*

## Steinobstschnitt

Steinobst benötigt eine besonders lichte Krone, denn bei Steinobst findet die Befruchtung durch Windbestäubung statt. Wird Steinobst im Sommer gleich nach der Ernte beschnitten, ist die Gefahr von Harzfluss gering. Wichtig ist, dass alle monilia-verdächtigen Triebe entfernt werden. Monilia (Spitzendürre) lässt sich im Sommer leicht an den vertrockneten Triebspitzen, Blättern und Früchten erkennen.
Bei Schattenmorelle und Pfirsich werden die abgetragenen Triebe bis zum Ersatztrieb weggeschnitten, die jungen Triebe um ein Drittel gekürzt. Schattenmorellen und Pfirsich fruchten am einjährigen Holz. Man erkennt schon im Frühjahr den Unterschied zwischen Blatt- und Blütenknospe. Blattknospen sind eher spitz, Blütenknospen eher rundlich. Beim Pfirsich ist besonders auf die Art der Knospen zu achten. Alle Zweige mit Dreierknospen werden stehengelassen. Dies sind die tatsächlichen Fruchttriebe. Alle anderen Triebe haben entweder nur Blatt- oder Blütenknospen.

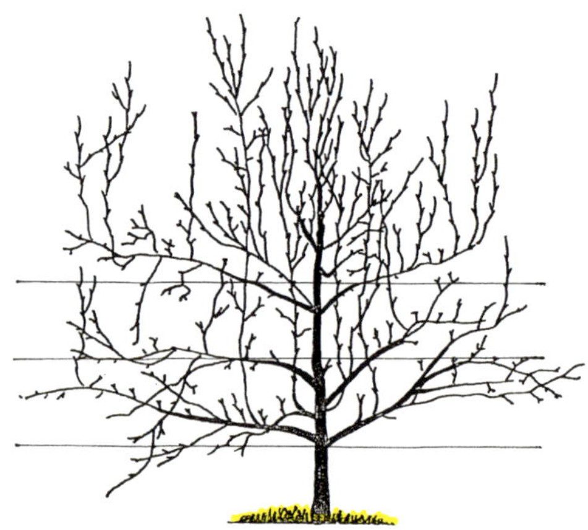

*Birne (Williams Christ) vor dem Schnitt. Seitentriebe fast zu flach gebunden.*

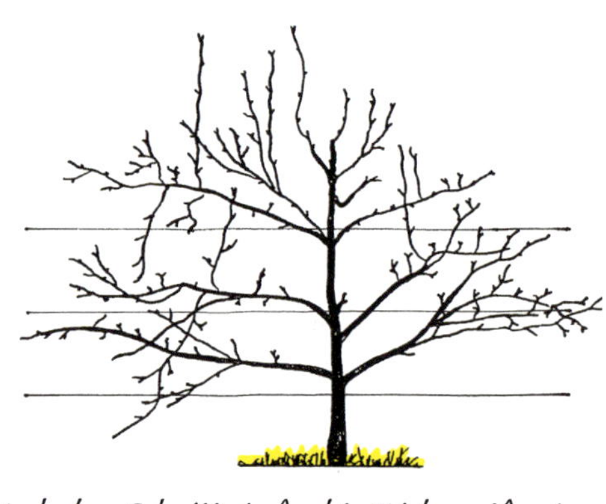

*Nach dem Schnitt. Aufrechte Triebe entfernt. Verkahlung in Stammnähe soll durch scharfen Schnitt der Stammverlängerung überwunden werden (soll unten zu Neutrieb führen). Nach der Ernte werden weitere Zweige entfernt.*

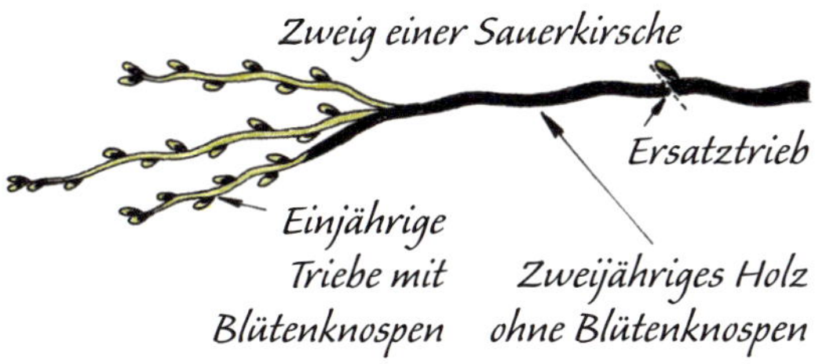


Weichsel-, Süßkirschen, Pflaumen und Aprikosen werden nicht so radikal geschnitten. Bei ihnen genügt ein nach den Regeln des Erziehungsschnittes durchgeführter Kronenaufbau. Wenn die Erträge nachlassen, vertragen fast alle Steinobstarten einen Verjüngungsschnitt.

*Sauerkirsche vor (oben) und nach (links) dem Auslichtungsschnitt*

## *Vom Absägen eines Astes*

Um einer Beschädigung der Rinde durch Ausreißen vorzubeugen, müssen besonders die dickeren Äste mit einem dreifachen Schnitt abgesägt werden. Schnittwunden sind immer mögliche Eintrittspforten für Krankheiten. Damit die Wunden schneller heilen, wird der äußere Schnittwundrand mit der Hippe nachgeschnitten und geglättet. Anschließend wird die ganze Schnittfläche mit Baumwachs eingestrichen.

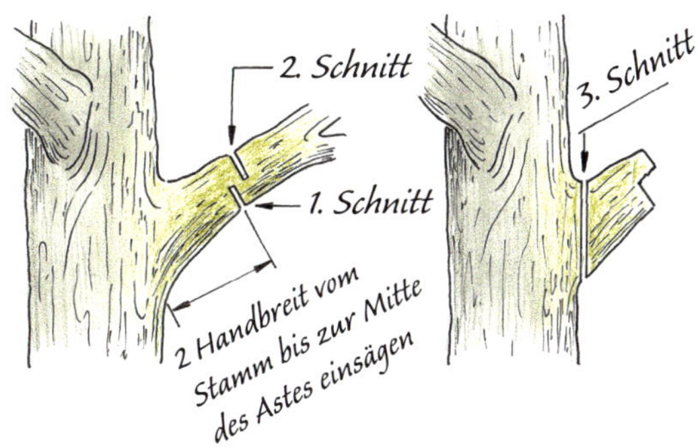


*An- und Absägen eines Astes*

*Das Schneiden mit der Gartenschere: Die Schere wird von unten gegen den Trieb geführt. Andersherum reißt der Trieb an der Schnittfläche leicht aus.*

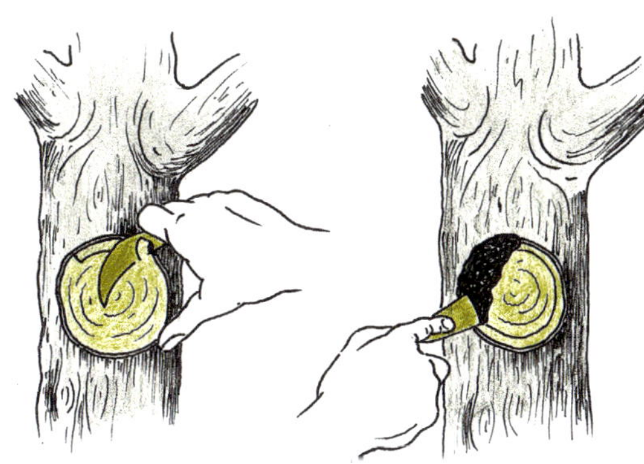

*Zur schnellen Verheilung eines Sägeschnittes wird der äußere Schnittwundrand mit der Hippe nachgeschnitten und geglättet.*

## *Einkürzen von Triebspitzen*

Schon beim Pflanzschnitt ist beim Einkürzen der richtige Abstand von den Knospen zu beachten, damit es nicht zu vertrockneten Triebspitzen kommt.

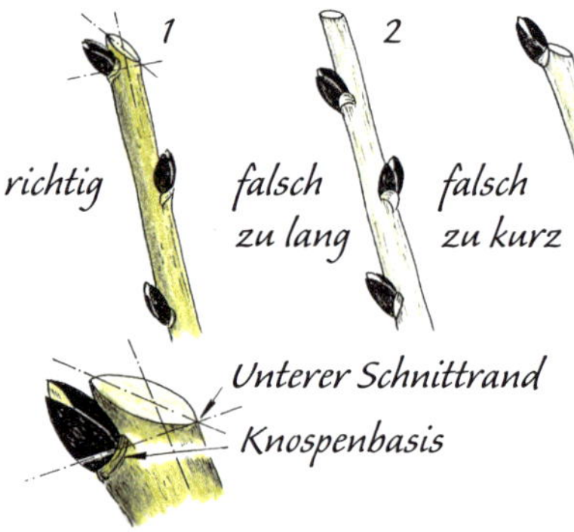


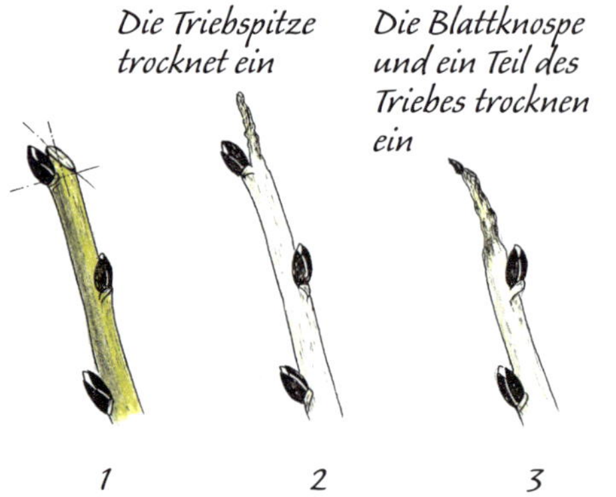


*Einkürzen von Triebspitzen:*
*Bei zu kurzem Schnitt wächst der Trieb nicht mehr in die gewünschte Richtung, ein Nachschnitt ist erforderlich. Eingetrocknete Baumpartien sind ideale Brutstätten für schädliche Pilze und Schadinsekten*

Dünne Zweige und Triebe können mit einer Gartenschere geschnitten werden. Damit der Trieb an der Schnittstelle nicht ausreißt, wird die Schere von unten gegen den Trieb geführt.

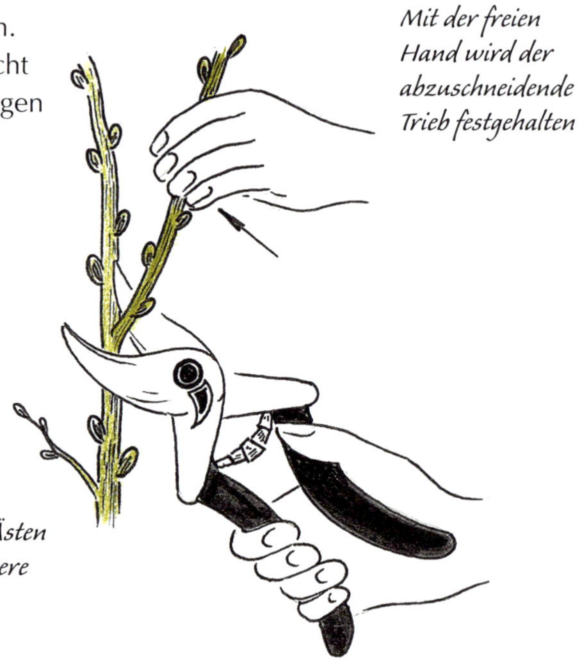


*Abschneiden von Ästen mit der Gartenschere*

# Der Baumanstrich

Ein Baumanstrich schützt die Bäume im Winter vor Frostschäden und bewahrt die Rinde vor Moosbewuchs und Flechten. Der gereinigte Stamm und die dickeren Äste werden entweder im Herbst nach dem Laubfall, spätestens aber im Februar mit Preicobakt oder einem Lehmbrei (Wasser, Schachtelhalmbrühe, 55% Lehm, 33% Kuhfladen, 6% Algenmehl und 6% Holzasche) eingestrichen. Die helle Farbe schützt die Bäume vor dem Aufplatzen. An sonnigen Wintertagen entsteht oft schon so viel Wärme auf den dunklen Stämmen, dass der Saft in den Bäumen zu zirkulieren beginnt. Wenn es dann nachts Frost gibt, platzt die Rinde auf.
Die Inhaltsstoffe der Lehmanstriche, die verdünnt auch in den Kronenbereich gespritzt werden sollten, beugen Schädlings-, Krankheits-, Moos- und Flechtenbefall vor.

*Junge Bäume werden mit einer harten Wurzel-, ältere Stämme mit einer Drahtbürste von Flechten, Moosen und loser Rinde gereinigt*

*Auftragen bzw. Spritzen von Preicobakt oder Lehmbrei*

# Pflege- und Düngemaßnahmen im Obstgarten

Die Saugwurzeln der Obstbäume befinden sich in der obersten Bodenschicht. Jede tiefe Bodenbearbeitung, vor allem mit dem Spaten, sollte darum unterbleiben. Im Frühjahr wird mit dem Durchreißer flach gelockert. Danach bekommt die Baumscheibe eine dicke Mulchschicht. Ausnahme: bei Wühlmausgefahr wird die Baumscheibe besser mit Kräutern oder Blumen bepflanzt. Geeignet sind alle stark duftenden Pflanzen.
Stehen die Obstbäume auf einer Wiese oder im Rasen, sollte auch hier eine kleine Baumscheibe (etwa 30 Zentimeter) am Stamm offen bleiben.

Zur Düngung werden im Kronentraufenbereich einzelne Rasensoden ausgehoben, Reifkompost oder Brennnesseljauche eingebracht und die Soden wieder aufgelegt. Das Gras der Obstwiesen darf nicht höher als 10 Zentimeter wachsen und soll nach dem Schnitt an Ort und Stelle liegen bleiben. Im Herbst wird die Baumscheibe abgedeckt. Kapuzinerkresse, Tagetes und andere Pflanzen bleiben einfach stehen und frieren ab. Eine Mulchschicht aus Rasenschnitt kommt für Baumscheiben nur im Notfall in Frage. Besser ist dann Rindenmulch.

*Links: Entlüftungsring am Baumstamm*
*Rechts: Im Kronentraufenbereich werden einzelne Rasensoden ausgehoben, Dünger eingebracht und die Soden wieder aufgelegt*

# Obstkrankheiten und -schädlinge

## Monilia (Spitzendürre)

Sowohl Kern- als auch Steinobst wird von diesem Pilz befallen. Der Pilz überwintert in Fruchtmumien, in alten Blütenständen und auf Zweigen. Er wird durch Wind und Regen auf die Blütennarben getragen. Maßnahmen:

- Befallene Zweige welken rasch und müssen umgehend entfernt werden; Schnitt bis zum gesunden Holz.
- Obstbehang früh ausdünnen.
- Meerrettich auf Baumscheiben setzen, Meerrettichblätter- und Wurzeltee in die Blüte spritzen.
- Bei Vorjahresbefall während der Blüte wiederholt mit Pflanzenstärkungsmitteln spritzen.

## Schorf

Dieser Pilz überwintert auf Blättern, die am Boden liegen. Die Sporen werden mit dem Wind in die Bäume getragen. Dort vermehrt sich der Schorf bei anhaltend feuchtem, warmen Wetter stark, und zwar an Früchten und Blättern. Die Sporen keimen bei 15°C Lufttemperatur erst nach 9 Stunden. Eine gute Durchlüftung der Baumkronen, weite Pflanzabstände und glatte Stämme und Äste halten den Schorfbefall gering. Maßnahmen:

- Herabgefallenes Laub sofort entfernen.
- Bei anfälligen Sorten (Auskunft in der Baumschule) und bei Vorjahresbefall je nach Witterung alle 8 - 14 Tage vor, während und nach der Blüte Pflanzenstärkungsmittel spritzen.
- Zur Vermeidung von Lagerschorf ab 6 Wochen vor der Ernte insgesamt dreimal mit einer Mischung aus Schachtelhalmbrühe und Algifert spritzen.

*Von Monilia befallene Früchte*

*Spitzendürre bei der Sauerkirsche*

*Mohrenkopf (nur bei Lagerobst)*

## Kleiner Frostspanner

Das Männchen fliegt von Oktober bis Dezember. Das flugunfähige Weibchen kriecht am Baumstamm empor und wird im Baum befruchtet. Den Weg zur Baumkrone versperrt ein Leimring, der von Oktober bis Dezember fest um den Stamm gewickelt und dann verbrannt wird. Leimringe sollen nur dann angelegt werden, wenn im Frühjahr Fraßschäden festgestellt werden, da sich auch Nützlinge im Leim verfangen. 200 bis 300 Eier legt das Weibchen in die Nähe der Winterknospen. Die Eier sind anfangs blassgrün und verfärben sich dann orange. Die ca. 18 mm lange Raupe ist grün und bewegt sich buckelartig vorwärts. Sie frisst von März bis Mai an jungen Blüten und Blättern, ja sogar an Früchten. Maßnahmen:

- Vögel fördern.
- Winterspritzung mit Pflanzenstärkungsmitteln.
- Bei Befall Spritzung kurz vor der Blüte mit Bacillus thuringiensis-Präparaten.
- Leimringe anlegen.

*Schorf bei Äpfeln und Birnen*

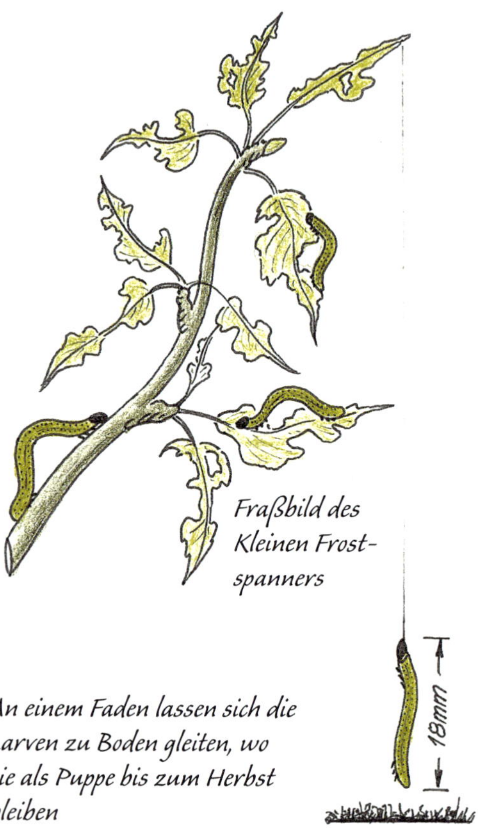


*Fraßbild des Kleinen Frostspanners*

*An einem Faden lassen sich die Larven zu Boden gleiten, wo sie als Puppe bis zum Herbst bleiben*

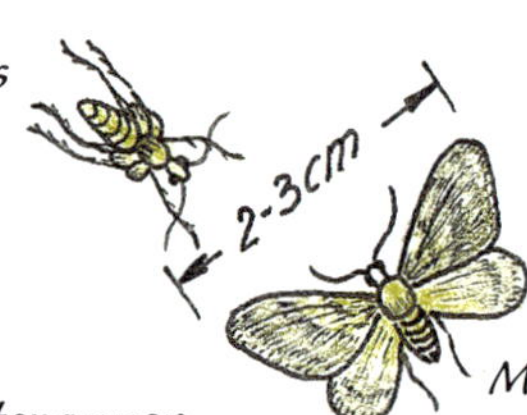


*Flugunfähiges Weibchen*

*Männchen*

*Kleiner Frostspanner*

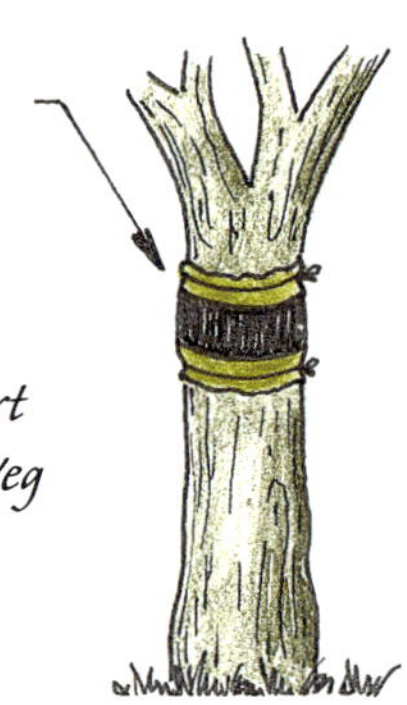


*Ein Leimring versperrt dem Weibchen den Weg zur Baumkrone*

## *Apfelwickler*

Der Wurm im Apfel ist die Made des Apfelwicklers. Das Weibchen legt die Eier einzeln an Blätter und Früchte. Die geschlüpfte Raupe frisst sich in die Frucht hinein und zerstört das Kerngehäuse. Befallene Früchte neigen zur Frühreife und fallen vorzeitig ab. Die Raupen verlassen die Frucht und wandern auf den Baum zurück, wenn das Fallobst nicht schnell aufgesammelt wird. Maßnahmen:

- Fanggürtel aus Wellkarton anlegen. Ende Mai wird der Fanggürtel angebracht und bleibt bis Ende Juli hängen (evt. zwischendurch erneuern). Abgenommene Fanggürtel vernichten. Um auch die zweite Generation Apfelwickler fernzuhalten, wird ein neuer Fanggürtel bis Ende September angelegt und anschließend vernichtet.
- Lose Rinde mit scharfer Bürste entfernen.
- Aufhängen von Duftstofffallen.
- Förderung der natürlichen Feinde, wie Vögel und Fledermäuse.

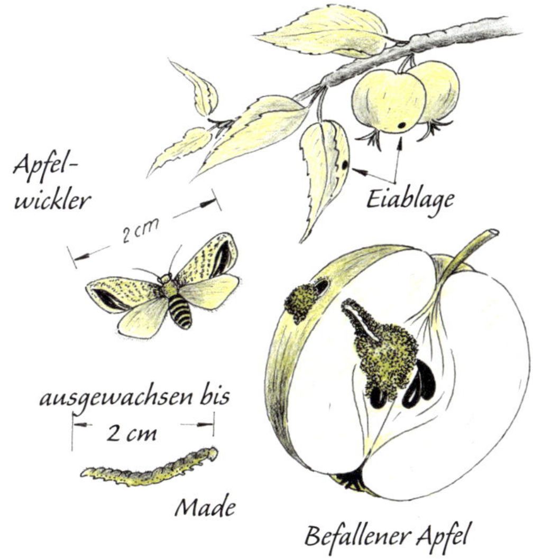

Die Apfelwickler-Maden überwintern in Bretterfugen, Holzstapeln, Holzzaunspalten und unter loser Baumrinde

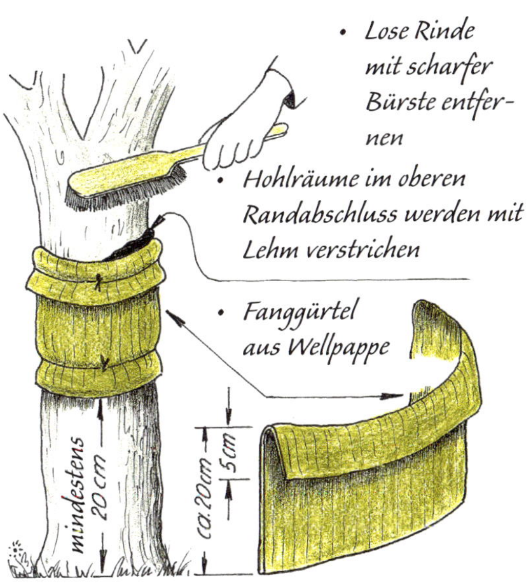


### *Maßnahmen*

- *Fallobst auflesen und vernichten*

- *Aufhängen von Duftstofffallen*

# 8. Vom Lagern und Konservieren

Nicht nur für den Sommer versorgt uns der eigene Garten mit Gemüse und Obst. Auch für den Winter kann vorgesorgt werden. Vieles lässt sich einfach einlagern und konservieren, auch ohne Tiefkühltruhe oder Einkochgläser. Zur Lagerung sollte nur einwandfreies Erntegut verwendet werden, das an trockenen Tagen geerntet wurde, denn jeglicher Mangel beeinträchtigt die Haltbarkeit erheblich.

Eine gute Lagerhaltung zeichnet sich aus durch

- Verzicht auf chemische Hilfsmittel und Zucker;
- Erhalt von Vitaminen und Mineralstoffen soweit wie möglich;
- Verzögerung von Abbauprozessen;
- Geringer Energieverbrauch.

## Die Lagerung im Keller

Die idealen Kellerräume zum Einlagern haben gute Lüftungsmöglichkeiten, sind zum Heizungskeller hin gut isoliert und haben zumindest teilweise einen offenen Boden zum Erdreich hin. Beim Neubau eines Hauses kann ein solcher Lagerkeller mit Naturkühlung von vorneherein eingeplant werden. Doch auch nachträglich ist es oftmals möglich, einen zu warmen und zu trockenen Kellerraum in einen für die Obst- und Gemüselagerung geeigneten Überwinterungsort umzubauen.
Besser als ein größerer Lagerraum sind zwei kleinere Räume, denn Obst nimmt leicht die Gerüche von Gemüse und Kartoffeln an. Äpfel und Birnen liegen gut in Regalen mit Zugschubladen, dort lassen sich die Früchte durch Vorziehen der Schübe einfach kontrollieren (Bauanleitung siehe Seite 170). Wer mehr Obst lagern möchte, kann das Regal auch noch zwei bis drei Etagen höher bauen. Die gewünschte Lagertemperatur von 2-6°C kann durch Öffnen oder Schließen der Fenster reguliert werden. Um das Schrumpfen zu vermeiden, sollten in trockenen Kellerräumen Gefäße mit Wasser aufgestellt werden. Ist der Keller nicht zu trocken, können gesunde Kohlköpfe auch hängend aufbewahrt werden.

*Höhere Luftfeuchtigkeit im Keller durch Gefäße mit Wasser*

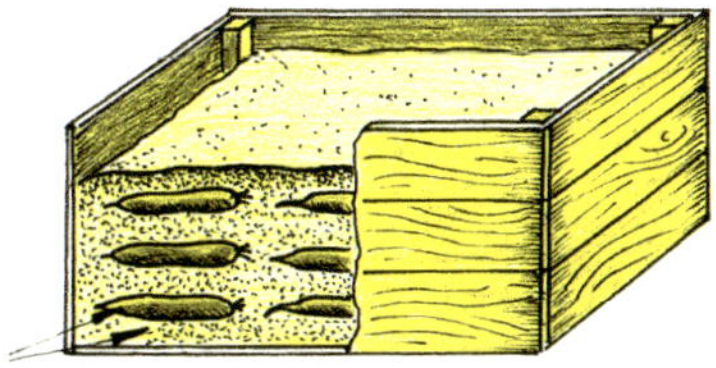

*Möhren und leicht angefeuchteter Sand schichtweise gepackt*

## *Einlagern in Sand*

Eine weitere gute Art, Gemüse einzulagern, besteht darin, Wurzelgemüse zwischen Schichten von leicht angefeuchtetem Sand zu packen. Der Sand darf auf keinen Fall nass sein, das würde Fäulnis am Lagergut zur Folge haben. Eine Beimischung von 2 % Gesteinsmehl zum Sand beugt Schimmel- und Bakterienerkrankungen vor. Vor allem Möhren, aber auch Pastinaken, Sellerie und Steckrüben können so lange frisch gehalten werden.

*Kopfkohl kann hängend aufbewahrt werden*

*Tomaten können mit der ganzen Pflanze nachreifen (oben) oder einzeln, wenn sie in flachen Kisten dunkel gelagert werden (oben)*

## *Sonstige Lagermöglichkeiten*

Bevor der erste Frost die letzten Tomaten beschädigt, sollten sie in Sicherheit gebracht werden. Kopfüber ohne Wurzel aufgehängt reifen hellrote Früchte noch aus. Einzelne Früchte, die schon etwas vom Grün verloren haben, aber noch nicht rot sind, können dunkel gelagert in flachen Kisten (mit Papier abdecken) bei Zimmertemperatur nachreifen. Tomaten aus dem eigenen Garten lassen sich so noch frisch bis in die Adventszeit genießen, vorausgesetzt, die Pflanzen waren gesund.

Knoblauch kann man, zu Zöpfen geflochten, hängend aufbewahren. Zwiebeln werden in Bündeln aufgehängt. Zwiebeln vertragen leichte Fröste, sollten aber im gefrorenen Zustand nicht berührt werden.

Kartoffeln werden am besten in speziellen Lagerkisten gelagert, bei denen die Kartoffeln von unten entnommen werden, so dass die Kartoffeln von oben nachrutschen (Bauanleitung für eine Kartoffelkiste siehe Seite 171). Allein schon durch diese Bewegung wird die Keimung verzögert. Kartoffeln dürfen nicht unter +4°C lagern und brauchen eine dunkle Kellerecke.

*Knoblauch und Zwiebeln werden gebündelt hängend aufbewahrt*

*Kartoffeln brauchen Dunkelheit*

# Bauanleitung Obstregal

*Lagermöglichkeit für 1,5 Zentner mittelgroße Äpfel*

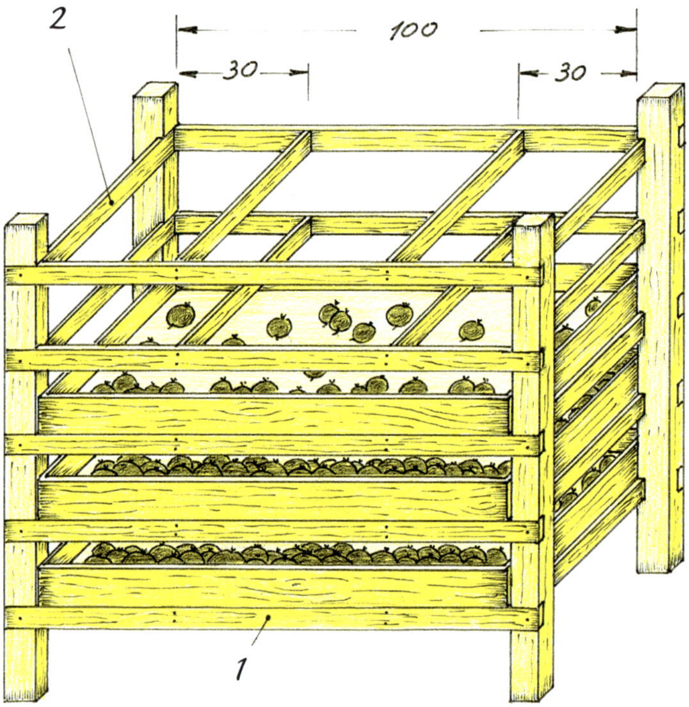


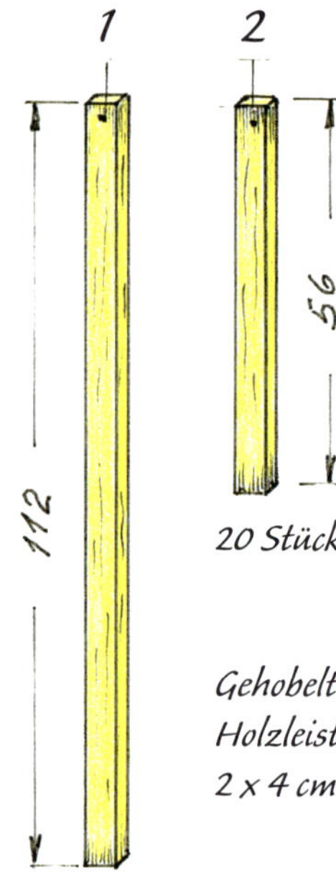


20 Stück

Gehobelte
Holzleisten
2 x 4 cm

10 Stück

Äpfel lagern auf
dem Stiel

Birnen auf
der Seite

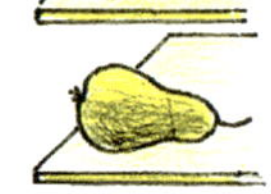

Maße in cm

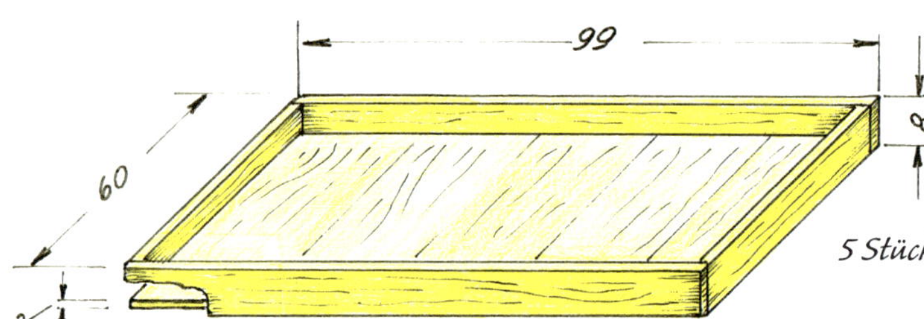


5 Stück

Schubladen aus 2 cm dicken Brettern

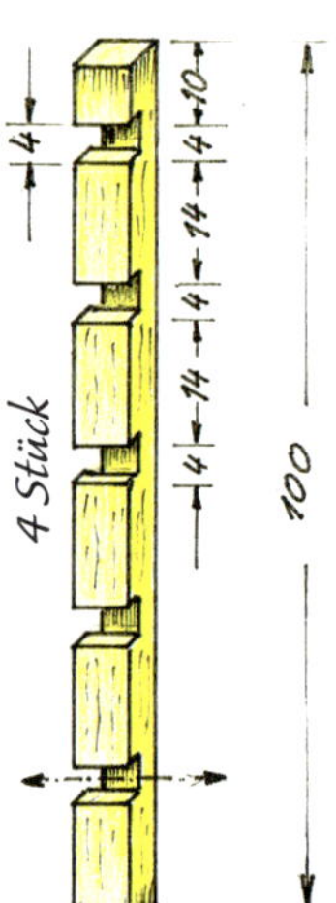


Eckpfosten

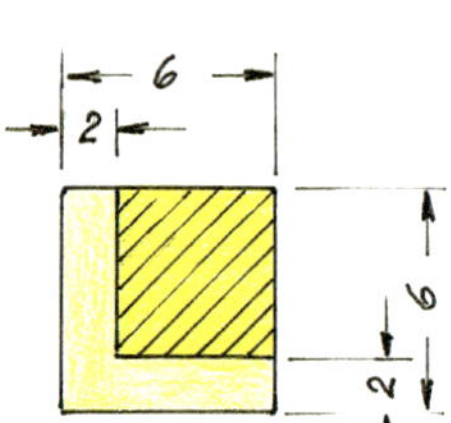


Schnitt A-B

Jede Schublade fasst 15 kg Äpfel nebeneinanderliegend.

Zur besseren Übersicht und Kontrolle des Lagergutes sind die einzelnen Fächer ausziehbar.

Bei einem Mehrbedarf an Obst kann das Regal auch entsprechend höher gebaut werden.

# Bauanleitung Kartoffelkiste

*Die hier abgebildete Kartoffelkiste hat ein Fassungsvermögen von 3,5 Zentnern. Sie kann für weniger Kartoffeln entsprechend niedriger gebaut werden.*

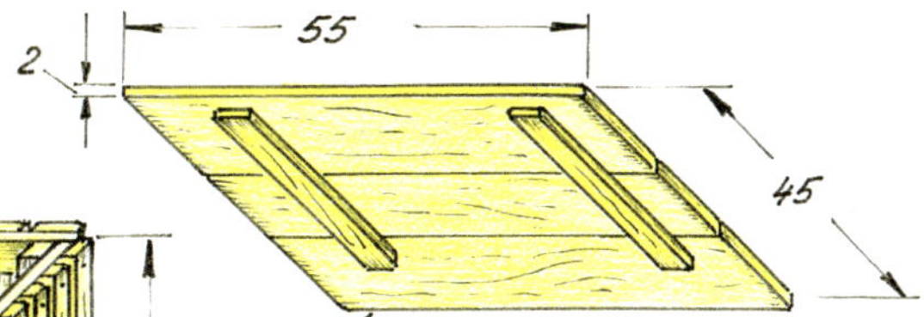


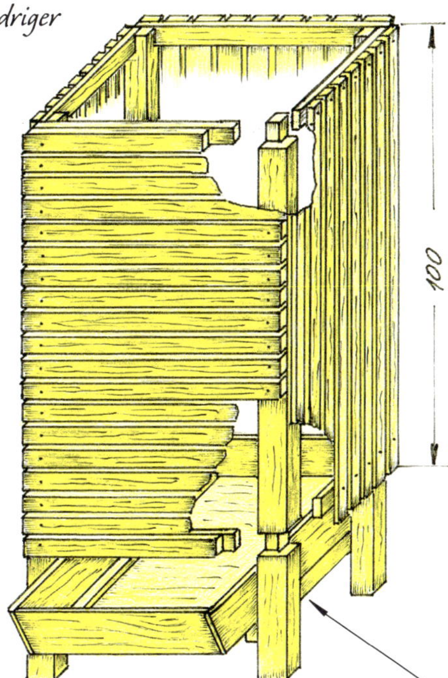


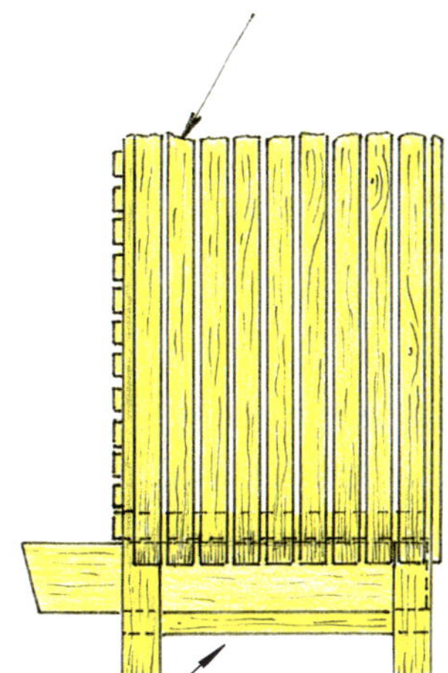


*Auf dieser Leiste steht der einschiebbare Kasten, der die Entnahme auch der letzten Kartoffel erleichtert und eine mühelose Reinigung der Kartoffelkiste ermöglicht.*

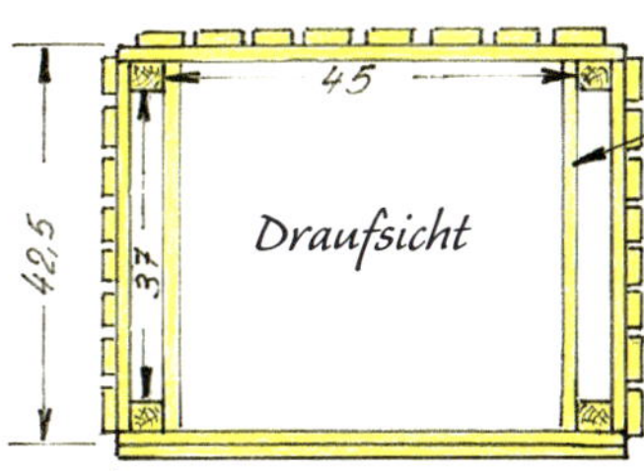


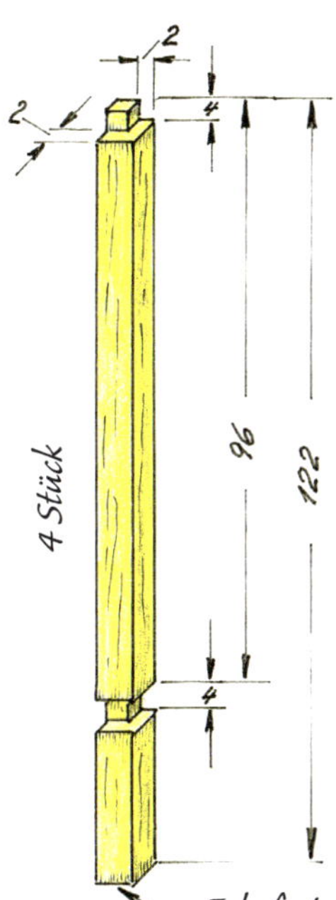


*Eckpfosten aus Vierkantholz 5,5 x 5,5 cm*

*Maße in cm*

*Alle Teile aus gehobeltem Holz*

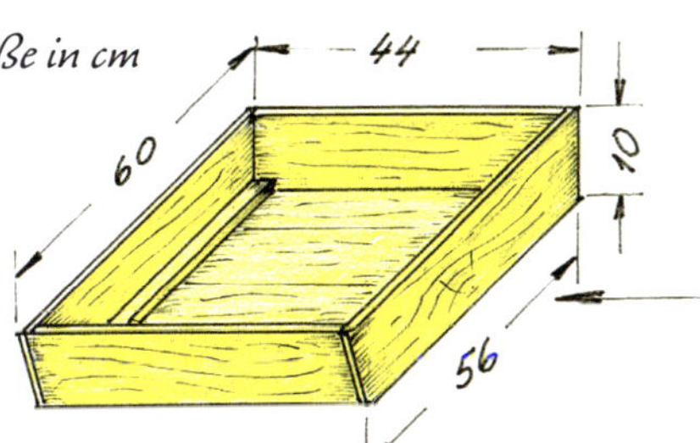


*Einschiebbarer Kasten, aus 2 cm dicken Brettern gefertigt*

# Überwinterung im Freien

Für klimatisch günstige Gegenden mit nur mäßigen Frösten ist die Überwinterung im Freien möglich. Wurzelgemüse wie Möhren und Sellerie können gut mit Tannenreisig abgedeckt auf den Beeten bleiben. Laub wärmt noch besser, liegt aber so dicht, dass leicht Fäulnis auftritt. Achtung! Mäuse finden an dem Gemüse Gefallen, das ihren im Winter eher mageren Speiseplan bereichert. Deshalb sollte alles geerntet werden, wenn sich erste Fraßspuren finden.

## Einlagern im Frühbeet

Blattgemüse wie Endivien, Zuckerhutsalat, Lauch oder Fenchel werden dicht nebeneinander in die Erde des Frühbeetes eingeschlagen. Die Pflanzen sollen an den Blättern trocken sein, damit keine Fäulnis entsteht. Bei ersten, leichten Frösten werden zunächst die Frühbeetfenster geschlossen. Bei weiter fallenden Temperaturen (unter 5°C) werden Bretter darüber gelegt.

# Erdkeller

Erdkeller sind eine Verbesserung der althergebrachten Erdmieten. Bei der Planung sollte unbedingt der Grundwasserstand, der während einer Regenperiode eintritt, berücksichtigt werden.
Wird der Erdkeller unter den Boden eines Schuppens, einer Scheune oder eines Gartenhäuschens gebaut, hat das den Vorteil, dass man den ganzen Winter über trockenen Fußes Vorräte entnehmen kann, was bei einem Erdkeller im Freien bei anhaltendem Frost oder starkem Schneefall nicht möglich ist.
Erdkeller können in beliebiger Größe gebaut werden. Auch hier ist es wieder vorteilhaft, zwei getrennte Erdkeller anzulegen, einen für Gemüse und Kartoffeln und den zweiten für Obst.

## Eingegrabene Behälter

*... sind eine sehr einfache und preiswerte Art, Gemüse frisch und saftig zu halten.*
*Der aus der Erde heraus ragende Rand wird ringsherum mit Löchern von 4 - 6 mm Durchmesser versehen. Bei großer Kälte wird oben mit Stroh oder Laub abgedeckt.*

## *Wintereinschlag von Kopfkohl im Frühbeet*

Soll Kopfkohl im Frühbeet gelagert werden, muss man ihn in Erde einschlagen. Die Erde darf aber nicht zu nass sein. Dort hält sich Kohl bis zum März frisch.

Auch Gewächshäuser sind zur Einlagerung von Gemüse für den Winter geeignet.

*Die Wurzel wird entfernt. Der Strunk bleibt ca. 15 cm erhalten.*

*Die äußeren und alle beschädigten Blätter werden ebenfalls entfernt.*

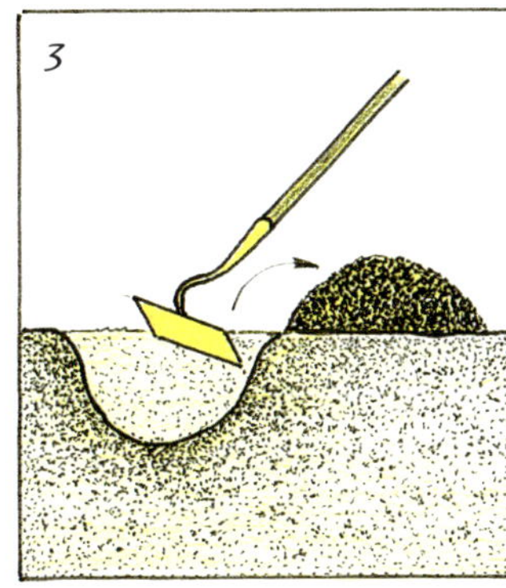


*Mit einer Hacke wird eine Furche in Kohlkopfgröße gezogen.*

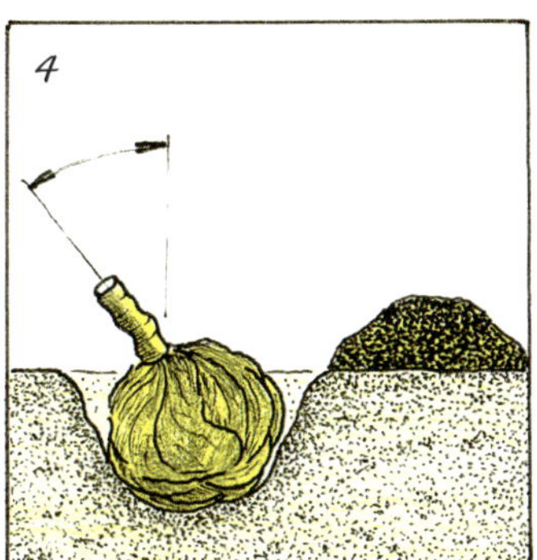


*Der Kohlkopf wird etwas schräg eingelegt ...*

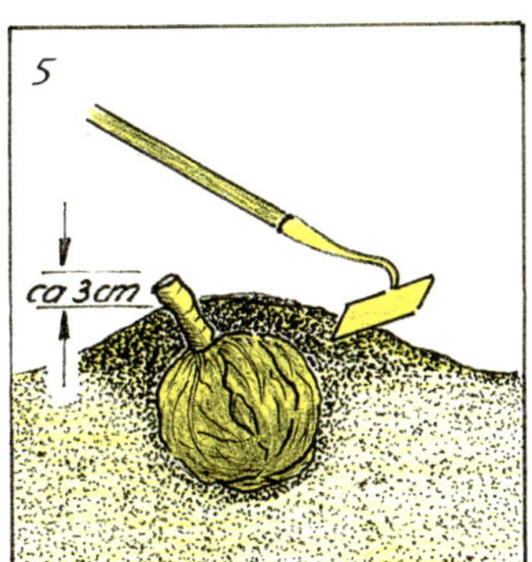


*... und mit Frühbeeterde abgedeckt.*

*Als Frostschutz wird das Frühbeetfenster aufgelegt.*

*Bei sandigen Böden kann der Kohl auch im Freiland auf diese Art überwintern. Er muss allerdings zusätzlich mit Reisig abgedeckt werden. Nur besteht hier in sehr nassen Wintern die Gefahr des Faulens.*

# Bauanleitung für einen einfachen Erdkeller

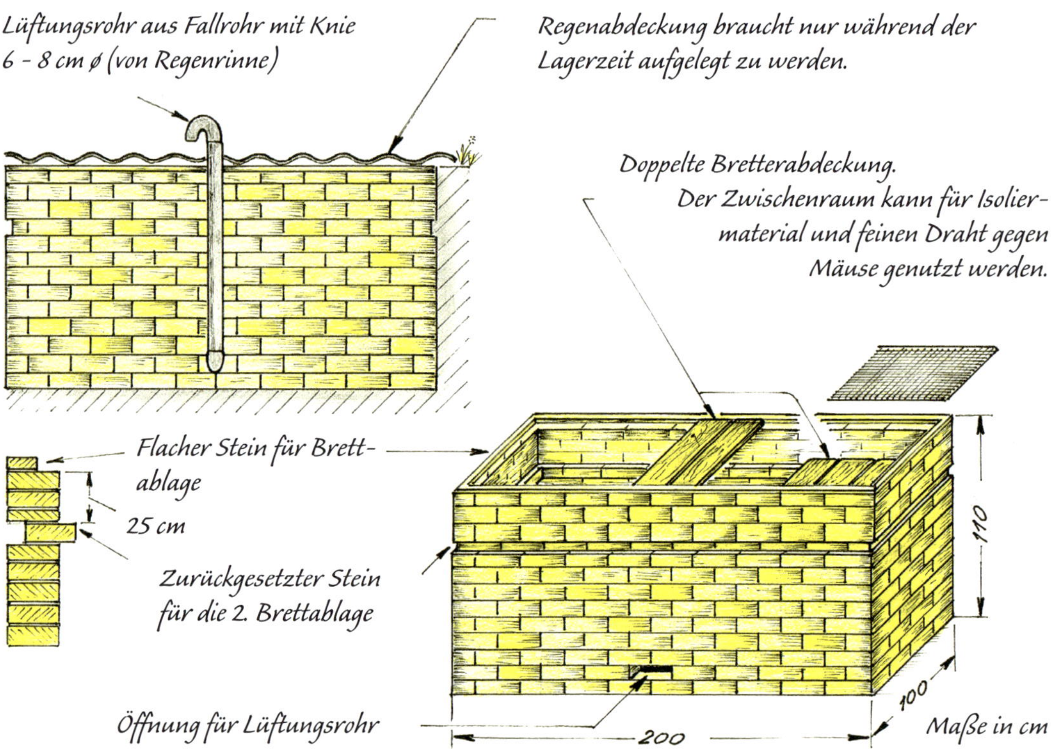

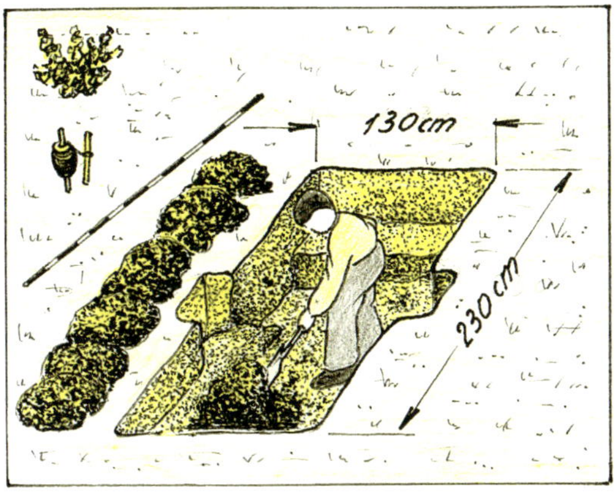


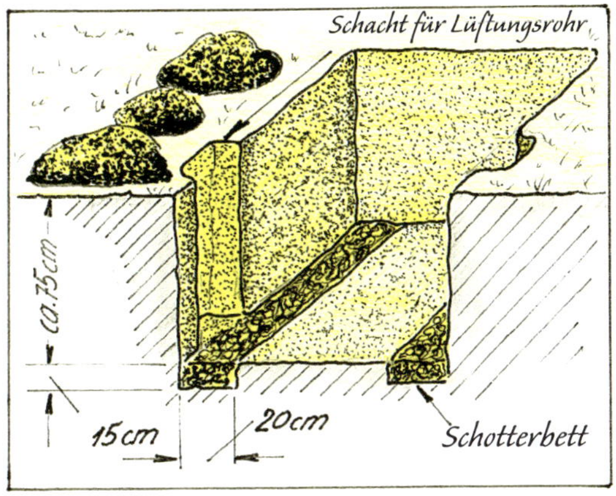


Für den Erdkeller wird eine Grube ausgehoben. Sie braucht nur 75 cm tief zu sein, weil der Erdaushub angefüllt werden kann.
Für die Lüftungsrohre werden zwei Schächte vorgesehen.
Das Mauerwerk sollte auf einem festgestampften und mit Sand waagerecht abgezogenen Schotterbett ruhen.

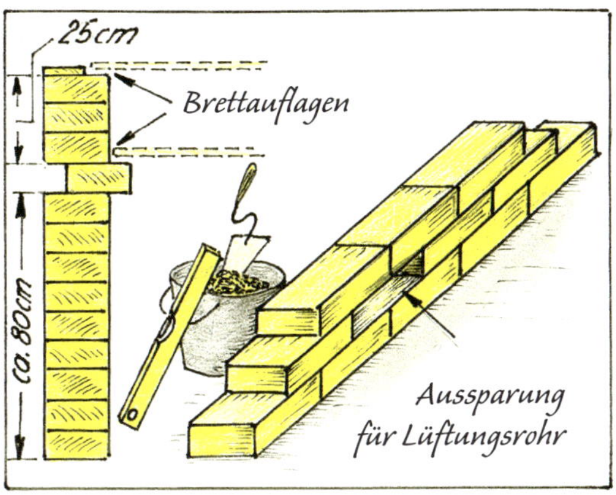

Als Steine sind am besten die hartgebrannten Kanalklinker geeignet. Sie sind sehr haltbar und werden vorwiegend für Bauprojekte benutzt, die sich in der Erde befinden.
Bei den Maurerarbeiten die Öffnung für das Lüftungsrohr aussparen und die Brettauflagen berücksichtigen. Wasserwaage und Zollstock öfters anlegen und nachmessen.
Steht nun die Mauer nach den vorgegebenen Maßen, kann das Lüftungsrohr eingepasst werden.

Der Erdaushub wird bis zum oberen Kellerrand angefüllt, so dass ein kleiner Hügel entsteht, dadurch läuft das Regenwasser gut ab.

Der Hügel darf bis zum Kellerrand bepflanzt werden. Es können nun die Bretter aufgelegt werden, und der Keller ist fertig.

Eine dreistufige Leiter erleichtert den Ein- und Ausstieg. Sie kann im Keller verbleiben.

Regale an der Vorder- und Rückseite des Kellers ermöglichen eine übersichtliche Vorratshaltung.

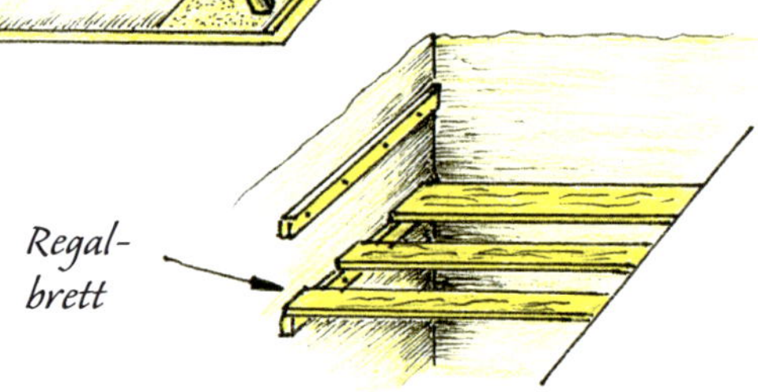


Als Abdeckung dienen ca. 2 cm dicke, ungehobelte Bretter. Sie sollen dicht in der Auflage liegen.
Damit sie gut herausgenommen werden können, wird am ersten Brett jeder Lage eine Schlaufe angebracht (Leder o.ä.).

# Konservierung durch Trocknen

Kräuter, die im Juni und Juli geerntet werden, können, in Bündeln zusammengebunden, unter einem Dachüberstand oder auf dem Dachboden trocknen. In dieser Jahreszeit reicht die Umgebungstemperatur zum Trocknen völlig aus.
Beim Trocknen ist der Vitamin- und Mineralstoffverlust vergleichsweise gering, wenn eine Temperatur von 40 bis 60°C eingehalten werden kann, bei höheren Temperaturen gerinnt das Eiweiß, und der Vitaminverlust ist hoch. Darum ist das Trocknen im Backofen auch bei geöffneter Tür nicht zu empfehlen, denn dort steigen die Temperaturen schnell auf 70°C und mehr.
Die Herbsternte von Kräutern (überschüssige Petersilien- und Sellerieblätter inbegriffen) sollte man in einem Trockengerät trocknen. Wer viel Obst und Gemüse trocknen will, für den wird es sich lohnen, selbst einen geräumigen Trockenschrank zu bauen (Bauanleitung siehe Seite 178). Apfelringe und Zwetschgen können darin ebenso gut getrocknet werden wie Tomatenscheiben. Gemüse wie Möhren oder Sellerie schmecken getrocknet sogar viel besser als tiefgefroren (getrocknetes Gemüse vor dem Kochen einweichen).

Nach dem Trocknen wird das Trockengut in gut schließende Gläser gefüllt. Diese werden dunkel aufbewahrt, denn im Licht verliert Gemüse schnell seine Farbe. Auch muss das Trockengut wirklich genügend trocken sein, sonst entsteht Fäulnis im Vorratsbehälter. Kräuter lassen sich auch in hängenden Stoffbeuteln aufbewahren.

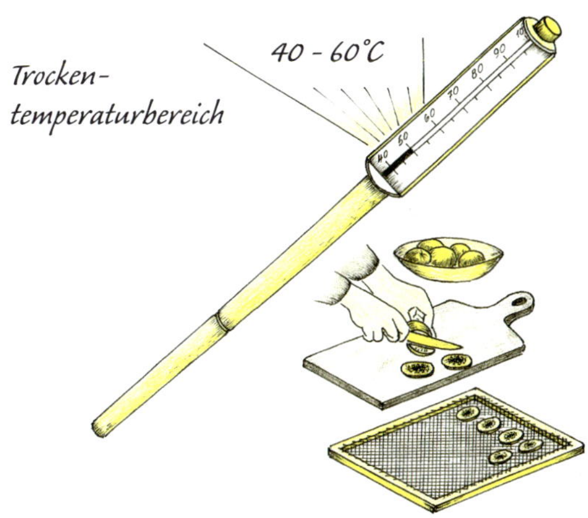

*Getrocknetes Obst und Gemüse wird in Gläsern dunkel aufbewahrt.*

*Im Handel erhältliches kleines Trockengerät mit mehreren Siebaufsätzen. Bei Kräutern sollte die Temperatur von 30°C nicht überschritten werden.*

# Bauanleitung Trockenschrank

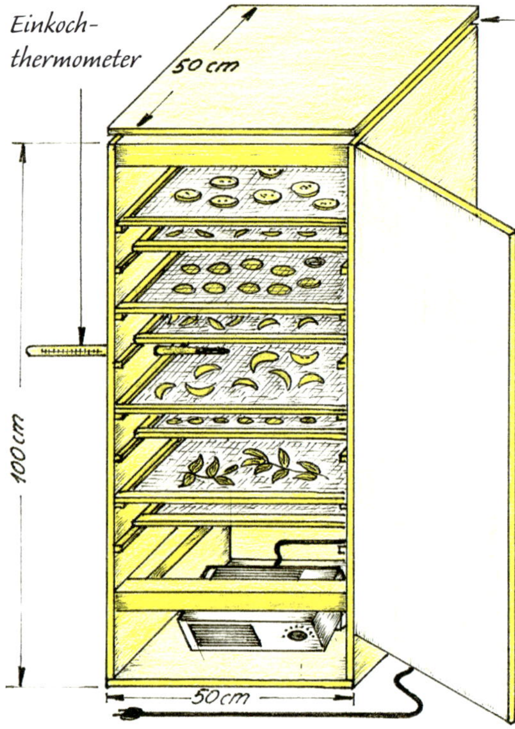


*Mit den Auflage-schrauben lässt sich der Luftspalt einstellen*

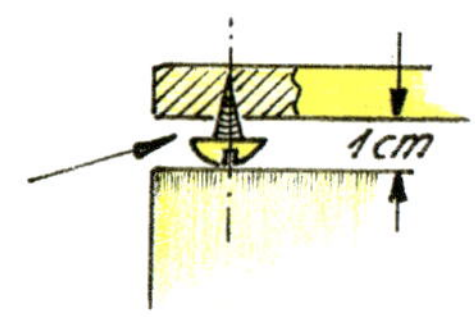


*Die Abdeckung liegt mit vier Schrauben lose auf dem Schrankgehäuse*

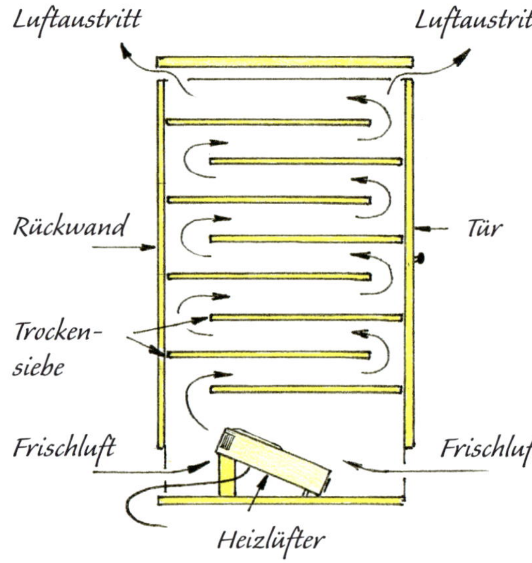


Zur besseren Temperaturkontrolle wird auf halber Höhe zusätzlich ein Einkochthermometer eingesetzt. Die Abdeckplatte wird mit Schrauben versehen, so dass der Luftaustrittsspalt verstellbar ist.
Mit Hilfe von Thermostat und Einkochthermometer lässt sich die Temperatur einstellen.
Zur Frischluftzuführung haben Tür und Rückwand je einen etwa 10 cm breiten Spalt an der Unterseite.

Die Trockensiebe werden kürzer hergestellt als der Schrank tief ist. Sie werden im Wechsel, einmal an die Rückwand und einmal bündig mit der Tür, eingeschoben. So kann die warme Luft schlangenförmig durch den Schrank zum Luftaustrittsspalt gelangen.

*Als Siebmaterial hat sich Glasfasergewebe gut bewährt. Es wird mit einem Tacker oder mit Reissbrettstiften auf dem Holzrahmen befestigt.*

*Der gesamte Innenraum wird mit einer Thermofolie verkleidet.*

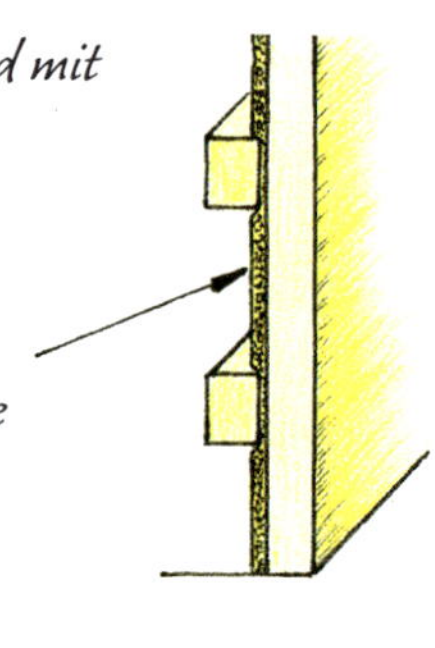

# Bauanleitung Solartrockenschrank

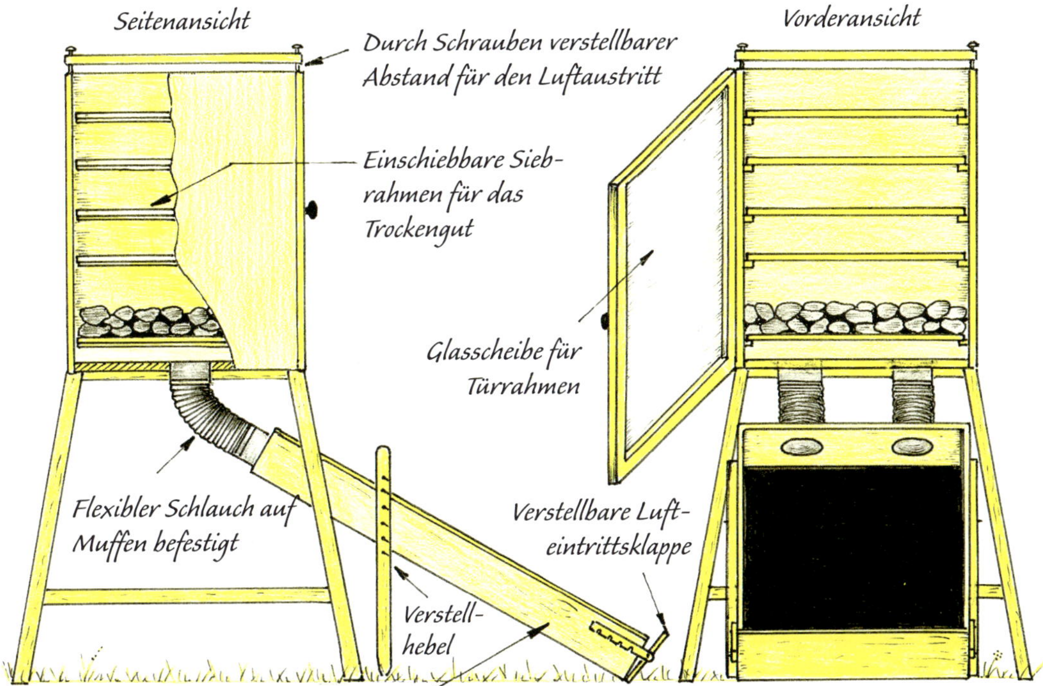


Die Luft im Kasten wird durch die Sonneneinstrahlung erwärmt und steigt nach oben. In der Steinschicht wird sie verteilt und gespeichert. Von hier aus streicht sie dann durch die mit Trockengut gefüllten Siebe zum Luftaustrittsspalt, um von dort gemeinsam mit der Fruchtfeuchtigkeit zu entweichen.

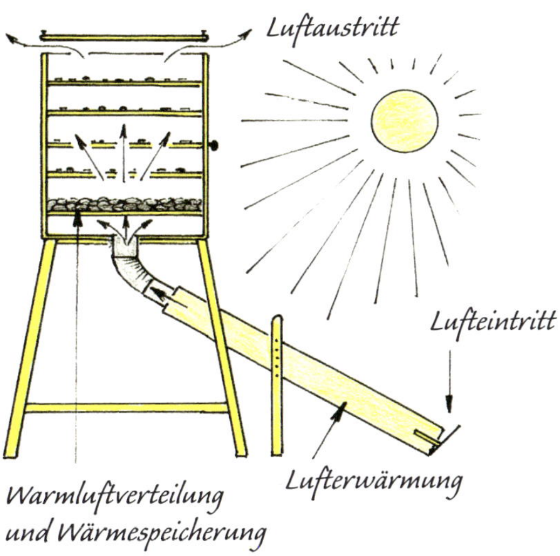


Es kann immer nur so viel Luft austreten wie an Frischluft nachgeführt wird. Deshalb sollten Luftein- und Luftaustritt aufeinander abgestimmt sein.

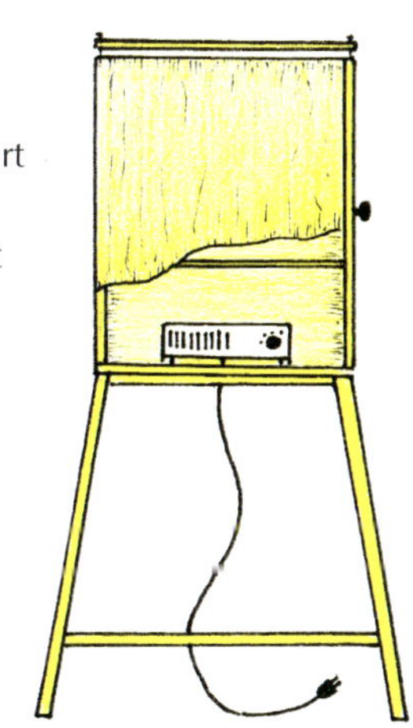

Mit dem Verstellhebel lässt sich der richtige Winkel zur Sonne einstellen. Bei fehlender Sonne kann dieser Trockenschrank auch elektrisch betrieben werden.

# Milchsäuregärung

Der Vorgang der Milchsäuregärung konserviert Gemüse nicht nur, sondern erhöht dessen Aroma und Qualität und fördert die Verdauung. Vitamine und Mineralstoffe bleiben erhalten. Damit das Sauergemüse eine gute Qualität erlangt, sind folgende Voraussetzungen notwendig:

- einwandfreies Gemüse aus biologischem Anbau;
- gründlich gereinigte Arbeitsgeräte (24 Stunden in Wasser legen und kurz vor Arbeitsbeginn mit heißem Wasser abbürsten);
- eine Salzkonzentration von 0,8 bis 1,5 % des Füllgutes (etwa 10 g auf ein Kilogramm);
- Druck auf die zu säuernden Gemüse;
- die richtigen Gewürze für die verschiedenen Gemüse;
- ein Gärtopf mit Rille (Luft kann austreten, aber nicht eindringen)
- eine sorgfältige Temperaturführung während des achtwöchigen Gärprozesses

Danach ist der Gärvorgang abgeschlossen und das Gemüse kann verzehrt werden. Nach jeder Entnahme müssen Stein und Gärrille sorgfältig gereinigt werden, damit sich kein Schimmel bildet. Ein weißer Belag auf der Lake ist meist Kahmhefe, sie verdirbt das Gemüse zwar nicht, sollte aber abgeschöpft werden.

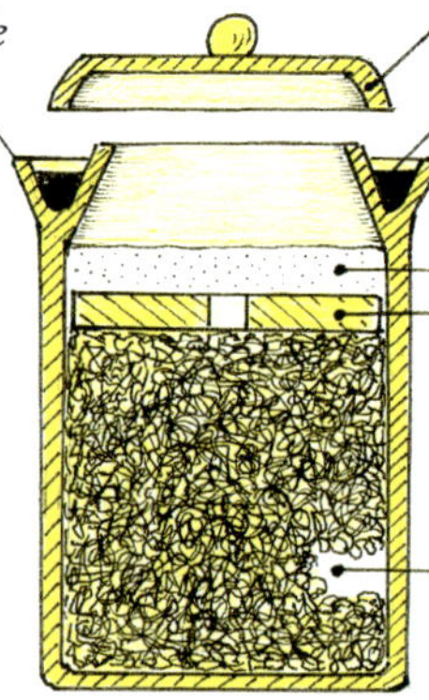


*Standorttemperatur*

| *für Kohl* | *anderes Gemüse* |
|---|---|
| 2 Tage → 20°C | 2 Tage → 20°C |
| 20 Tage → 15°C | 14 Tage → 18°C |
| ca. 40 Tage → 1-10°C | ca. 40 Tage → 1-10°C |

*Gemüse, die sich zum Einsäuern eignen:*
*Weiss-, Wirsing-, Rot- und Blumenkohl,*
*Kohlrabi,*
*Brokkoli,*
*grüne und gelbe Bohnen,*
*Gurken,*
*Rote-, Mai- und Steckrüben,*
*Rettich, Sellerie,*
*Möhren,*
*Pastinaken,*
*Zwiebeln und Porree*

*Zutaten und Geräte*

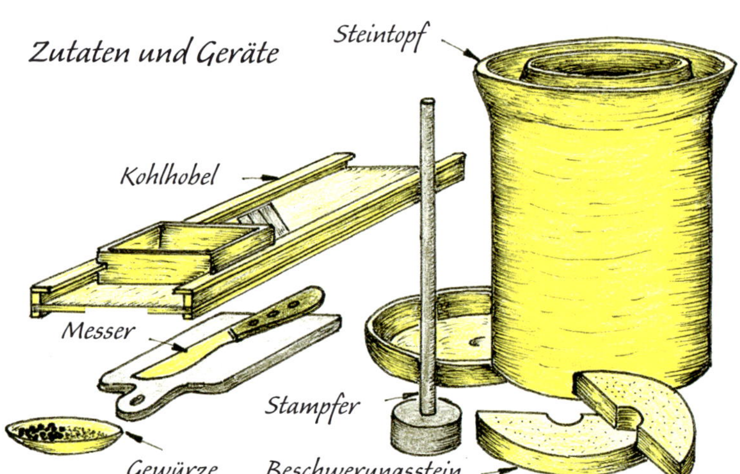

# Sauerkrautherstellung

Strunk herausschneiden, große Blätter zum Abdecken beiseite legen.

Kohl in eine Wanne (o.ä.) raspeln.

ca. 1 % Salz zwischen den geraspelten Kohl mischen.

Kohl in Lagen von jeweils 10 cm in den Topf schichten und feststampfen.

Gewürze und Apfelscheiben auf jede Lage streuen.

Topf 4/5 füllen und mit großen Kohlblättern abdecken.

Steine zum Beschweren auflegen, der Saft soll darüber stehen.

Deckel aufsetzen und Wasser in die Gärrille gießen.

Topf 2 Tage in 20°C Umgebungstemperatur, 20 Tage in 15°C und 40 Tage kühl (+1 bis +10°C) stellen. Danach ist das Kraut verbrauchsfertig.

Wichtig: Alle Zubehörteile kurz vor Arbeitsbeginn reinigen.

# 9. Biologischer Pflanzenschutz im Garten

Lebendiger Boden, ausgewogene Düngung, passende Mischkulturen und Förderung der Nützlinge (siehe ab Seite 197) sind gute Voraussetzungen für ein gesundes Pflanzenwachstum. Trotz guter Pflege und Vorsorge kann es aber zu Befall kommen, z. B. durch extreme Witterung oder durch schlechtes Saatgut. Für diese Fälle und auch für die Anfangszeit, wenn der Garten noch nicht sein Gleichgewicht gefunden hat, ist das Wissen um Krankheiten, Schädlinge und deren Bekämpfung wichtig.

Unterschieden werden Stoffwechselkrankheiten, Befall durch Bakterien, Pilze und Viren, Insekten und Milben und andere Tiere, wie Schnecken, Mäuse und Wild.

Stoffwechselkrankheiten sind Störungen, die durch Saftstau in der Pflanze verursacht werden. Dies kommt besonders bei extremen Witterungsverhältnissen vor wie große Hitze, Kälte oder anhaltender Regen.

Durch Dauerregen verdichteter Boden schränkt den Luftaustausch ein, die Trockenheit bei Hitze führt zu Wassermangel und bei Kälte gerät das ganze Wachstum ins Stocken. Stoffwechselkrankheiten machen sich durch Hungerwuchs, Verfärbungen und Wuchsverzögerungen bemerkbar. Derartig geschwächte Pflanzen sind anfällig für alle Krankheiten und Schädlinge.

## Bakterien und Pilze

Unzählige nützliche Bakterien und Pilze helfen bei der Humusbildung, der Stickstoffbindung und beim Abbau von Schadstoffen. An dieser Stelle soll jedoch nur von den pflanzenschädigenden Bakterien- und Pilzkrankheiten die Rede sein. Sie werden oft durch Witterungsextreme ausgelöst. Schlechte Bodenstrukturen oder eine einseitige Düngung können ebenfalls Verursacher sein.

Vorbeugende Pflanzenschutzmaßnahmen sind besonders wichtig. Ist der Befall erst da, kann allenfalls die Ausbreitung gestoppt werden.

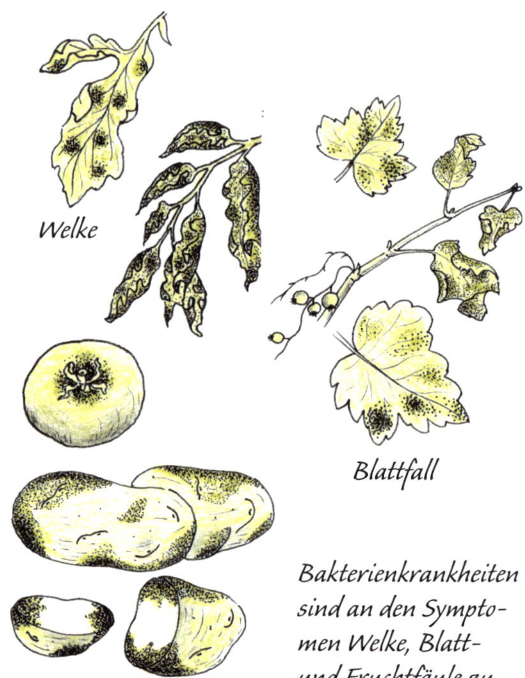


*Bakterienkrankheiten sind an den Symptomen Welke, Blatt- und Fruchtfäule zu erkennen*

# Biologischer Pflanzenschutz

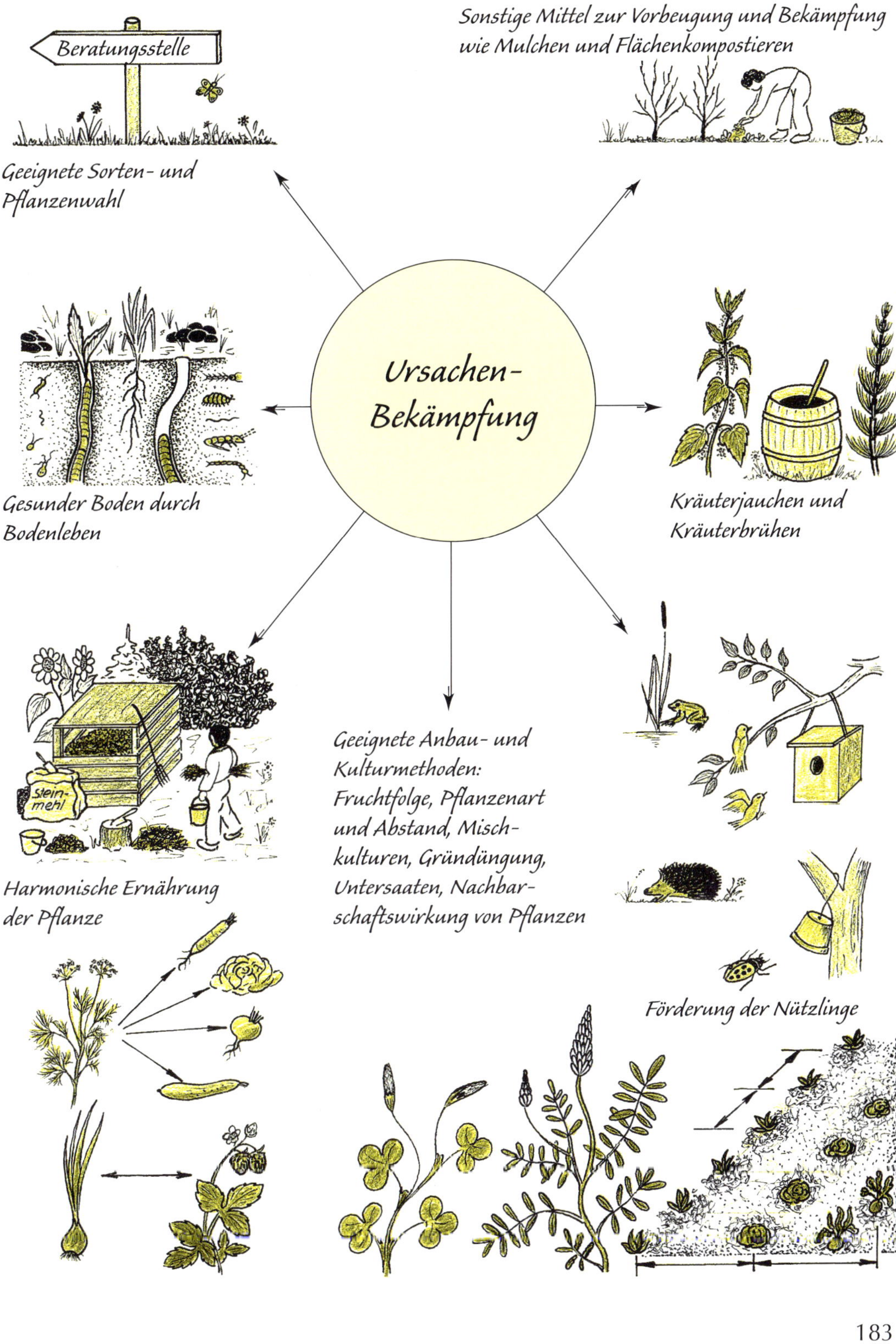

*Echter Mehltau*

*Vorbeugende Maßnahmen:*

- Wahl von gesundem Saatgut.
- Saatbäder aus Kräuterextrakten.
- Gießen mit Brennnesseljauche.
- Spritzen von Schachtelhalmbrühe oder käuflichen Kieselsäurepräparaten.
- Pflanzenstärkung durch Algifert-Spritzung.
- Kompost statt triebiger Düngung.

*Der Echte Mehltau überzieht Blätter und Triebe mit einem mehlig-weiß-grauen Belag*

## Mehltau

Jede Mehltauart hat ihre spezifische Wirtspflanze und wird im Sommer von Pflanze zu Pflanze übertragen. Am Ende der Vegetationszeit tritt der Befall stärker auf. Das Myzel überwintert auf abgestorbenem Laub.

Es wird unterschieden in Echten Mehltau (Erysioceae) und Falschen Mehltau (Poronosporaceae). Der Echte Mehltau bildet einen mehlig-weiß-grauen Belag auf den Blättern und Triebspitzen. Er befällt Apfel-, Quitten- und Pfirsichbäume, Erd- und Stachelbeeren, Erbsen, Gurken, Rosen, Reben und einige Zierpflanzen. Es gibt resistente Sorten (beim Kauf von Pflanzen und Saatgut danach fragen). Schwül-

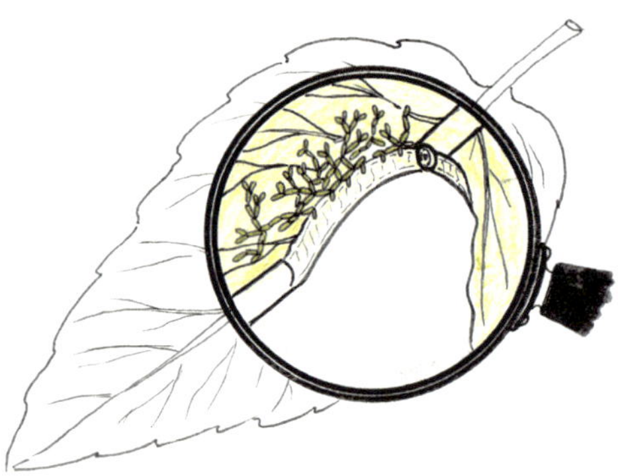

*Echter Mehltau*
*Das Myzel wächst auf der Blattoberseite und breitet sich dort aus*

*Falscher Mehltau*
*Das Myzel siedelt sich auf der Blattunterseite an und wächst von hier in das Blattinnere*

warmes Wetter und milde Winter fördern die Ausbreitung, aber auch bei trockener Witterung tritt er auf. Bei dicht stehenden und ungeschnittenen Obstbäumen kann Mehltau großen Schaden anrichten.
Der Falsche Mehltau braucht zu seiner Verbreitung eine feuchte Witterung. Seine Myzelien dringen tief ins Blattgewebe ein. Darum ist eine Bekämpfung schwierig und sollte durch vorbeugende und pflanzenstärkende Maßnahmen überflüssig gemacht werden.

## Fäulnispilze bei Obst

Verfärbungen, braune oder schwarze Flecken, die nach und nach die ganze Frucht befallen, auf und in der Frucht, sowie trockene, eingesunkene Stellen sind Zeichen von Pilzbefall.

### Maßnahmen

zusätzlich zu den schon genannten vorbeugenden Maßnahmen gegen Pilzbefall:

- Guter Auslichtungsschnitt an den Bäumen.
- Im Juni zweimal mit Pflanzenstärkungsmittel spritzen
- Lagerfrüchte zum richtigen Zeitpunkt pflücken.
- Lagerobst regelmäßig kontrollieren und aussortieren.
- Fruchtmumien entfernen.

## Viruskrankheiten (Virosen)

Die Schadbilder sehen recht unterschiedlich aus. Verformungen wie Zwergwuchs oder verkrüppelte Früchte sind ebenso vorhanden wie Blattverfärbungen in Mosaikmustern.

*Fäulnispilze bei Obst*

*Fäulnispilze überwintern in Fruchtmumien und an Triebspitzen*

Bei einigen Virosen ist der Schaden gering, kann jedoch bei anderen Virosen und unter ungünstigen Witterungs- und Ernährungsbedingungen zu völligem Ernteausfall führen.
Die Viren sind winzige Lebewesen, die im Pflanzensaft leben. Das erklärt die leichte Übertragbarkeit durch: Nematoden (Fadenwürmer) im Boden, saugende Insekten, Geräte und durch Hände. Virosen sind nicht heilbar, sondern nur durch vorbeugende Maßnahmen zu vermeiden.

*Pfeffinger Krankheit tritt vorwiegend an Süßkartoffeln auf. Bei starkem Auftreten kommt es zu großen Ertragsverlusten.*

*Gurkenmosaik wird durch die Pfirsichblattlaus übertragen.*

*Grünscheckenmosaik ist samen-, boden- und saftübertragbar*

### *Maßnahmen*

- Beim Einkauf virusfreie Pflanzen und Jungbäume verlangen.
- Nach der Arbeit an befallenen Pflanzen Hände und Werkzeuge desinfizieren.
- Bekämpfung der Virusüberträger (Blattläuse, Milben u.a.)
- Magermilchspritzungen schützen gesunde Pflanzen vor Infektion
- Kranke Pflanzenteile vernichten.

Artspezifische Krankheiten werden in den entsprechenden Kapiteln behandelt.

## *Insekten und Milben*

Nicht jede Blattlaus oder Raupe schädigt unsere Pflanzen. In einem biologischen Garten dienen sie den Nützlingen als Nahrung.
Erst bei einseitigem und starkem Auftreten wirken sie zerstörend.

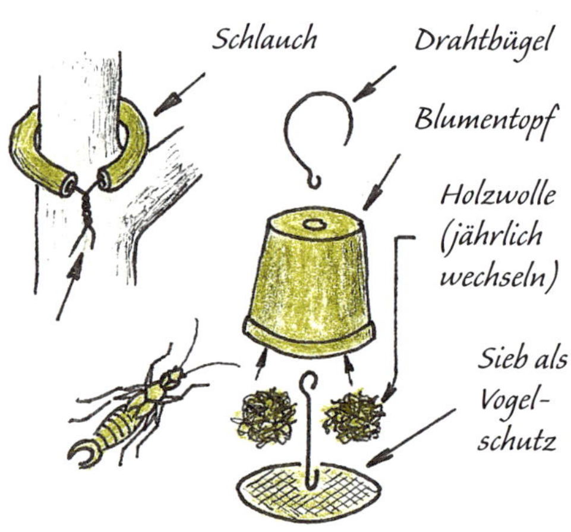


*Ohrwurmbehausungen*

*Der Ohrwurmtopf muss so aufgehängt werden, dass Baumberührung vorhanden ist*

Der Einsatz von Insektiziden schädigt die sowieso geringere Anzahl von Nutzinsekten sowie die Vögel und ihre Brut stärker als die zahlreichen, robusten Schadinsekten. Das Ungleichgewicht zwischen Nützlingen und Schädlingen verschiebt sich weiter zugunsten der Schädlinge.

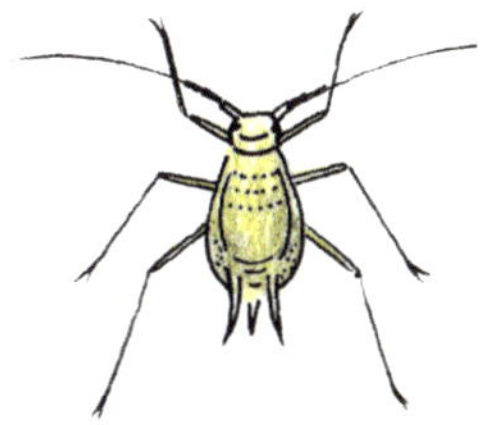

*Grüne Pfirsichblattlaus*

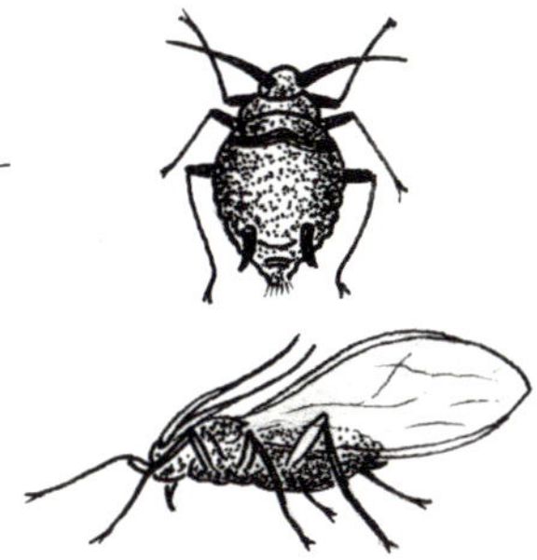

*Schwarze Bohnenblattlaus*

*Schwarze Kirschblattlaus*

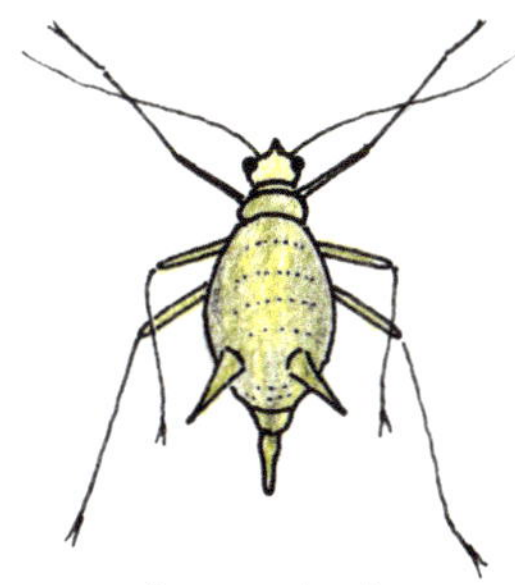

*Erbsen-Blattlaus*

## *Blattläuse*

Sie können Kulturpflanzen bei massenhaftem Auftreten sehr schädigen. Dies geschieht besonders in trockenen, verdichteten Böden und bei trocken-warmer Witterung.

### *Schadbilder*

Durch Ausscheidung überschüssigen Zuckers aus dem ausgesogenen Pflanzensaft bildet sich Honigtau. Auf diesem klebrigen Belag siedelt sich schwarzer Pilzbelag, der Rußtau, an.
Durch Saugen an Blättern und Trieben entstehen gekräuselte und eingerollte Blätter, es kommt zu Wachstumsstörungen. Blattläuse können Viruskrankheiten übertragen.

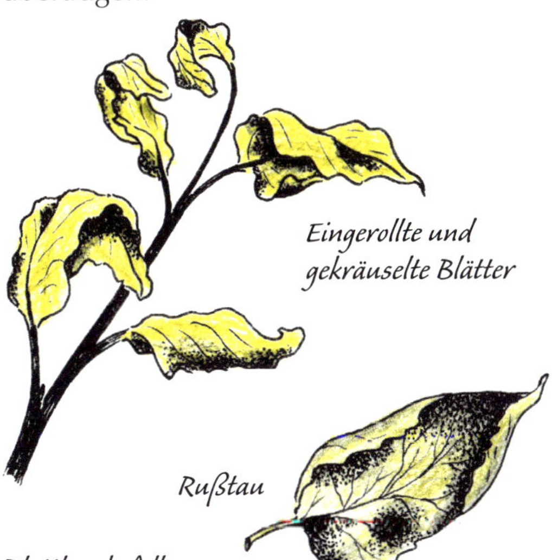


*Blattlausbefall*

### *Maßnahmen*

- Förderung der Nützlinge (Vögel und Insekten) durch Bereitstellen von geeigneten Unterkünften.
- Ein Befall im Übermaß deutet auf Unregelmäßigkeiten im Saftstrom der Pflanze hin. Das lässt sich oft schon in kurzer Zeit durch Lockerung des Bodens, durch Bewässerung und anschließendes Mulchen beheben.
- Kräftigung der Pflanzen durch Spritzen mit flüssigem Algendünger oder anderen Pflanzenstärkungsmitteln.
- Abstreifen der Läuse mit der Hand (Handschuh benutzen)
- Mit starkem Kaltwasserstrahl abspritzen, Blattunterseiten nicht vergessen.
- Spritzen mit: Kochwasser von Kartoffeln, Zwiebelschalentee u.a. (siehe Seiten 201 ff.).
- Stäuben mit Steinmehl oder Algenkalk.

Blattlaus-Befall im Übermaß deutet auf Unregelmäßigkeiten im Saftstrom der Pflanze hin. Dies lässt sich durch Lockerung des Bodens, Bewässerung und Mulchen beheben

In einem gut gelockerten Boden ist der Gasaustausch (Kohlendioxid) gewährleistet. Austretendes Kohlendioxid vertreibt die Blattläuse

## Entwicklungszyklen der Blattläuse

Die meisten Blattlausarten legen im Herbst ihre Eier in Knospen- und Rindenritzen der Gehölze. An diesen geschützten Stellen überwintern die Eier. Im Frühjahr schlüpfen die Stammmütter aus. Sie gebären lebende Junge. Bis zum Herbst können 13 bis 16 Generationen ungeschlechtlich geboren werden. Diese Tatsache und die kurze Entwicklungszeit der Blattlaus begünstigen das häufig massenhafte Auftreten der Schädlinge.

Wird es in der Blattlauskolonie zu eng oder ist nicht mehr genügend Nahrung vorhanden, entstehen geflügelte Läuse. Fliegend oder vom Wind getragen, gelangen diese Tiere an neue Nahrungspflanzen und bilden neue Kolonien. Nur im Herbst gibt es bei den Blattläusen Männchen und Weibchen. Die befruchteten Weibchen legen die unempfindlichen Wintereier.

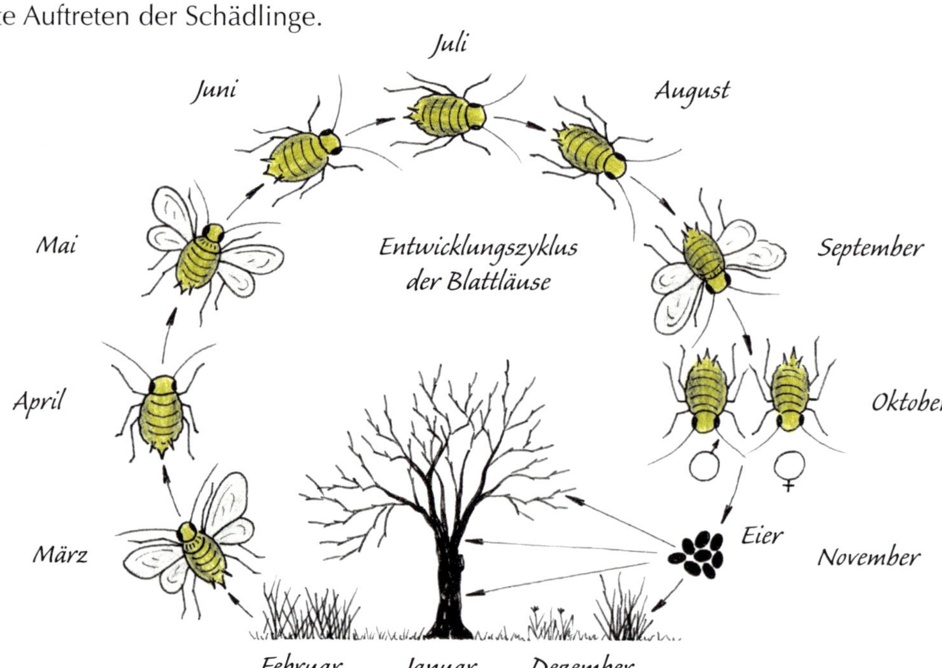

## Thripse, Blasenfußarten

Die hellen Larven saugen an Erbsen, Lauch, Gurken, Zwiebeln und anderen Pflanzen. Es kommt zu Verkrüppelungen und Wachstumshemmungen. Thripse entwickeln pro Sommer meist drei Generationen. Sie treten besonders stark bei warmem, trockenem Wetter auf.

Thripse Larve

### Schadbild

Kleine, silbrig-weiße Flecken; dicht daran sind auch schwarze Kotflecken zu erkennen. Die Blätter werden weißscheckig und auf der Unterseite schmierig. Junge Blumenkohlpflanzen können sich ohne Röschen entwickeln. Früchte werden rauschalig.

### Maßnahmen

- Pflanzen vor Trockenheit und Hitze durch Mulchen und Gießen bewahren (im Gewächshaus durch Sprühen und Lüften).
- Saat- und Pflanzenbäder mit Kräuterextrakten.
- Vor der Blütezeit blaue Leimtafeln aufstellen.
- Gezielter Einsatz von Nutzinsekten (Raubwanzen und Raubmilben), vor allem im Gewächshaus.

Schadbild

## Weiße Fliege (Trialeurodes vapoariorum und Aleurodes prodetella)

Der gelbliche Körper und die weißen Flügel dieses Schädlings sind mit weißem Wachs fein überstäubt.

Die Weiße Fliege sowie ihre Gelege und Larven sind auf den Blattunterseiten zu finden. Hier finden sie auch Überwinterungsmöglichkeiten, vor allem am Kohl. Im Gewächshaus hat die Weiße Fliege optimale Lebensbedingungen, weshalb sie dort sehr verbreitet ist. Ein Befall ist leicht festzustellen: Wenn die Blätter bewegt werden, steigen die Insekten auf.

### Schadbild

Helle Saugstellen an den Blättern. Schäden vor allem durch Absonderung von Honigtau und damit wie bei Blattlausbefall Gefahr der Rußtaubildung.

*Maßnahmen*

- Boden gut feucht halten, lockern und mulchen.
- Stäuben mit Gesteinsmehl und Algenkalk (Blattunterseite).
- Spritzen mit Pflanzenextrakten (siehe Seiten 201 ff.).
- Im Gewächshaus kann die Zehrwespe eingesetzt werden.

*Weiße Fliege*

*Spritzen mit Pflanzenextrakten*

*Im Gewächshaus kann die Zehrwespe (Erzwespe) eingesetzt werden*

## Milben

Milben sind kleinste Spinnentiere von etwa 0,5 mm Größe. Sehr groß ist die Zahl der verschiedenen Arten. Ein Teil lebt räuberisch, andere saugen Pflanzensäfte und können erheblichen Schaden anrichten, besonders im Obstanbau.

Im Gemüsebau ist die Gemeine Spinnmilbe am schädlichsten. Kälteunempfindlich überwintern Spinnmilben als ausgewachsene Tiere in lockerem Boden, unter Blättern oder in Ritzen der verschiedenen Hölzer und Gehölze.

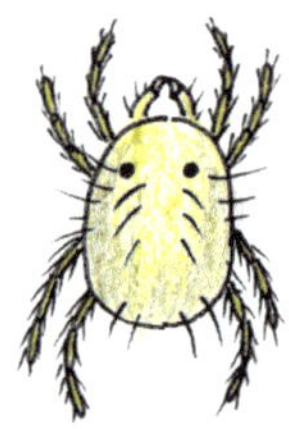

*Gemeine Spinnmilbe*

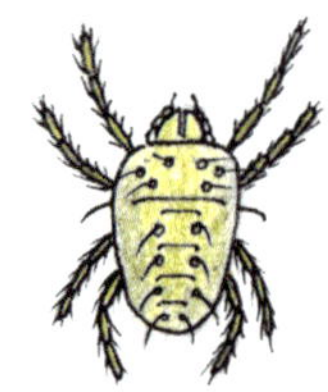

*Rote Spinne*

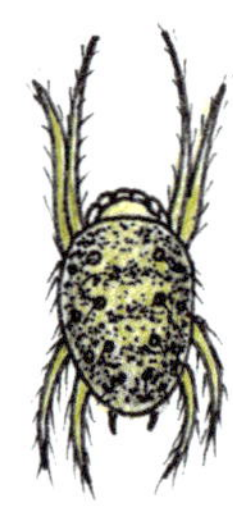

*Obstbaum-Spinnmilbe*

*Stachelbeer-Spinnmilbe*

*Maßnahmen*

- Stäuben mit Gesteinsmehl oder Algenkalk.
- Spritzen mit Pflanzenextrakten (siehe Seiten 201 ff.)
- Förderung der Nützlinge.

Artspezifische Schadinsekten werden in den entsprechenden Kapiteln behandelt.

## *Schäden durch Vögel*

Kohl-, Blaumeisen, Heckenbraunelle, Gartenrotschwanz, Baumläufer, Zaunkönig, Rotkehlchen, Eulen und viele andere Vögel sind im Garten sehr nützlich.
Andere Vögel wie Grünfink, Sperling, Amsel, Tauben, Drossel und Star können beträchtliche Schäden im Nutzgarten anrichten. Durch Scharren im Kompost und humosen Boden werden Regenwürmer herausgekratzt, Kirschen und Beeren angehackt und größere Samenkörner weggescharrt oder aufgepickt. Der sicherste Schutz vor Vögeln sind Netze, die über Saatbeete, Jungpflanzen, Sträucher oder Obstbäume gespannt werden.
Damit die Vögel sich nicht auf Beeten und Kompost aufhalten, sind auch Reisigabdeckungen und das Spannen von Fäden oder Drähten hilfreich, wobei blaue Fäden am wirkungsvollsten sind. Andere Methoden, mit denen die Vögel durch Geräusche vertrieben werden sollen, sind nur für kurze Zeit erfolgsversprechend. Die Vögel gewöhnen sich schnell daran.

*Vögel können im Nutzgarten beträchtlichen Schaden anrichten*

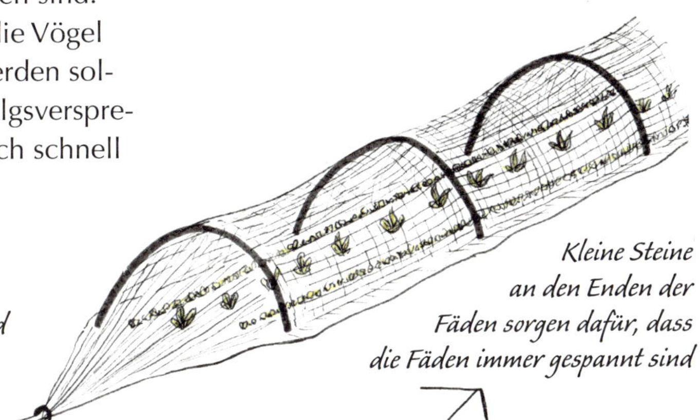

*Der beste Schutz vor Vögeln sind Netze über Pflanzen, Sträuchern und Bäume*

*Kleine Steine an den Enden der Fäden sorgen dafür, dass die Fäden immer gespannt sind*

*Die Fäden lassen sich abheben und auch wieder auflegen*

*Reisig-abdeckung*

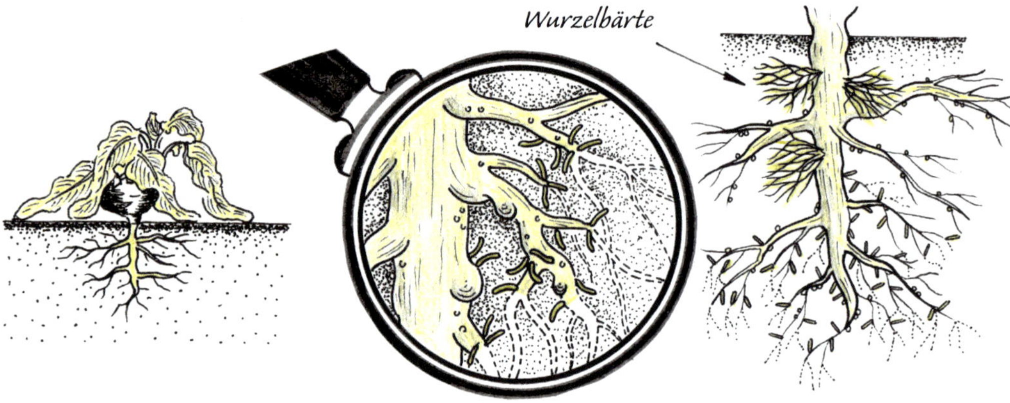


## Nematoden (Fadenwürmer und Älchen)

Die meisten Arten dieser bis zu 1 mm großen Fadenwürmer sind schädlich. Sie leben im Boden und saugen an den unterirdischen Pflanzenteilen.

### Schadbild

Gallen- und Zystenbildung im Wurzelbereich. Wurzelteile sterben ab. Oberhalb der geschädigten Wurzeln bilden sich Wurzelbärte. Bei starkem Befall vergilben und verwelken die oberirdischen Pflanzenteile.

### Maßnahmen

- Möglichst vierjähriger Fruchtwechsel
- Befallene Flächen mit Tagetes nana bepflanzen. (Die Wurzelausscheidungen von Tagetes nana bringen die Nematoden zum Schlüpfen. Sie können sich aber von Tagetes nicht ernähren und gehen ein).
- Pflanzen von den befallenen Beeten (auch das Unkraut) nicht auf den Kompost bringen, besser verbrennen.
- Nur mäßiger Stickstoffdünger.

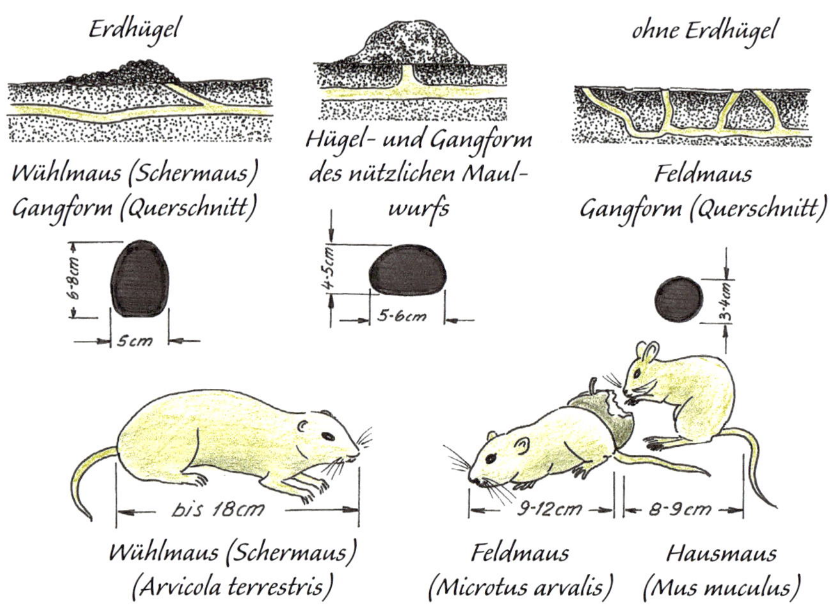

## Mäuse und Wühlmäuse

Feld- und Wühlmäuse können sich stark vermehren, wenn natürliche Feinde fehlen. Der angerichtete Schaden kann erheblich sein. Wühlmäuse sind imstande, das Wurzelwerk ganzer Bäume wegzufressen und diese so zum Absterben zu bringen. Feldmäuse nagen an allen Pflanzen, gerne auch an Erdbeeren.

*Mäuse und Wühlmäuse mögen Knoblauch, Kaiserkrone und Wolfsmilchgewächse nicht*

### Maßnahmen

- Das Anpflanzen von vertreibenden Pflanzen wie Knoblauch, Kaiserkrone oder Wolfsmilchgewächsen ist nur in leichten Böden und dort auch nur mäßig erfolgreich.
- Förderung der natürlichen Feinde durch das Bereitstellen von Unterkünften (siehe ab Seite 206).
- Aufstellen von Greifvogelstangen in freiem Gelände.
- Katzen im Garten halten.
- Das sicherste Mittel ist das Aufstellen von Fallen, wobei Lebendfallen bevorzugt werden sollten.

*Feinde von Feld- und Wühlmäusen*

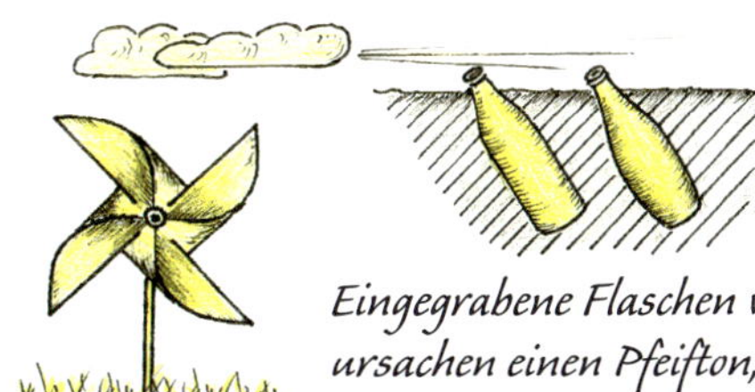

*Eingegrabene Flaschen verursachen einen Pfeifton, wenn der Wind darüber streicht.*

*Wühlmäuse sind sehr geräuschempfindlich und lassen sich durch Geräusche vertreiben, die sich im Boden verbreiten.*

### Wühlmausfallen

*Schlagfalle zum Fangen von Feldmäusen. Um Vögel und Igel zu schützen, wird die Falle in einem Tunnel aufgestellt (gefertigt aus drei Brettern). Als Köder haben sich halbierte Haselnüsse bewährt. Mäuse gehen nicht in Fallen, die nach Menschen riechen. Deshalb vor dem Aufstellen der Fallen Hände mit stark riechenden Kräutern einreiben oder Handschuhe anziehen.*

*Die Spannbügelfalle muss mit Köder aufgestellt werden*

*Besonders wirksam ist diese Röhrenfalle. Sie wird ohne Köder aufgestellt. Die Maus geht hinein, kann aber nicht mehr heraus. (Aufgestellte Fallen öfters kontrollieren)*

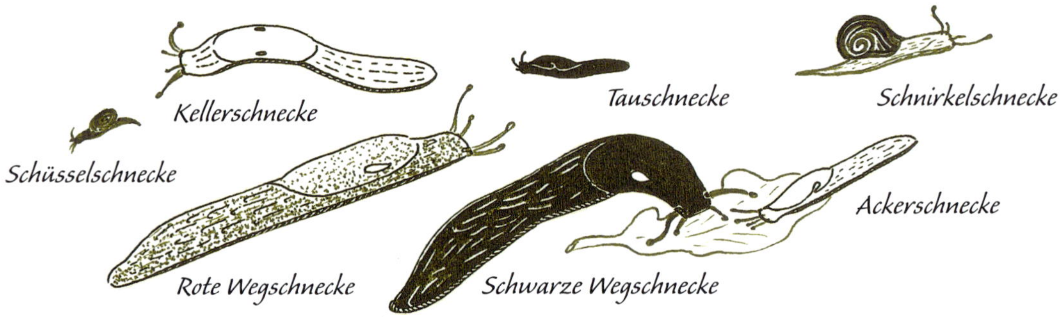


## Schnecken

Vielen Gärtnern entstehen durch Schneckenfraß an ihren Pflanzen große Probleme. Nacktschnecken fressen oft große Mengen, in feuchten Jahren sind über Nacht mitunter ganze Saatbeete kahlgefressen.

*Maßnahmen:*

- Viele Tiere fressen Schnecken oder ihre Eier. Einige lassen sich im Garten durch das Bereitstellen geeigneter Unterkünfte ansiedeln. Hühner und Enten vertilgen viele Schnecken, wenn sie von klein auf daran gewöhnt werden, ihre Haltung macht aber auch Arbeit.
- Kompostmaterial auf Schnecken und Eier überprüfen.
- Mulchmaterial vor dem Streuen antrocknen lassen.
- Bei nasser Witterung nicht mulchen, sondern öfter hacken.
- Bodenbedeckung aus Fichtennadeln oder Gerstenstreu.
- Teuer aber effektiv ist ein Schneckenzaun.
- Absammeln ist immer noch die erfolgreichste Methode. Um die Schnecken an einem Platz zu versammeln, werden Bretter oder Rhabarberblätter ausgelegt, unter denen die Schnecken tagsüber Unterschlupf finden.

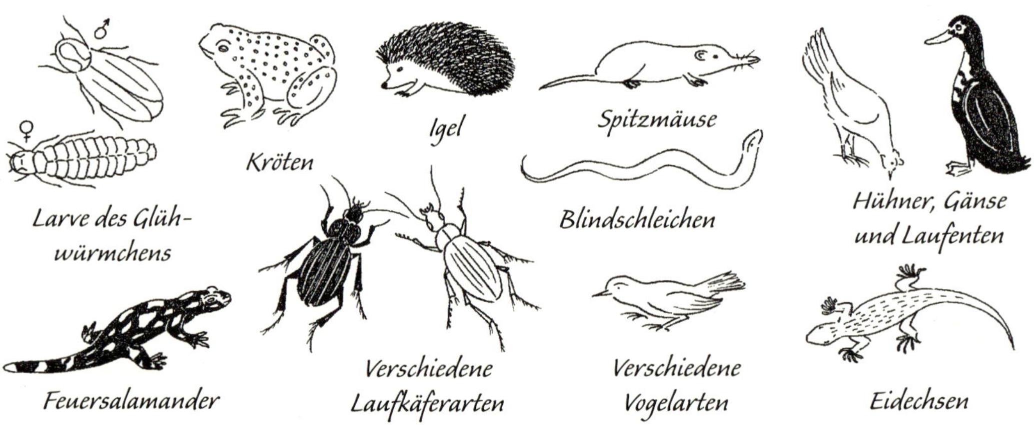


*Die natürlichen Feinde von Schnecken*

*Vorbeugend gegen Schnecken:*
*Abwehrpflanzen wie Begonien, Pastinaken, Knoblauch, Schafgarbe und Rainfarn auslegen (links) oder mit einem Auszug aus Abwehrpflanzen übersprühen (rechts)*

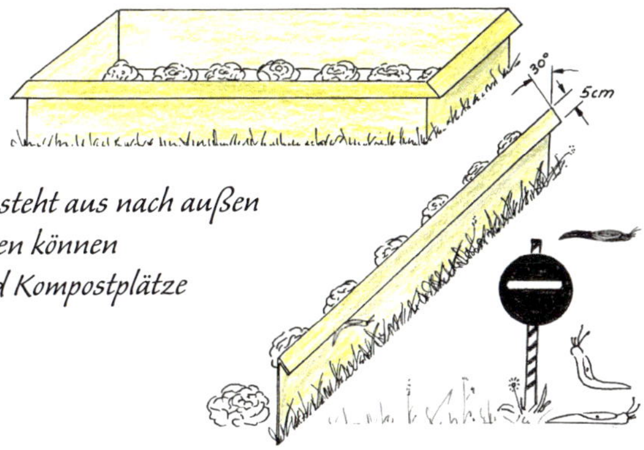


*Schneckenzaun:*
*Vorteilhaft bei angrenzenden Wiesen. Der Zaun besteht aus nach außen umgebogenem, verzinktem Eisenblech. Die Schnecken können den Winkel nicht überwinden. Frühbeetkästen und Kompostplätze können so schneckenfrei gehalten werden.*

Hier können sie bequem eingesammelt werden. Werden zwischen gefährdeten Pflanzen kleine Haufen Weizen- oder Roggenschrot ausgelegt, können hier die Schnecken abends oder frühmorgens abgesammelt werden. Allerdings birgt das Anlocken mit Lieblingsspeisen (dazu gehören auch Bierfallen) immer die Gefahr, dass Schnecken von weit her angelockt werden, die sonst beim Nachbarn geblieben wären.

- Kaffeesatz um die Pflanzen hält Schnecken vom Fressen ab. Ebenso ist das Ausstreuen von trockenen Materialien wie Algenkalk, Holzasche und Gesteinsmehl um und auf die Pflanzen abschreckend. Beides sollte nach Regenfällen erneuert werden.

*Roggen- oder Weizenschrot lockt Schnecken an*

*Bei Dunkelheit Schnecken einsammeln*

*Schnecken suchen gerne tagsüber Unterschlupf unter Rhabarberblättern und Brettern*

*Um Schnecken abzuhalten, werden Holzasche, Gesteinsmehl und Algenkalk ringförmig um die Pflanzen gestreut. Dies muss nach jedem Regen wiederholt werden.*

- Schnecken haben eine feine Nase und lassen sich durch den Duft verschiedener Pflanzen abschrecken. Dazu gehören: Begonie, Pastinake, Knoblauch, Schafgarbe und Rainfarn. Diese werden entweder als Auszug über Pflanzen und Beete gegossen oder als ganze Pflanze zwischen den Reihen ausgelegt.
- Tote Schnecken niemals liegenlassen. Schnecken fressen auch Aas und werden davon angelockt.

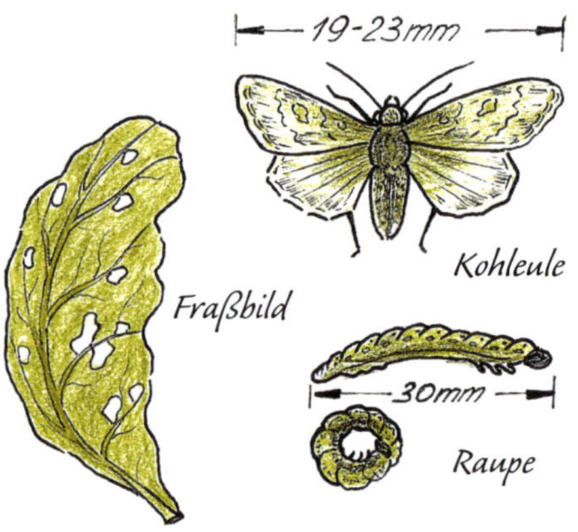


*Kohleule:*
*Die lichtscheuen Falter fliegen von Juni bis September. Die Eier werden einzeln an die Blätter der Kohlpflanze gelegt und deshalb oft übersehen*

## Erdraupen

Die Raupen verschiedener Nachtfalter fressen nachts und kriechen tagsüber in den Boden oder zwischen Blätter, was besonders bei Kohl unangenehm ist. Die Raupen werden bis 6 cm groß, sind grau bis braun und rollen sich ein, wenn sie gestört werden.

### Maßnahmen

- Mischkultur mit Tomate und Sellerie.
- Algenkalk stäuben.
- Rainfarn-, Wermuttee und andere stark riechende Kräuterauszüge zur Geruchsüberdeckung spritzen.
- Raupen absammeln. Man kann sie mit einer angefeuchteten Kleie-Zucker-Mischung ködern.
- Boden öfter 1 bis 2 Zentimeter tief hacken.
- Amseln fressen gerne Erdraupen.

## *Kleintiere und Nutzinsekten helfen bei der Schädlingsbekämpfung*

In einem naturnah gestalteten Garten finden vielerlei Kleintiere und Nutzinsekten Unterschlupf, deren Nahrung vorwiegend aus Schnecken, Larven, Schadinsekten, Mäusen und Ratten besteht (siehe Tab. S. 198). So wird mit der Zeit ein Gleichgewicht zwischen Schädlingen und Nützlingen hergestellt, was für ein gesundes Pflanzenwachstum förderlich ist.
Im Biogarten sind daher nachfolgende Tiere und Insekten gerne gesehen:

*Blindschleichen*
halten sich gern in Gebüschen und an böschigen Hängen auf. Die feuchte Wärme eines Komposthaufens wird besonders gern als Unterschlupf und Aufzuchtplatz für den Nachwuchs aufgenommen.

*Eidechsen*
bevorzugen einen trockenen und warmen Lebensraum. Steinhaufen in sonniger Lage sowie Trockenmauern sind ideale Aufenthaltsplätze für Eidechsen.

*Kröten*
mögen feuchte Gartenpartien. Gern halten sie sich unter dichtem Blattwuchs auf (z. B. Buschbohnen o.ä.). Zur Vermehrung sind natürliche Gewässer erforderlich.

*Salamander*
lieben feuchte Plätze mit Flachwasser. Sie sind nur nachts aktiv.

*Salamander*

*Spitzmaus*

*Spitzmäuse*
vertilgen pro Tag ihr Eigengewicht an Insekten, Larven und Schnecken. Reisig- und Laubhaufen werden als Unterschlupf angenommen.

*Fledermaus*

*Fledermäuse*
jagen nachts. Sie fressen Insekten (Wickler, Spanner, Schnaken u.a.), die am Tage von Vögeln nicht erwischt werden.

# *Biologische Schädlingsbekämpfung*

| | | *Hauptnahrung* | | | | | | | | | | | | | *Schutzmöglichkeiten* | | | | | | | | | | | | | |
|---|---|---|---|---|---|---|---|---|---|---|---|---|---|---|---|---|---|---|---|---|---|---|---|---|---|---|---|---|
| | | Ratten | Mäuse (⊕ Nestbeute) | Insekten | Nachtinsekten | Blattläuse | Insekteneier | Insektenlarven | Insektenpuppen | Milben | Schnecken | nur Nacktschnecken | Würmer | organische Abfälle | Standort schonen | Hecken, Gebüsch | alte Bäume erhalten | Reisighaufen o.ä. | Steinhaufen | frostfreier Winterschlafplatz | Wasserstellen | Kunstnester | Kunsthöhlen, Steine | Blumentopf mit Holzwolle | Boden nicht wenden | org. Düngung, Abdeckung | Hund und Katze fernhalten | giftfrei gärtnern |
| *Säugetiere* | Fledermaus | | | | ● | | | | | | | | | | ● | | ● | | | ● | | | ● | | | | ● | ● |
| | Igel | | ⊕ | | | | ● | | | | ● | | ● | | ● | ● | | ● | | | | | | | | | ● | ● |
| | Maulwurf | | | | | | | ● | ● | | | | ● | | | | | | | | | | | | | | | |
| | Spitzmaus | | ● | ● | | | | ● | | | ● | | | | ● | | | ● | | | | | | | | | ● | ● |
| | Mauswiesel | ● | ● | | | | | | | | | | | | | | | | ● | | | | | | | | | |
| *Vögel* | Gartengrasmücke | | | ● | | | | ● | | | | | | | ● | ● | | | | | | | | | | | ● | ● |
| | Gartenrotschwanz | | | ● | | | | ● | | | | | | | ● | ● | ● | | | | | | ● | | | | ● | ● |
| | Gartenspötter | | | ● | | | | ● | | | | | | | ● | ● | | | | | | | | | | | ● | ● |
| | Gr. Fliegenschnäpper | | | ● | | | | ● | | | | | | | ● | | ● | | | | | | ● | | | | ● | ● |
| | Hausrotschwanz | | | ● | | | | ● | | | | | | | ● | | | | ● | | | | ● | | | | ● | ● |
| | Mauersegler | | | ● | | | | | | | | | | | ● | | | | | | | | ● | | | | ● | ● |
| | Meise | | | ● | | | | ● | | | | | | | ● | | ● | | | | | | ● | | | | ● | ● |
| | Rotkehlchen | | | ● | | | | ● | | | | | | | ● | ● | ● | ● | | | ● | | ● | | | | ● | ● |
| | Schwalbe | | | ● | | | | | | | | | | | ● | | | | | | | ● | | | | | | ● |
| | Specht | | | ● | | | | ● | ● | | | | | | ● | | ● | | | | | | ● | | | | ● | ● |
| | Steinkauz | ● | ● | ● | | | | | | | | | | | ● | | ● | | | | | | ● | | | | | ● |
| | Wendehals | | | ● | | | | ● | | | | | | | ● | | ● | | | | | | ● | | | | ● | ● |
| | Zaunkönig | | | ● | | | | ● | | | | | | | ● | ● | ● | ● | | | | | | | | | ● | ● |
| *Lurche* | Blindschleiche | | | ● | | | | ● | | | | ● | ● | | ● | ● | | | ● | | | | | | ● | | ● | ● |
| | Zauneidechse | | | ● | | | | ● | | | ● | | ● | | ● | ● | | | ● | | | | | | ● | | ● | ● |
| | Bergmolch | | | | | | | ● | | | | ● | ● | | ● | ● | | | | | ● | | | | ● | | ● | ● |
| | Erdkröte | | | | | | | | | | | ● | ● | | ● | ● | | | ● | | ● | | | | ● | | ● | ● |
| | Gelbbauchunke | | | ● | | | | | | | | | | | ● | ● | | | | | ● | | | | ● | | ● | ● |
| | Grasfrosch | | | ● | | | | ● | | | | ● | ● | | ● | ● | | | | | ● | | | | | | ● | ● |
| *Gliederfüßler* | Florfliege (Larve) | | | | | ● | | | | | | | | | | | | | | | | | | | | | | ● |
| | Laufkäfer | | | | | | | ● | ● | | ● | | | | | | | | | | | | | | ● | | | ● |
| | Marienkäfer | | | | | ● | | | | | | | | | | | | | | | | | | | | | | ● |
| | Ohrwurm | | | ● | | ● | | | | | | | | | | | | | | | | | | ● | ● | | | ● |
| | Schlupfwespen | | | | | ● | ● | ● | ● | | | | | | | | | | | | | | | | | | | ● |
| | Schwebfliege (Larve) | | | | | ● | | | | | | | | | | | | | | | | | | | | | | ● |
| | Spinnen | | | ● | | | | ● | | | | | | | | | | | | | | | | | | | | ● |
| | Springschwänze | | | | | | | | | | | | | ● | | | | | | | | | | | ● | ● | | ● |
| | Wanzen (Versch.Art.) | | | | | ● | | ● | | ● | | | | | | | | | | | | | | | | | | ● |
| | Regenwurm | | | | | | | | | | | | | ● | | | | | | | | | | | ● | ● | | ● |

*Kleines Wiesel (Mauswiesel)*

*Igel*

## *Wiesel*

jagen besonders Wühlmäuse und Ratten. Reisig- und Steinhaufen gewähren ihnen Schutz.

## *Marienkäfer (Coccinellidae)*

überwintern und suchen im Frühling vorerst auf Wiesen und Brachland nach Blattläusen. Die Käfer sowie ihre Larven ernähren sich von Blattläusen. Eine Larve frisst 200 bis 600 Blattläuse bis zu ihrer Verpuppung. Es kommt in Mitteleuropa meist nur zu einer Generation auf einjährigen Kulturen, so dass Marienkäfer durch Insektizide, besonders im Frühling, stark der Dezimierung ausgesetzt sind.

*Siebenpunkt-Marienkäfer (Coccinella septempunctata)*

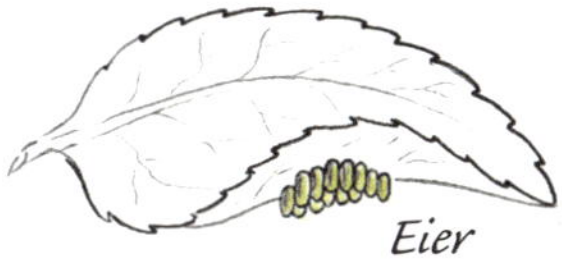

*Eier*

*Das aus 10 - 20 gelben, senkrecht stehenden, länglichen Eiern bestehende Gelege befindet sich auf der Blattunterseite*

*Larve*

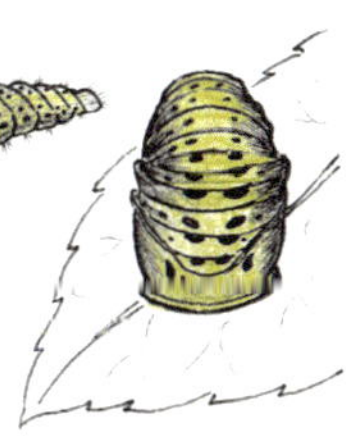

*Puppe*

## *Igel*

sind besonders nützlich. Ihre Nahrung besteht vorwiegend aus Raupen und Schnecken. Dichtes Unterholz, Reisig und Laubhaufen sowie Steinhöhlen bieten ihnen Unterkunft.

*Kreuzspinne 17 mm*

## *Spinnentiere*

Auch wenn Spinnen bei vielen Menschen unbeliebt sind, bei der Bekämpfung von Schadinsekten im Garten sind sie sehr nützlich. Beobachtungen haben ergeben, dass die Beute im Netz der Kreuzspinne z.B. zu etwa 80 % aus geflügelten Blattläusen besteht. Eine Kreuzspinne vertilgt im Jahr etwa 2 kg Insekten. Nicht alle Spinnen bauen Fangnetze. Einige Arten jagen ihre Beute oder springen sie an. Auch Spinnmilben (kleiner als 1 mm) sind sehr nützlich: Sie sind der größte Feind der schädlichen Roten Spinne.

# Nutzinsekten

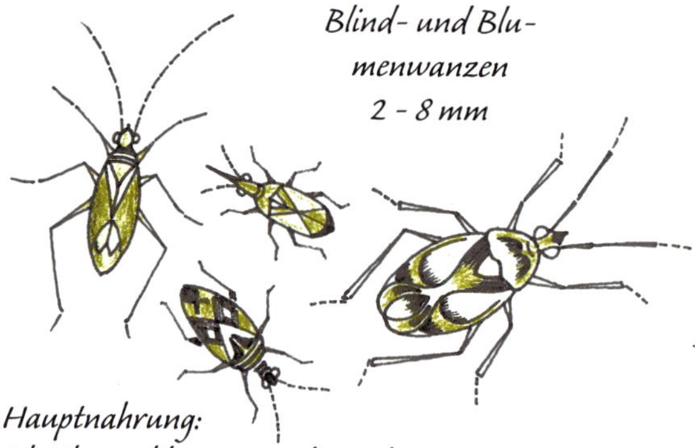

Blind- und Blumenwanzen
2 - 8 mm

Hauptnahrung:
Blattläuse, blattsaugende Insekten, Spinnmilben und kleine Raupen

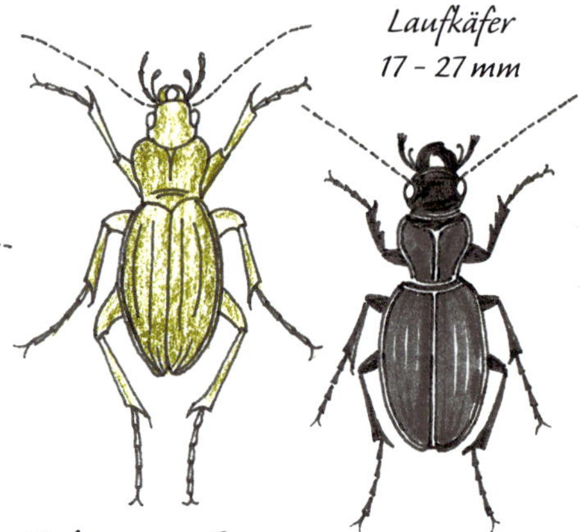

Laufkäfer
17 - 27 mm

Sie fressen große Mengen von Larven, Puppen, Raupen und Schnecken

Schwebfliege
10 - 12 mm

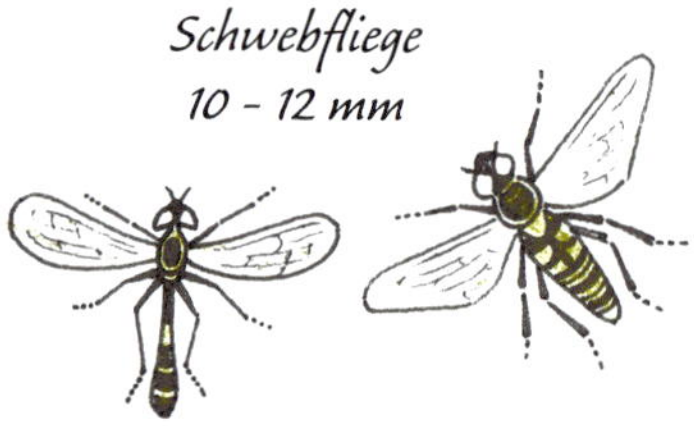

Die Schwebfliege ernährt sich von Blütennektar. Nützlinge sind die Larven. Sie verzehren bis zu ihrer Verpuppung 200 - 800 Blattläuse

Schlupfwespe
14 - 18 mm

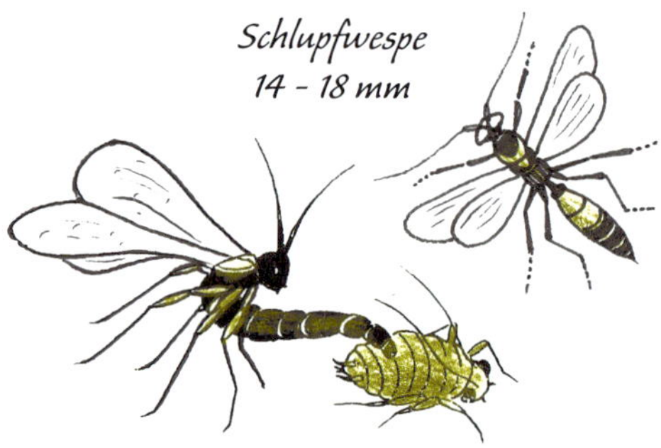

Ein Weibchen belegt bis zu 1000 Blattläuse mit ihren Eiern

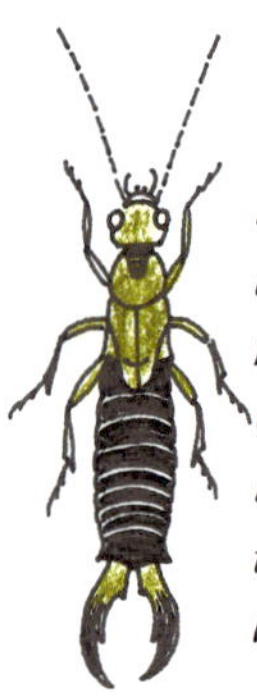

Ohrwurm
14 - 23 mm

Der Ohrwurm ist ein Nachträuber. Er lebt von Insekten. Besonders gern tritt er in Blattlauskolonien auf

Florfliege
15 mm

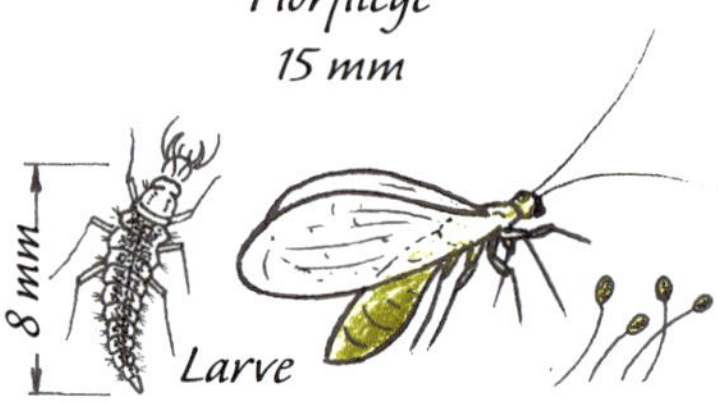


Die Larve der Florfliege lebt von Blattläusen und anderen Schädlingen

Marienkäfer
5 - 8 mm

Die Käfer und ihre Larven ernähren sich vorwiegend von Blattläusen

Soldatenkäfer
15 mm

Er ernährt sich von Insekten und anderen Schädlingen

Glühwürmchen
12 - 18 mm

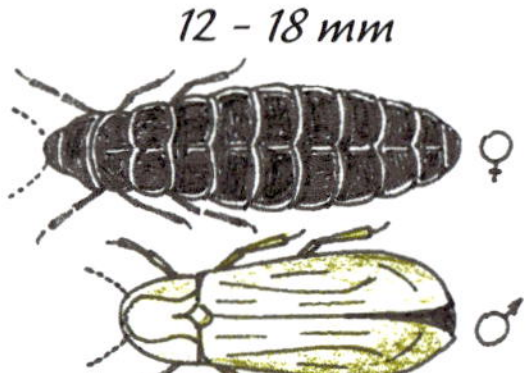


Die Larve lebt von Schnecken

Erzwespe
(Zehrwespe)
2 mm

Die Larve lebt von Schild- und Blutläusen

# Hilfs- und Pflegemittel für die Pflanzen

Neben den vielen käuflichen Pflanzenstärkungs- und -schutzmitteln speziell für den naturnahen Anbau (siehe Seite 221) gibt es eine Reihe von Kräuterzubereitungen, die selbst hergestellt werden können. Nachfolgend werden die verschiedenen Zubereitungsarten kurz beschrieben. Da die benutzten Töpfe schwer zu reinigen sind, ist es sinnvoll, einen Extratopf dafür zu reservieren, am besten aus Edelstahl.

### *Kaltwasserauszug*

Frische oder getrocknete Kräuter maximal 12 – 24 Stunden in kaltem Wasser ziehen lassen und sofort verwenden.

### *Brühe*

Frische oder getrocknete Kräuter 24 Stunden in kaltem Wasser ziehen lassen, dann zum Kochen bringen und 20 Minuten leicht köcheln, abkühlen lassen und innerhalb von zwei Tagen verbrauchen.

### *Jauche*

Grüne Pflanzenteile in einem mit Regenwasser gefüllten Behälter (Holz oder Kunststoff) einweichen. Deckel lose auflegen und die Jauche täglich umrühren. Solange es beim Rühren schäumt, ist die Jauche in Gärung. Erst danach kann sie als Dünger (unbedingt verdünnen) im Wurzelbereich der Pflanzen angewendet werden.

### *Tee*

Frische oder getrocknete Kräuter mit heißem Wasser übergießen, 24 Stunden ziehen lassen und innerhalb von zwei Tagen verbrauchen.

## Käufliche Hilfs- und Pflegemittel

Von Algenextrakten und Bakterien bis Wermut und Zeolith sind viele Pflanzenhilfsmittel erhältlich. Allen gemeinsam ist, dass sie die Grundversorgung mit Dünger ergänzen und gesundes Wachstum und Stärkung des Pflanzengewebes fördern. Sie werden auf die Blätter gespritzt, auf Baumstämme gestrichen oder in den Wurzelbereich gegossen. Das unterstützt die Widerstandskraft gegen Krankheiten und Schädlinge, auch bei ungünstiger Witterung. Auf dem Markt sind fermentierte Mittel auf Kräuter- oder Mikroorganismenbasis, Pulver auf Basis von Algen- oder Gesteinsmehl und anderes mehr. Sie begleiten die Pflanze von der Aussaat bis zur Ernte.

# *Spritzplan für Jauchen und Brühen aus Kräutern*

| | | *Anwendung* | | |
|---|---|---|---|---|
| *Kräuter* | *Konzentration* | *Zeit* | *Ort* | *Zweck* |
| *Brennnessel*<br>Vergorene Jauche | 1 kg frische Brennnessel in 5 l Wasser 20fach verdünnen | Ganzjährig | Pflanze | Insektenabwehr und Kräftigung der Pflanzen |
| | 10fach verdünnen | Ganzjährig | Boden | |
| Gärende Jauche 4-5 Tage alt | 1 kg frische oder 250 g getrocknete Brennnessel auf 5 l Wasser 10fach verdünnen | Ganzjährig | Pflanze<br>Pflanze | Bei Läusebefall oder auch als Beigabe zum Kompost (grüne Pflanzen sind wirksamer) |
| *Acker-schachtelhalm*<br>Brühe oder Tee | 1kg frischer oder 150 g getrockneter Ackerschachtelhalm in 10 l Wasser 5fach verdünnen. Auch in Kombination mit Brennnessel möglich | Im Frühjahr und mehrmals im Sommer, vormittags bei Sonne | Pflanze<br>Boden<br>Laub | Stärkung der Pflanze. Bei Pilzkrankheiten wie Schorf, Rost, falschem und echtem Mehltau, Monilia, auch bei Kräuselkrankheit |
| *Rainfarn*<br>Jauche oder Brühe bzw. Tee | 300 g frisches Material auf 10 l Wasser unverdünnt | Winter<br>Sommer | Pflanze | Gegen Schädlinge wie z. B. Blattwespe, Erdbeerblütenstecher, Himbeerkäfer, Brombeermilbe u.a. |
| | 2fach verdünnt | Nachblütenspritzung | Pflanze | |
| | 1,5fach verdünnt | Herbstspritzung | Pflanze | |
| *Farnkraut*<br>Jauche und Brühe | 1kg frisches oder 100 g trockenes Material in 10 l Wasser als Jauche oder Brühe, unverdünnt | Winter<br>Frühjahr<br>Ganzjährig | Pflanze u. Boden | Gegen Schild-, Schmier- und Blutläuse |
| *Löwenzahn*<br>Jauche, Brühe oder Tee | 1,5 - 2 kg frisches oder 150 - 200 g getrocknetes Material in 10 l Wasser, unverdünnt | Frühjahr und Herbst | Pflanze und Boden | Wachstumsanregung, Qualitätsverbesserung, auch als Beigabe zum Kompost |
| Auch Zwiebelschalen, Kamille, Wermut u.v.a. können in ähnlicher Form verwendet werden | | | | |

# Kräuterbrühen und -jauchen

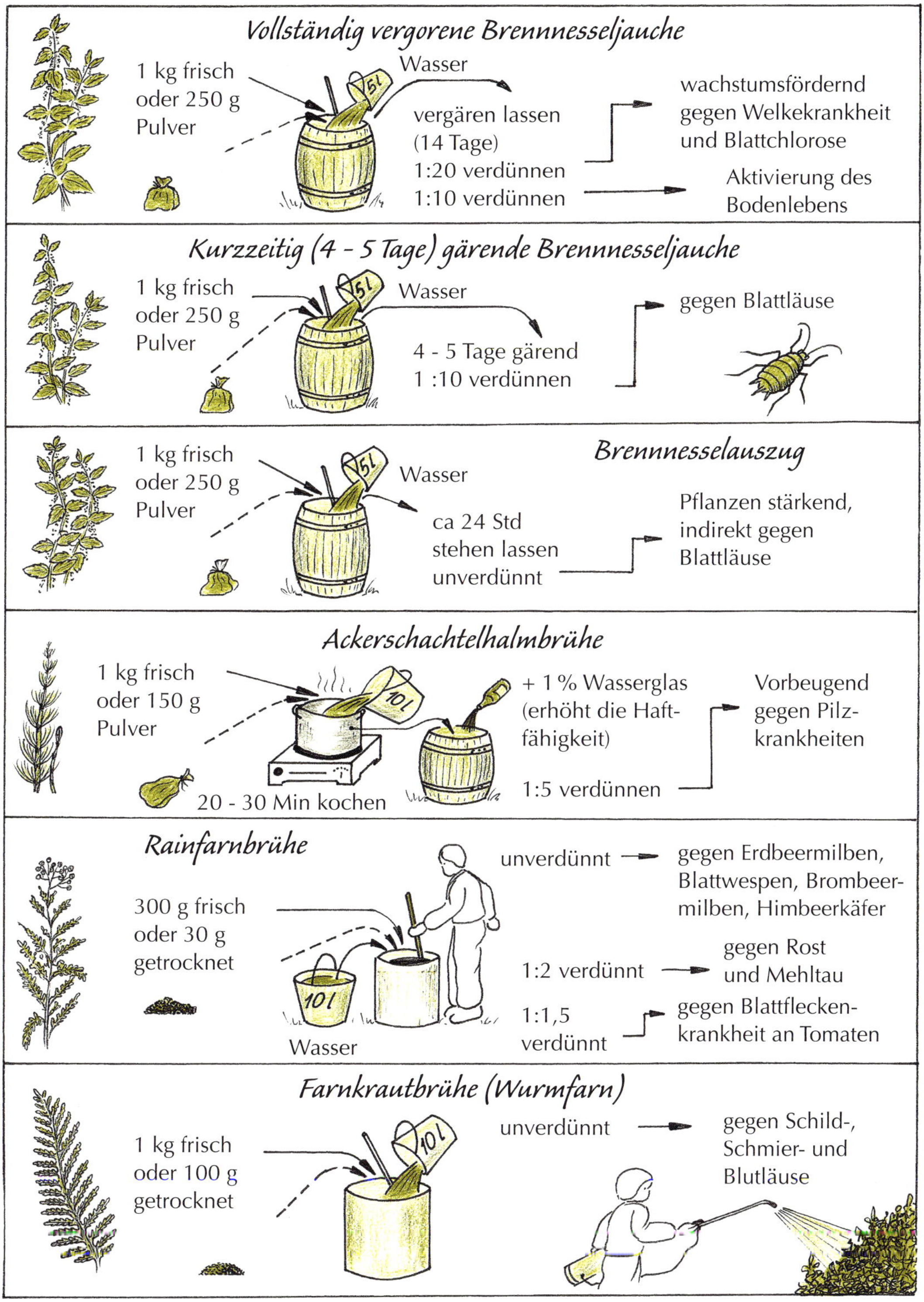

# Kräuterbrühen und -jauchen

## Meerrettichtee

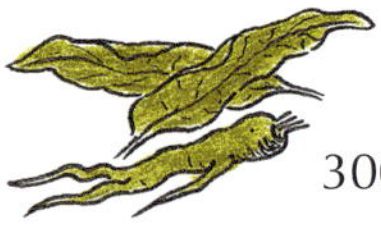

300 g

Wasser

unverdünnt → gegen Monilia

## Rhabarbertee

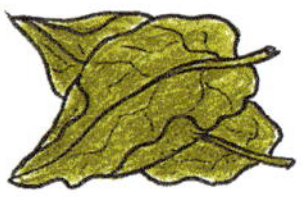

500 g frisch

Wasser

unverdünnt → gegen Lauchmotte und Bohnenblattlaus

## Knoblauch-Zwiebeltee

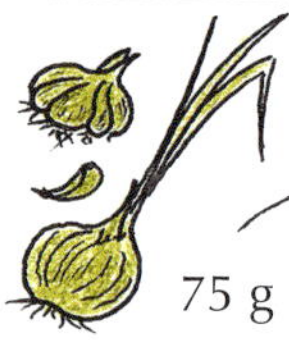

75 g

Knollen zerhackt

Anfang Mai 3x im Abstand von 3 Tagen spritzen

unverdünnt → gegen Erdbeermilben, Milben, Pilzkrankheiten

## Quassiabrühe

150 g

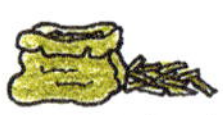

Quassiaholz, in Drogerien erhältlich

Wasser

20 Min kochen

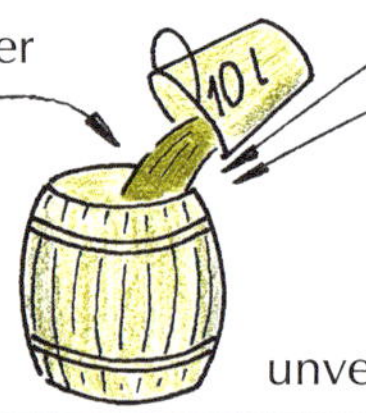


2 l Schachtelhalmtee

250 g Schmierseife

unverdünnt → gegen Blattläuse und andere Insekten

## Pilzbekämpfungsjauche

Zwiebel, Knoblauch, Sauerampfer, Blätter von Schwarzer Johannisbeere

Schalen und Blätter

500 g frisch oder 200 g getrocknet

Wasser

1:10 verdünnt → wirkt kräftigend, gegen Pilzkrankheiten z. B. bei Erdbeere und Kartoffel

## Tomatenauszug und -jauche

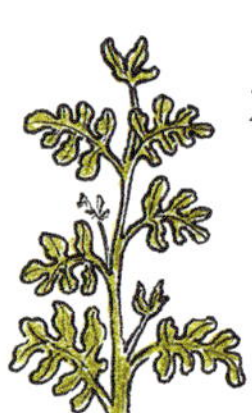

2 Handvoll

Wasser

2 Std ziehen lassen

unverdünnt → über die Pflanze gegen den Kohlweißling

verjaucht

1:10 verdünnt → wachstumsfördernd bei Tomaten

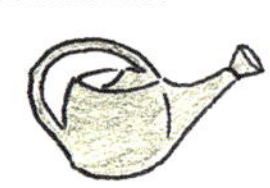

## Wermutjauche

300 g frisch oder 30 g getrocknet

Wasser

unverdünnt → gegen Ameisen, Raupen, Läuse, Säulenrost an Johannisbeeren

(evtl. 1 % Wasserglas beimischen)

# *Nichtpflanzliche schädlingsabwehrende Mittel*

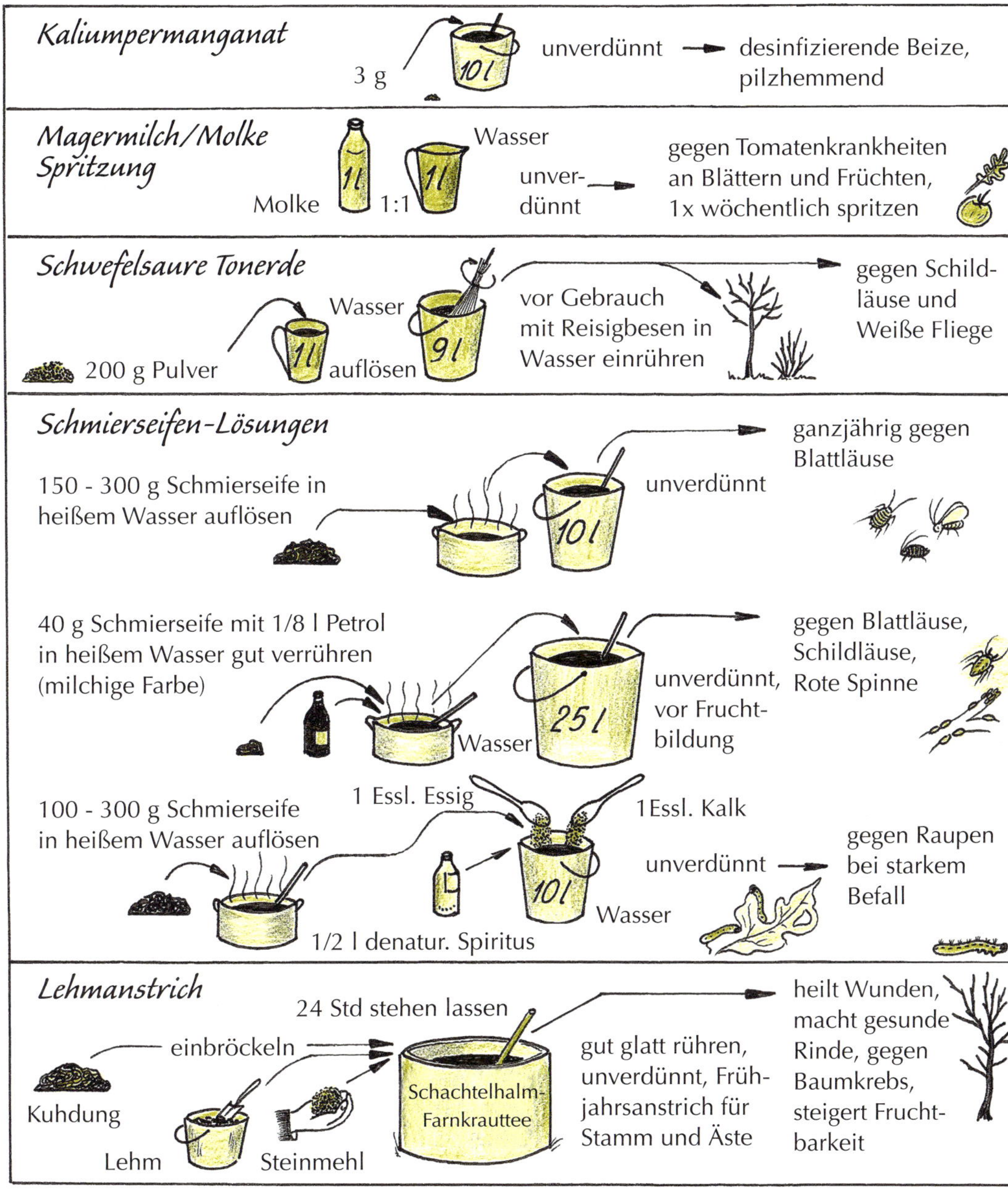

# 10. Unterkünfte für Nützlinge

Sehr schnell werden sich in einem biologisch bewirtschafteten Garten zahlreiche Vögel einfinden, die hier unter der Mulchschicht oder auf der Wiese Nahrung finden. Um die Vögel im Garten zu halten, sollte man ihnen Unterkunfts- und Nistmöglichkeiten anbieten. Schließlich vertilgt ein Meisenpaar jährlich mit seiner zweimaligen Brut etwa 40 kg Schadinsekten. Auch andere Vögel wie Schwalben, Kleiber, Braunelle, Rotschwanz, Baumläufer, Zaunkönig, Rotkehlchen, Grasmücke, Eulen, Greifvögel und viele mehr helfen bei der Dezimierung der Schädlinge.

Die passenden Unterkünfte für die verschiedenen Vogelarten, für Ohrwürmer, Marienkäfer, Laufkäfer und andere Nutzinsekten, sowie für Fledermäuse, Igel, Spitzmäuse, Mauswiesel, Kröten, Eidechsen, Spinnen und weitere Schädlingsvertilger werden in diesem Kapitel vorgestellt. Genaue Bauanleitungen machen den Nachbau der Unterkünfte einfach. Nistkästen müssen nach jeder Brutperiode gesäubert werden. Vögel benutzen Nester nur einmal, für die nächste Brut wird wieder ein neues Nest gebaut.

*Ein Meisenpaar vertilgt jährlich mit seiner zweimaligen Brut ca. 40 kg Schadinsekten*

*Nistkasten für Höhlenbrüter: Kohlmeise, Blaumeise, Gartenrotschwanz, Kleiber u.a.*

*Fluglochdurchmesser für Kleinmeisen 26 mm, sonst 32 mm*

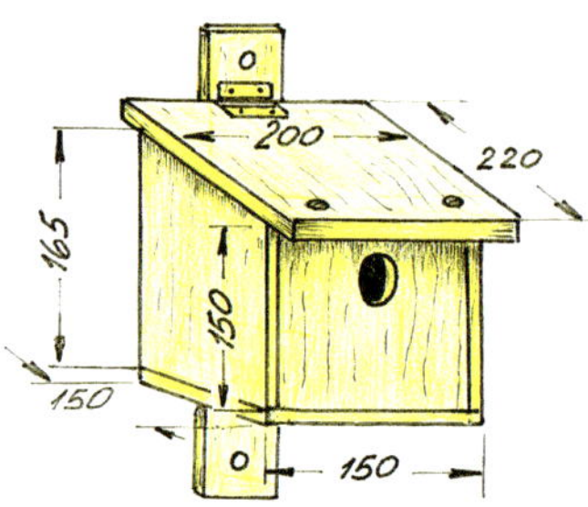

*Anbringung der Nistkästen: 2 Stück pro 100 m² Fläche, Aufhänghöhe 2 - 2,5 m, Flugloch nach Südosten*

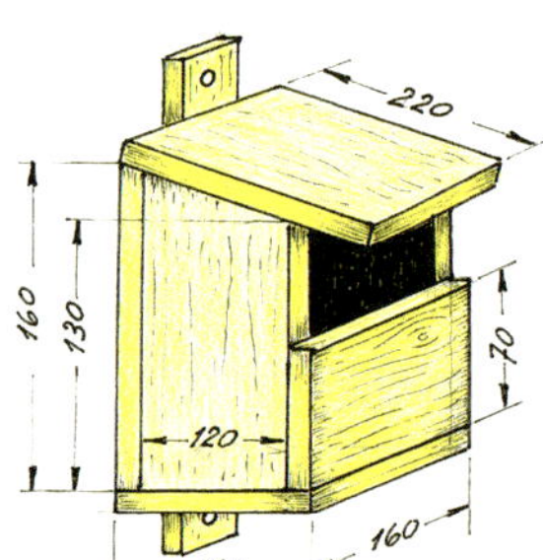


*Nistkasten für Nischenbrüter: Hausrotschwanz, Bachstelze, Grauschnäpper, vereinzelt auch Rotkehlchen und Zaunkönig*

# Bauanleitung Nistkasten für Höhlenbrüter

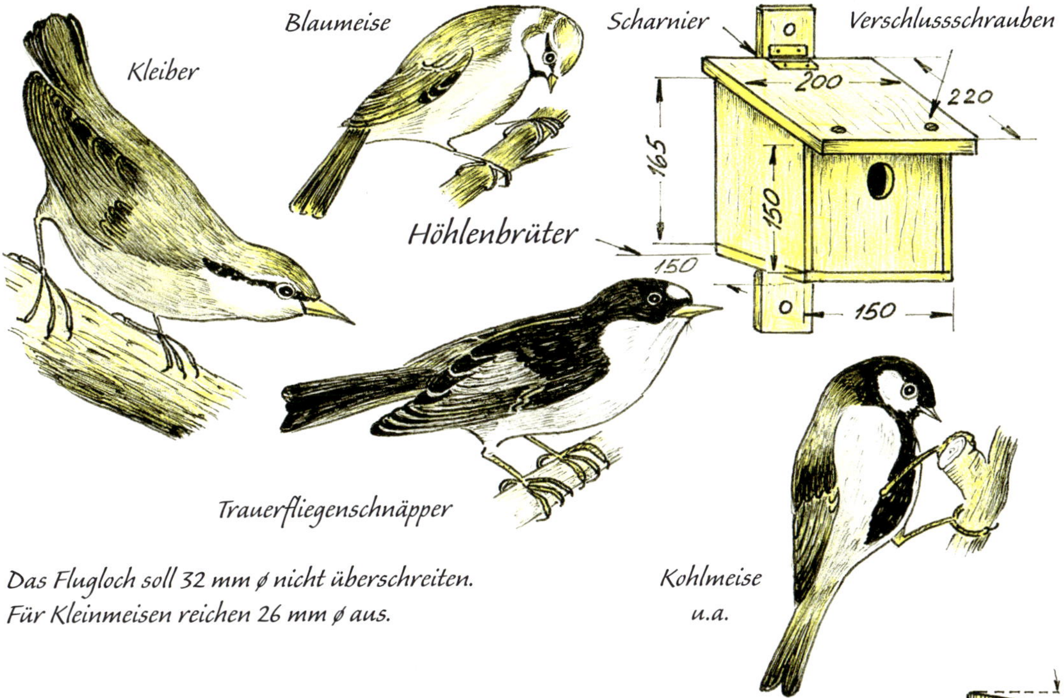


Das Flugloch soll 32 mm ø nicht überschreiten.
Für Kleinmeisen reichen 26 mm ø aus.

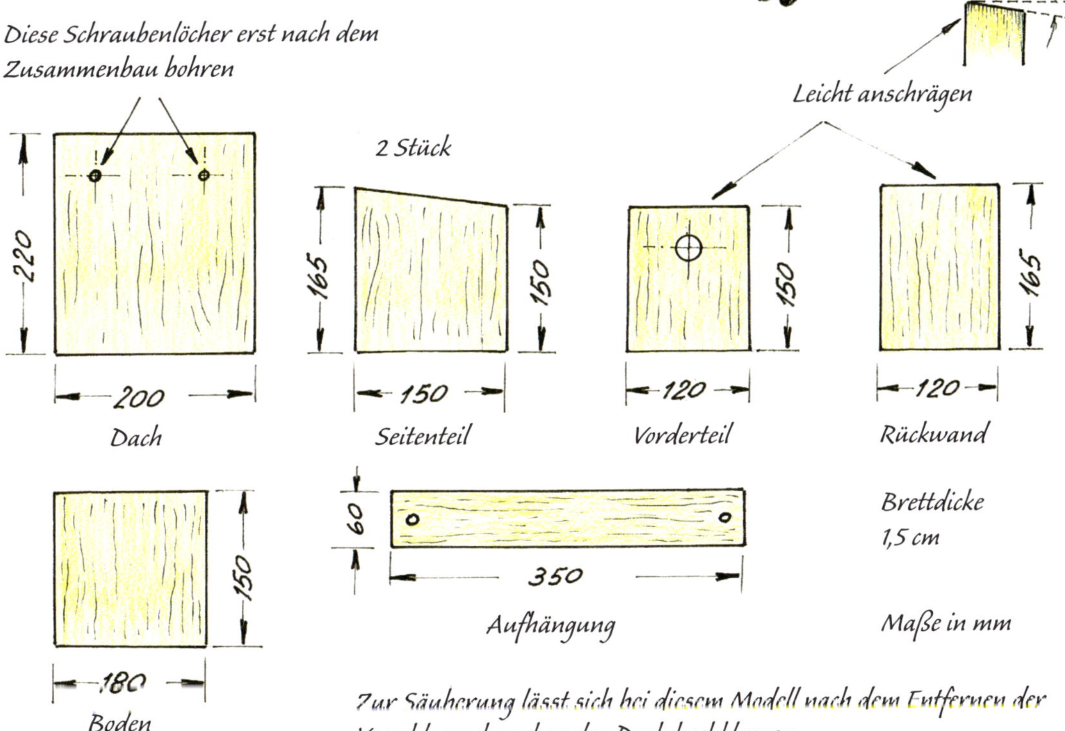


Zur Säuberung lässt sich bei diesem Modell nach dem Entfernen der Verschlussschrauben das Dach hochklappen.

# Bauanleitung Freihängender Nistkasten

*(für Höhlenbrüter)*

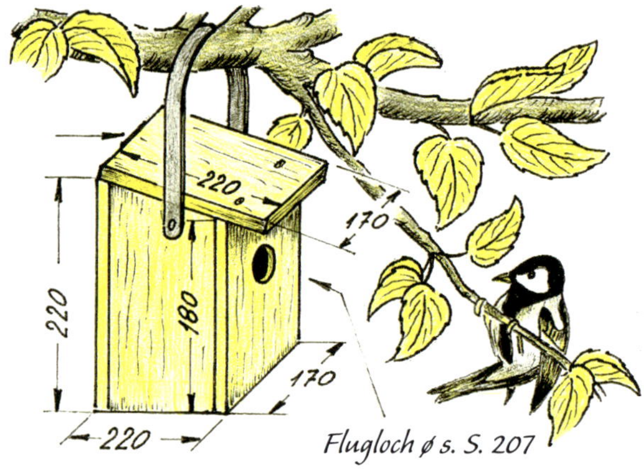

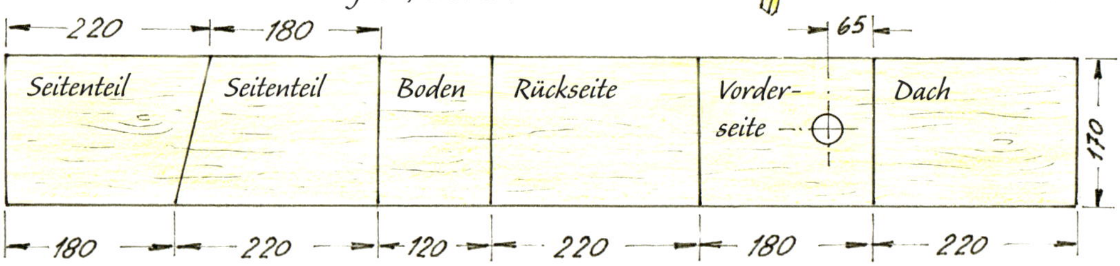


*Alle Teile werden aus einer Brettlänge von 114 cm gesägt*

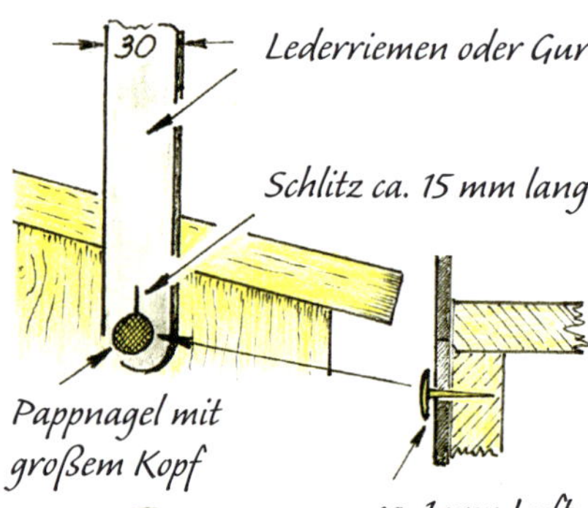


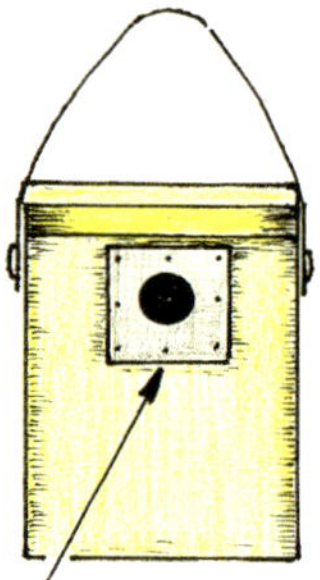


Durch den Schlitz im Aufhängeband lässt sich der Nistkasten mühelos an jedem Ast auf- und auch wieder abhängen.

Wer in seiner Gartennähe Spechte heimisch hat oder in Waldnähe wohnt, sollte das Flugloch zusätzlich mit einem Spechtschutz versehen. Spechte hacken gern am Flugloch, um es zu vergrößern. (Im Wald ist dieser Spechtschutz an Nistkästen oft zu sehen.).

Nistkästen und Halbhöhlen werden zwischen 1,5 bis 3 m hoch aufgehängt.

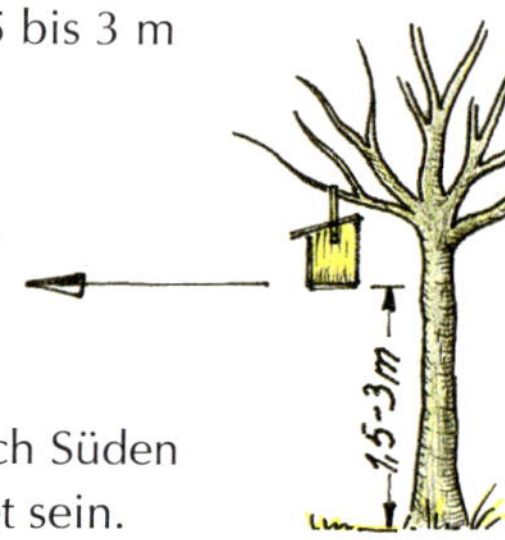


Das Flugloch soll nach Süden bis Südosten gerichtet sein.

# Bauanleitung Halbhöhle

Nischenbrüter

Grauer Fliegen-schnäpper

Gartenrotschwanz

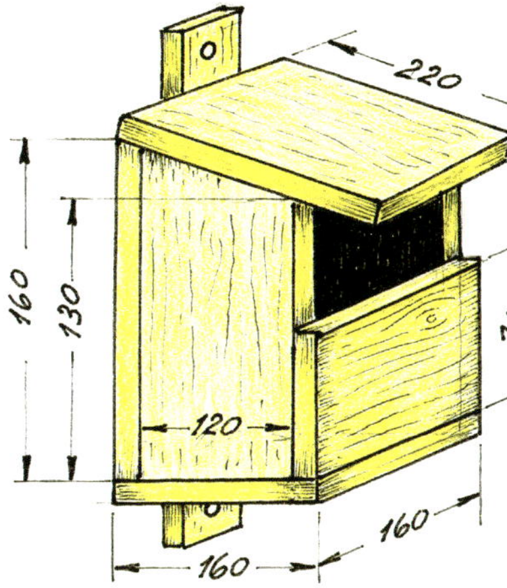


Maße in mm

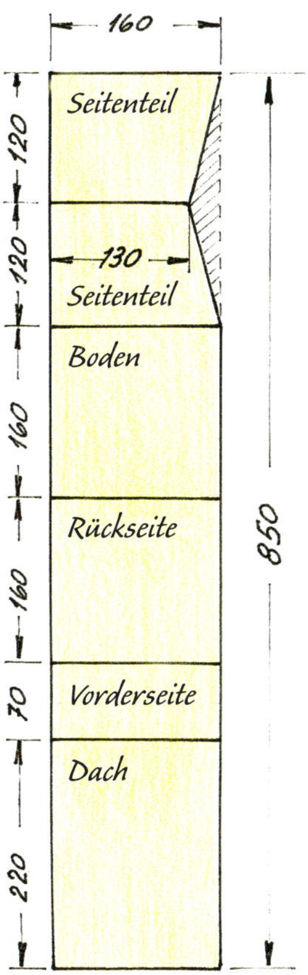


Die Maße beziehen sich auf eine Brettdicke von 2 cm

Bachstelze
u.a.

Auch Halbhöhlen können mit einem Aufhängeband aus-gerüstet und freihängend angebracht werden

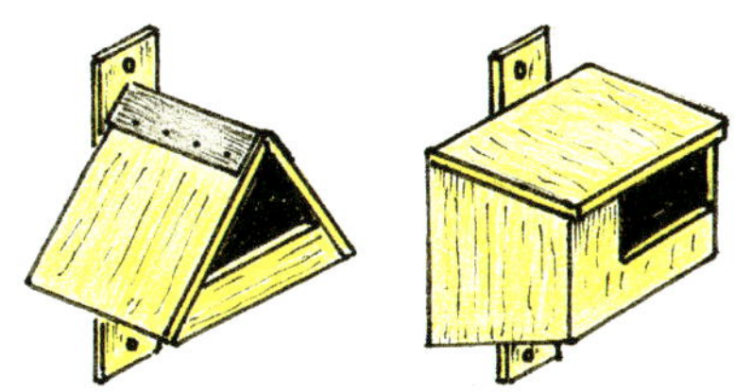

Andere Modelle von Halbhöhlen

Befestigung an der Hauswand

Aufhängung

Mauerlöcher und Aussparungen (Niststeine) an den Hauswänden werden gern von Nischenbrütern als Nistplatz angenommen

# Die Vogellaube

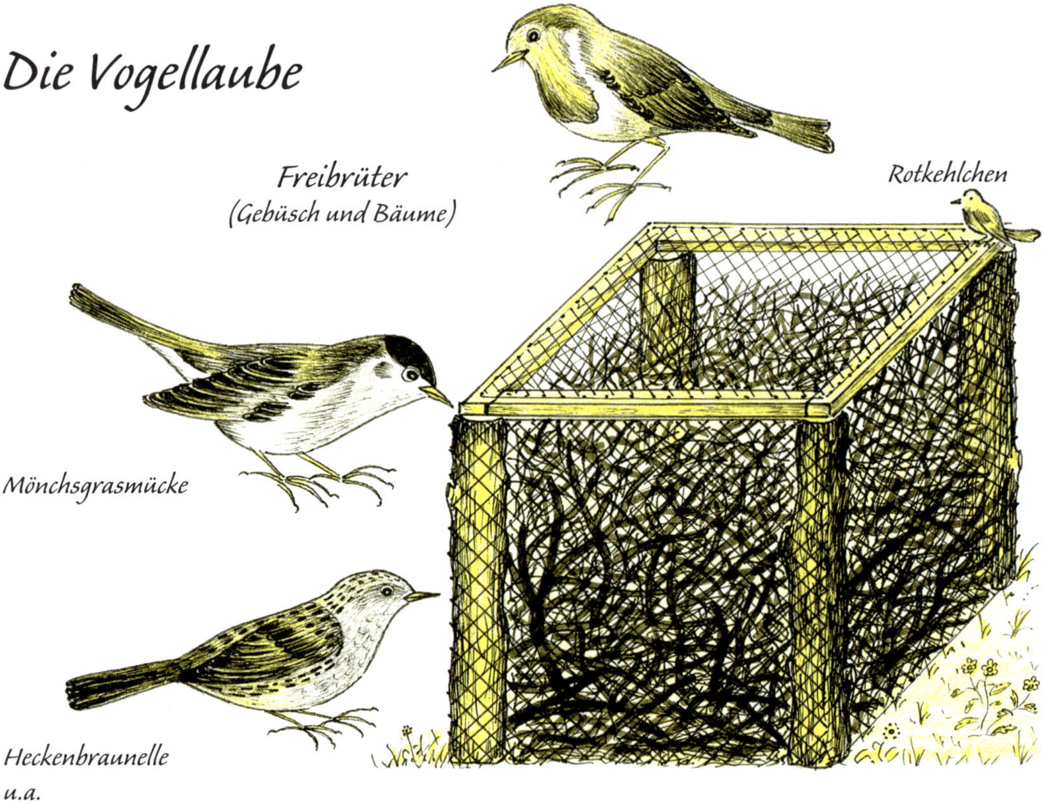


Diese Vogellaube sollte dort aufgestellt werden, wo (noch) nicht genug Gebüsch vorhanden ist, z. B. in Neubaugebieten. Das etwa einen Kubikmeter umfassende Gestell wird mit Reisig, Zweigen und Geäst aufgefüllt und mit einem Maschendraht (Maschenweite 5 cm) umspannt. So kommen zwar Vögel, aber nicht Katzen in die Laube hinein (oben).
Eine weitere Anregung zum Nestbau für Freibrüter ist das Zusammenbinden von Zweigen zu Nestquirlen in Hecken und Gebüschen (links).

*Gebundene Nestquirle regen Freibrüter zum Nestbau an wie:*
*Nachtigall, Rotkehlchen, Mönchsgrasmücke, Girlitz, Heckenbraunelle, Buchfink u.v.m..*
*In die Nähe der Nistgelegenheit kann Nistmaterial gehängt und gelegt werden wie Heu, Stroh, Laub, Federn, Wolle, Haare, Papierschnitzel u.v.m.*

# Eine Nisthilfe für Schleiereulen

Früher hatte jeden Scheune eine „Ulenflucht". In den heutigen modernen Scheunen gibt es leider für Schleiereulen kaum noch Nistgelegenheiten. Als besonders geeignete Nisthilfe hat sich der hier abgebildete Brutkasten bewährt, der auch als Tagesschlafplatz benutzt werden kann. Der Kasten wird innerhalb eines ruhigen Gebäudes an der Giebelwand befestigt und sollte in Scheunen mit einem Flugloch zum Innenraum des Gebäudes ausgerüstet sein. Die Aufhängehöhe beträgt mindestens drei Meter.

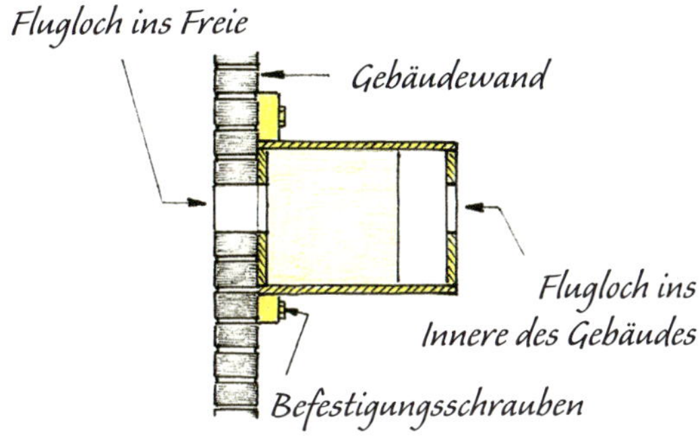

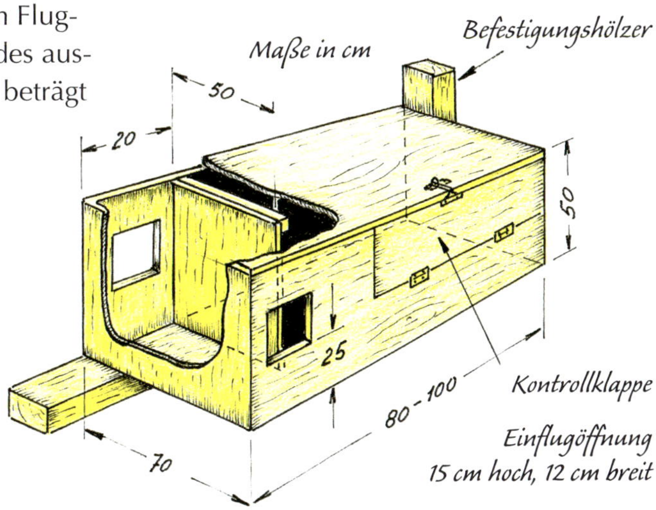


# Niströhre für Steinkäuze

*Der Steinkauz ist ein Brutvogel ortsnaher Obstgärten mit alten hohlen Bäumen.*

*Alte hohle Bäume sind in unserer Landschaft selten anzutreffen, deshalb macht es Sinn, eine künstliche Nisthöhle zu bauen.*

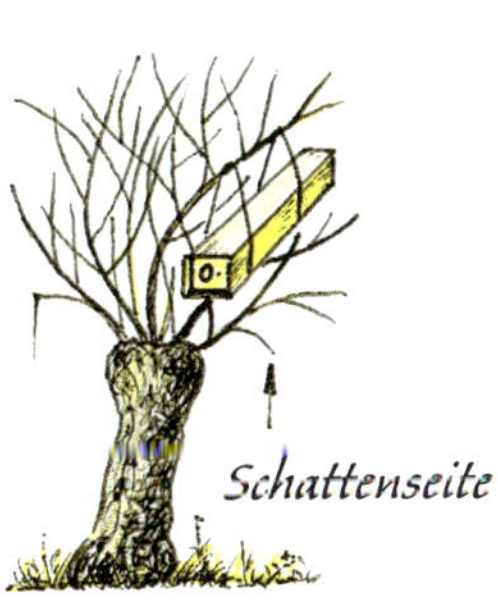


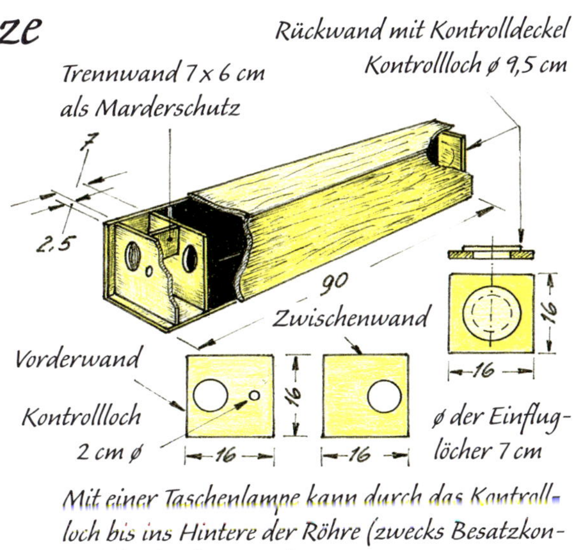


*Mit einer Taschenlampe kann durch das Kontrollloch bis ins Hintere der Röhre (zwecks Besatzkontrolle) geleuchtet werden.*

# Weitere Nistgelegenheiten

Nistkästen für Wald- und Gartenbaumläufer haben einen Einflugspalt, der dicht am Stamm liegt. Geeignete Bäume für diese Vögel haben eine raue Rinde, unter der sich allerlei Insekten finden lassen.

Maße in mm

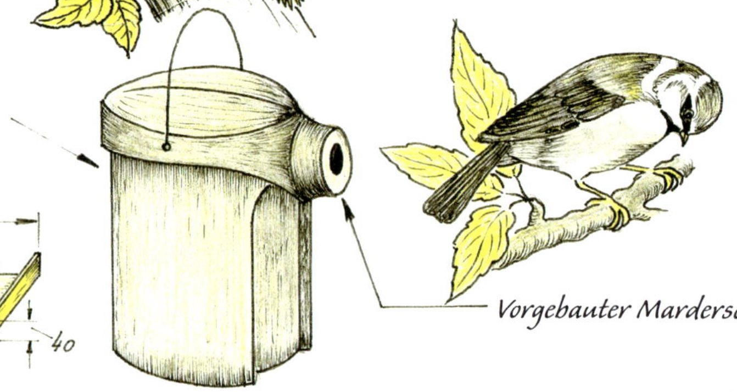

Vorgebauter Marderschutz

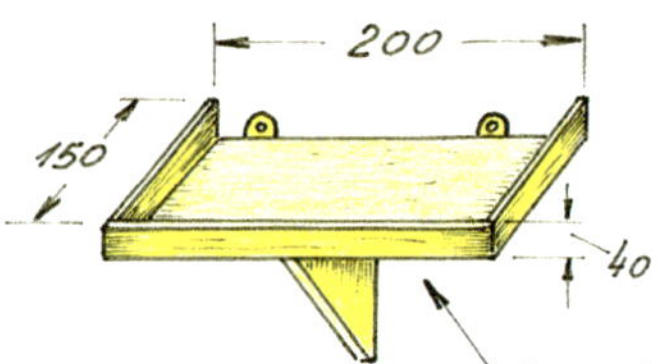


Nestbrett für Rauchschwalben

Kunstnester für Rauchschwalben

Kunstnest für Rauchschwalben

Mehlschwalben bauen ihre kugelförmigen Nester in Kolonien an den Außenwänden von Gebäuden unter den Dachtraufen. Rauchschwalben brüten einzeln innerhalb von Gebäuden. Da beide Arten es sehr schwer haben, in unserer aufgeräumten Landschaft noch genügend Nestbaumaterial in Schlammpfützen zu finden, sollte man mit im Handel erhältlichen Kunstnestern aushelfen.

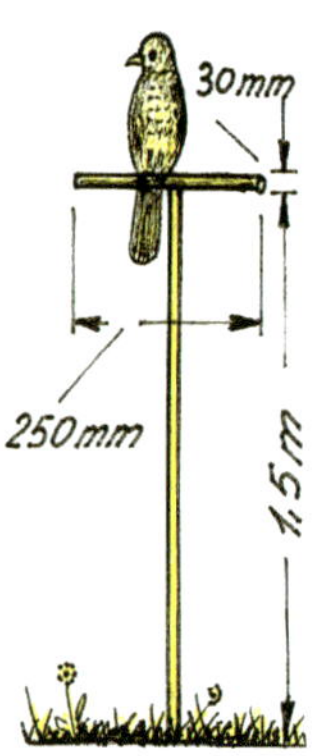


Sitzkrücke für den Mäusebussard

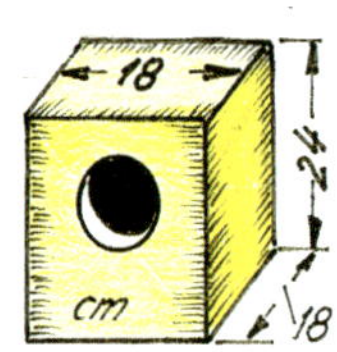


Niststein zum Einbau in Mauern. Loch ø 10 mm

# Katzenschutz für Nistkästen

Ein Katzenschutz ist sinnvoll, um am Stamm befestigte Nistkästen vor Katzen zu schützen. Er kann leicht angefertigt werden. Die Anzahl der Glieder ist abhängig von der Stammdicke des zu schützenden Baumes. Nach dem Anlegen des Schutzringes werden die Drahtenden ringsherum um etwa 45° abgespreizt. Damit Katzen wirksam abgehalten werden, muss der Katzenschutz mindestens 1,20 m hoch angebracht werden. Er sollte aber auf jeden Fall für spielende Kinder unerreichbar sein (Verletzungsgefahr).

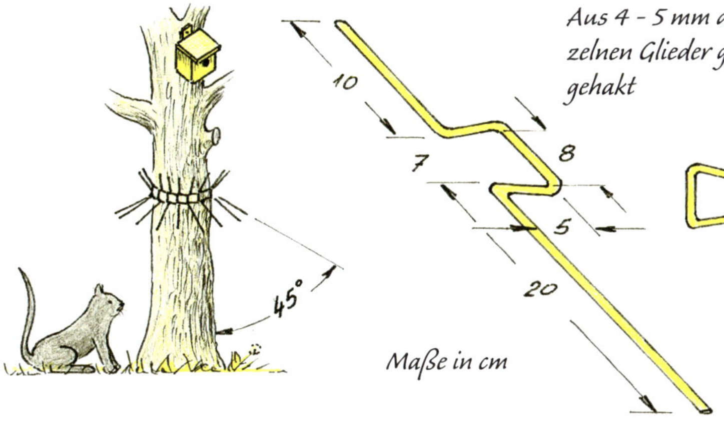


*Aus 4 - 5 mm dickem Zaundraht werden die einzelnen Glieder gebogen und aneinander gehakt*

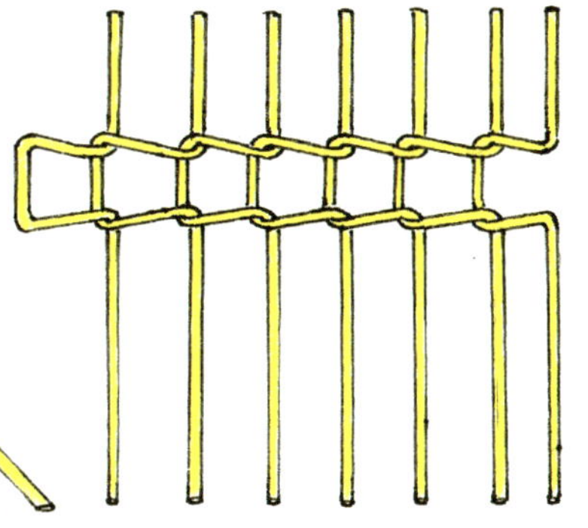

# Vogelbad und Tränke

Vögel baden gern, und das nicht nur bei warmem Wetter. Ein Vogelbad, das auch gleichzeitig als Tränke dient, ist mit Hilfe einer starken Verpackungsfolie schnell gebaut. Das Bad sollte an einer freien, übersichtlichen Stelle angelegt werden, damit sich Katzen nicht in der Nähe verstecken können. Zum Anflug und Trocknen der Gefieder dienen einige in den Boden gesteckte, laubfreie Äste.

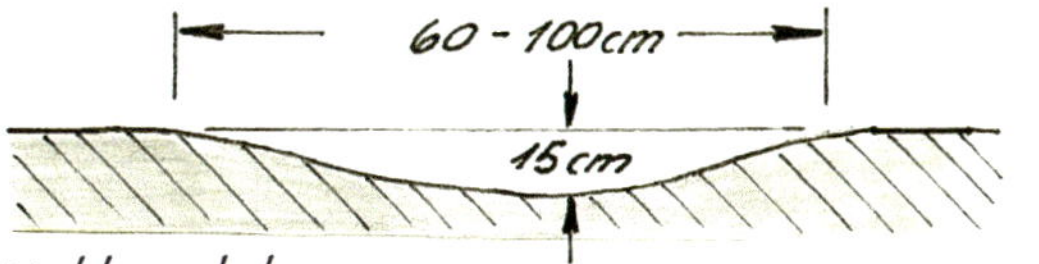


*Mulde ausheben ...*

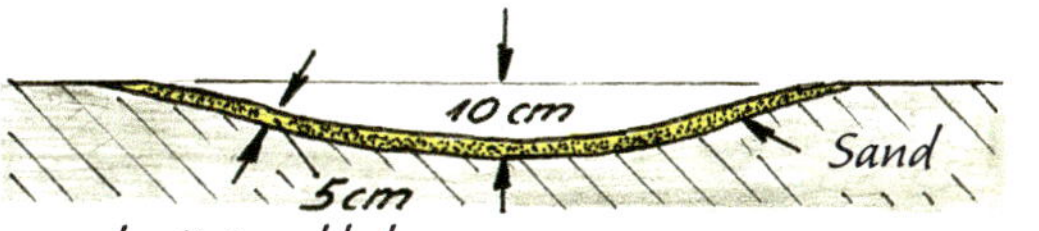


*... und mit Sand belegen.*

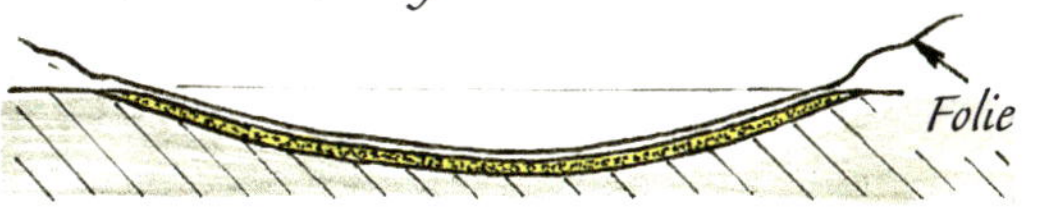


*Folie einlegen.*

*Rand mit Steinen und Sand abdecken. Wasser einlassen.*

# Einige Insektenunterkünfte

Bei der biologischen Schädlingsbehandlung sind einige Nutzinsekten von großer Bedeutung. Für sie sollten passende Unterkünfte bereitgestellt werden.
Die Insektenbehausungen werden je nach Art aufgehängt oder an geeigneter Stelle ausgelegt. Alle nicht in Kolonien lebenden Insekten wie z. B. Hautflügler, Netzflügler und Zweiflügler nehmen diese Unterschlüpfe gerne an.

Schwebfliegen

Florfliege

Erzwespe (Zehrwespe)

Schlupfwespen

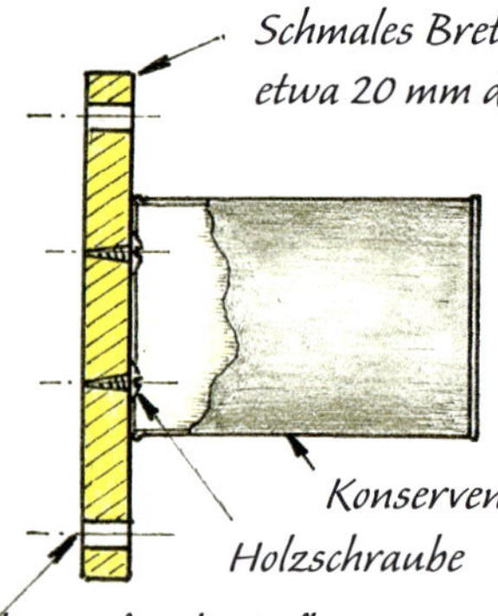


Hohlstängel aus Pflanzenmaterial unterschiedlicher Dicke

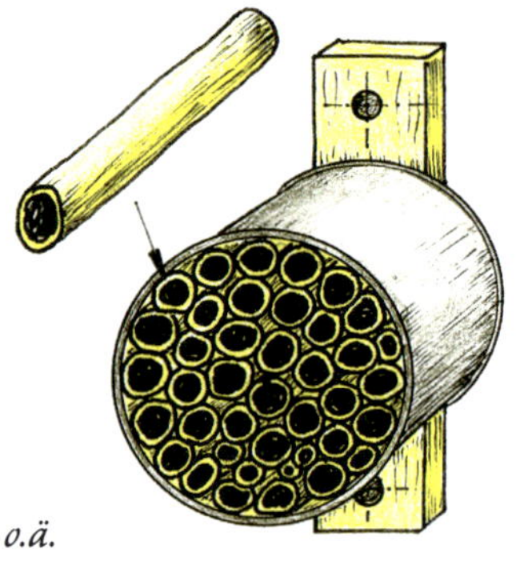

Die Konservendose o.ä. wird mit Hohlstängeln stramm ausgefüllt

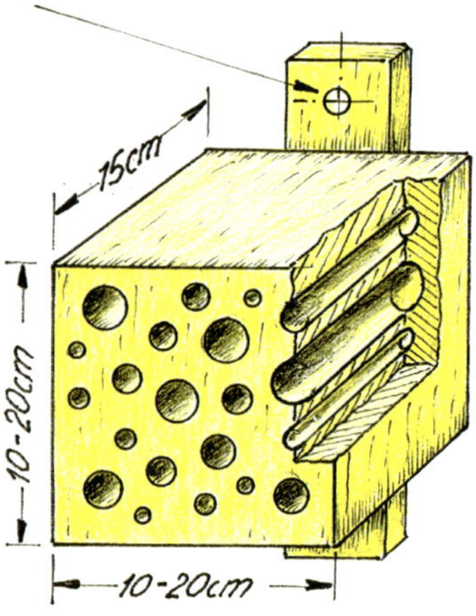


Holzblock mit unterschiedlich großen Löchern (von 6 - 12 mm ø)

Baumstammenden werden von beiden Seiten etwa 12 cm tief angebohrt

# Bauanleitung Igelhöhle

Früher überwinterten Igel oft in hohlen Bäumen, Holzstößen oder offenen Schuppen. Diese Überwinterungsmöglichkeiten sind vielerorts nicht mehr vorhanden. Igel sind in Biogärten gerne gesehene Schädlingsbekämpfer. Ein Winterquartier kann einfach bereitgestellt werden.

An einem ruhigen Platz, etwa unter Büschen, wird die Steinhöhle so aufgebaut, dass die Öffnung nach Süden bis Westen zeigt. Wenn möglich sollte der Standort leicht erhöht liegen, damit sich bei Dauerregen kein Wasser im Schlafraum sammeln kann.

*Steinhöhle*
*Das Fundament oder auch Gerüst dieser Steinhöhle bildet die unten abgebildete Holzkiste.*

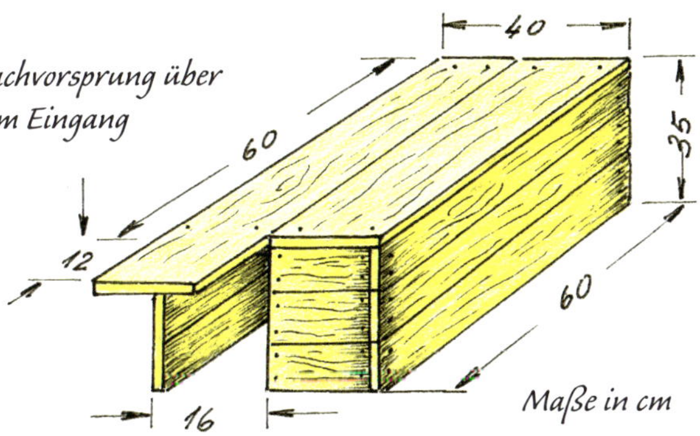


*Nach diesen Maßen wird aus 2 cm dicken Brettern (keine Spanplatte) der Innenraum angefertigt. Einen Boden erhält die Kiste nicht.*
*Igel sind sehr geruchsempfindlich. Deshalb auf keinen Fall Holzschutzmittel verwenden.*

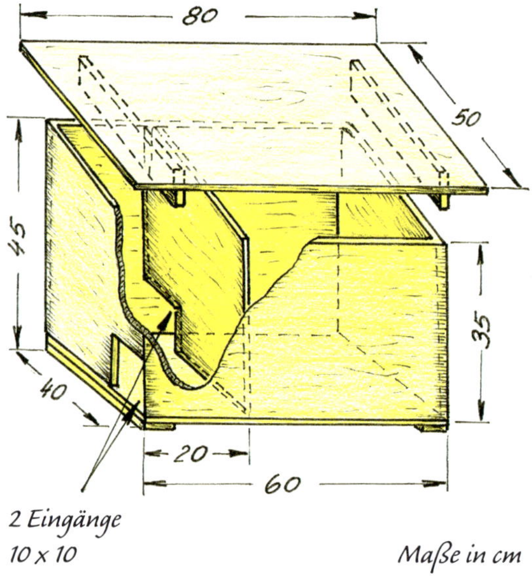


*Igelhaus mit abnehmbarem Dach*

In der Steinhöhle braucht kein Nistmaterial vorhanden zu sein, das besorgt sich der Igel selbst. Es muss nur etwas Brauchbares in der Nähe herumliegen, beliebt sind Heu und Stroh.
Gärten ohne Buschwerk und Gestrüpp sind nicht igelfreundlich. Ebenso Gärten, in denen chemische Pflanzenschutzmittel eingesetzt werden. Gibt es im Garten verwilderte Ecken, finden sich Igel von selbst ein und werden heimisch. Igel benötigen viel Wasser (keine Milch!), um ihren Durst zu stillen, das häufig erneuert werden muss und immer an der gleichen Stelle stehen soll.

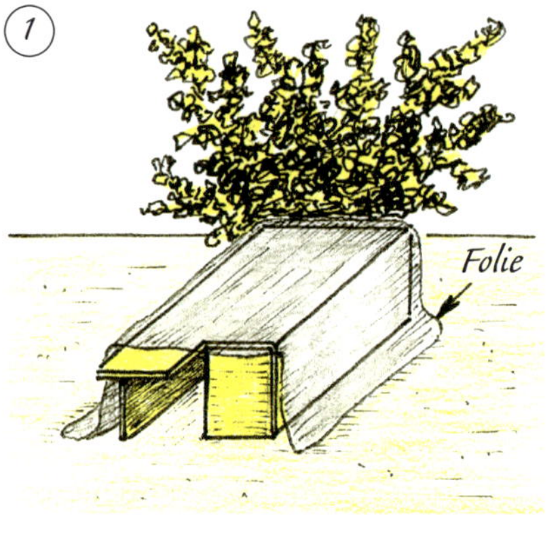


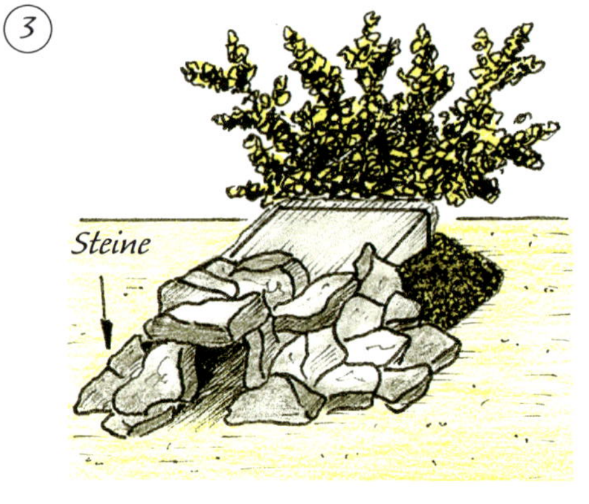


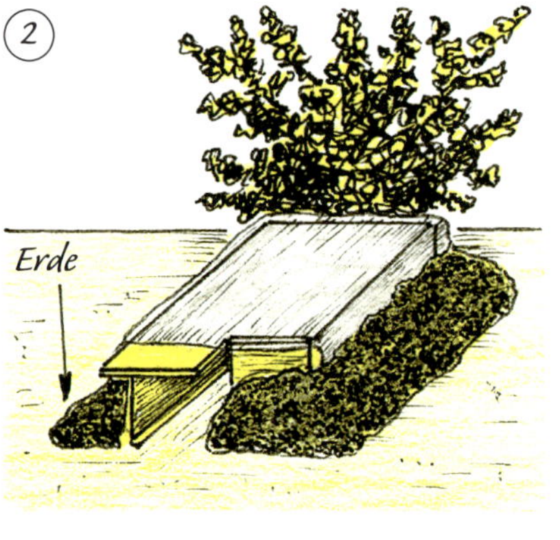


1 *Kiste mit Folie abdecken, damit vom Dach kein Wasser in die Höhle tropfen kann.*

2 *Ringsherum Erde anhäufen, dadurch bekommen die Steine einen guten Halt.*

3 *Steine aufschichten und der Höhle eine schöne Form geben. Nur Natursteine verarbeiten.*

# Bauanleitung Fledermauskasten

Fledermäuse jagen nachts nach Insekten und fangen damit die Insekten, die von den Vögeln tagsüber nicht erwischt werden.

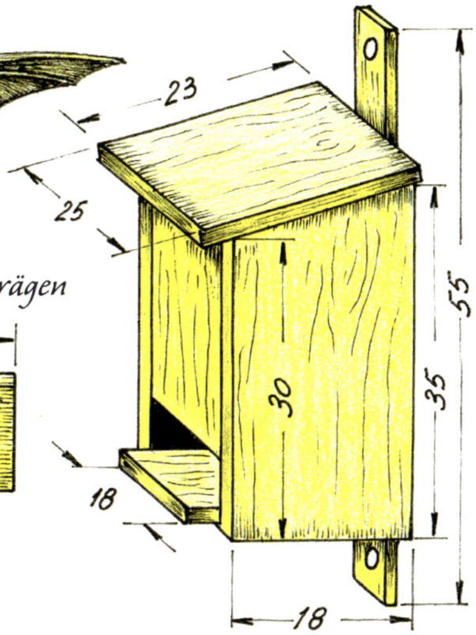


8 mm anschrägen

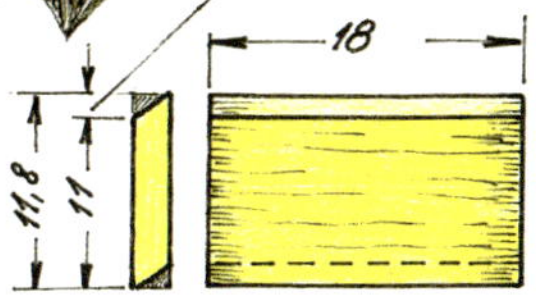


Einschlüpfbrett

Längsschnitt durch den Kasten

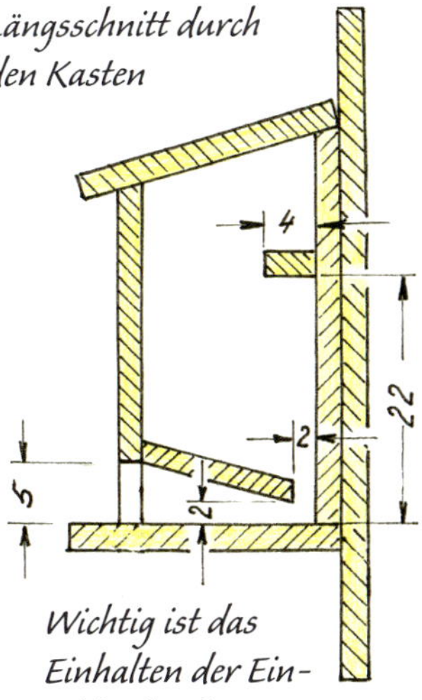


Alle Teile aus 2 cm dicken, ungehobelten Brettern

Wichtig ist das Einhalten der Einschlupfmaße

Maße in cm

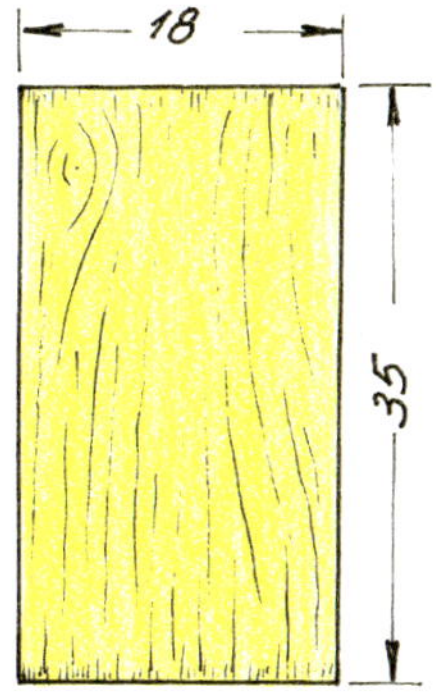


Rückwand

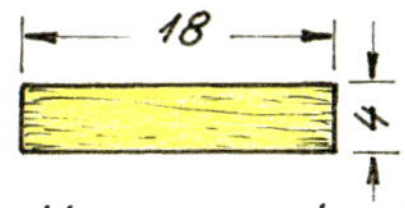


Anklammerungsbrett

2 Stück

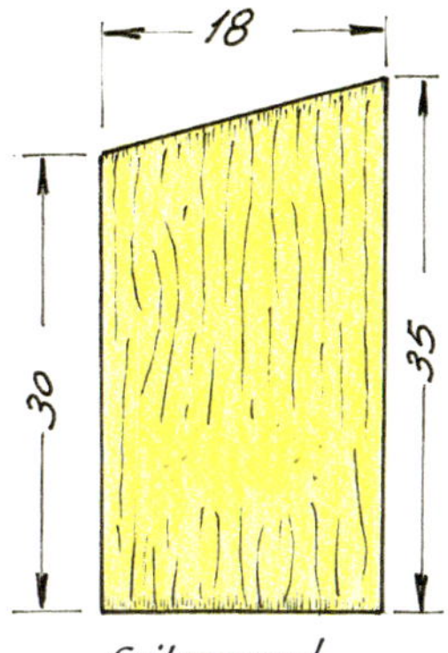


Seitenwand

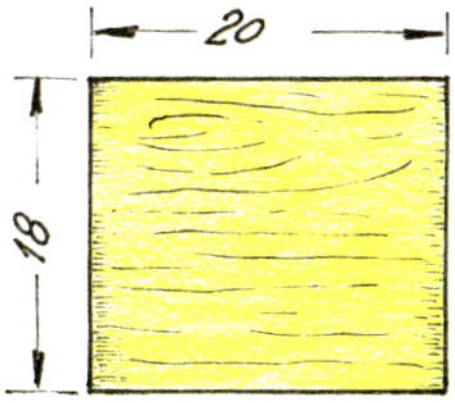


Boden

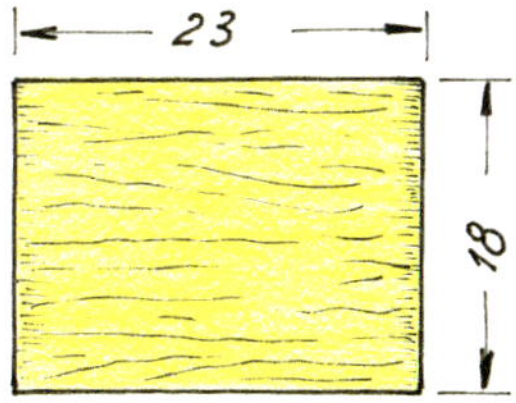


Vorderwand

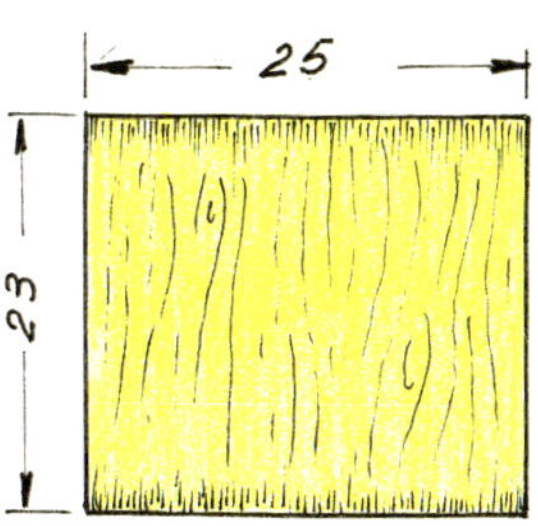


Dach

Der Kasten sollte innen rau sein, damit die Tiere sich gut anklammern können. Aufgehängt wird er an einer windgeschützten Stelle, zwei bis sechs Meter hoch, mit dem Einschlupfloch nach Süden bis Südwesten.
Fledermäuse brauchen einen freien Anflug zu ihren Quartieren. Dichte Baumbestände sind daher als Hängeplatz ungeeignet.

# Steinhaufen

Steinhaufen im Garten sind durch das Wärmespeichervermögen der Steine und die vielen Hohlräume im Inneren des Haufens ein idealer Lebensraum für viele Tiere.

Kröten, Blindschleichen, Laufkäfer, Eidechsen, Spitzmäuse und noch viele andere Tiere finden sich bald nach der Errichtung des Haufens von selbst ein. Mit ein wenig Glück richtet sich auch ein Mauswiesel häuslich ein.

Als Steinmaterial sind Steine, die in der näheren Umgebung in freier Natur vorkommen, die richtige Wahl. Einige knorrige, dickere Äste werden in den Steinhaufen mit eingestapelt. So entstehen schöne Hohlräume, von denen recht viele vorhanden sein sollen.

Auch Gehäuseschnecken suchen hier gerne Unterschlupf. Viele dieser Schnecken fressen die Eier von Nacktschnecken.

*Grundfläche des Steinhaufens nicht unter 1 m², je größer, desto besser*

# Ohrwurmbehausungen

Ohrwürmer sind nachtaktiv und ernähren sich unter anderem auch von Blattläusen. Mit einem transportablen Unterschlupf lassen sich die kleinen Helfer dahin bringen, wo sie zur Blattlausbekämpfung gebraucht werden.

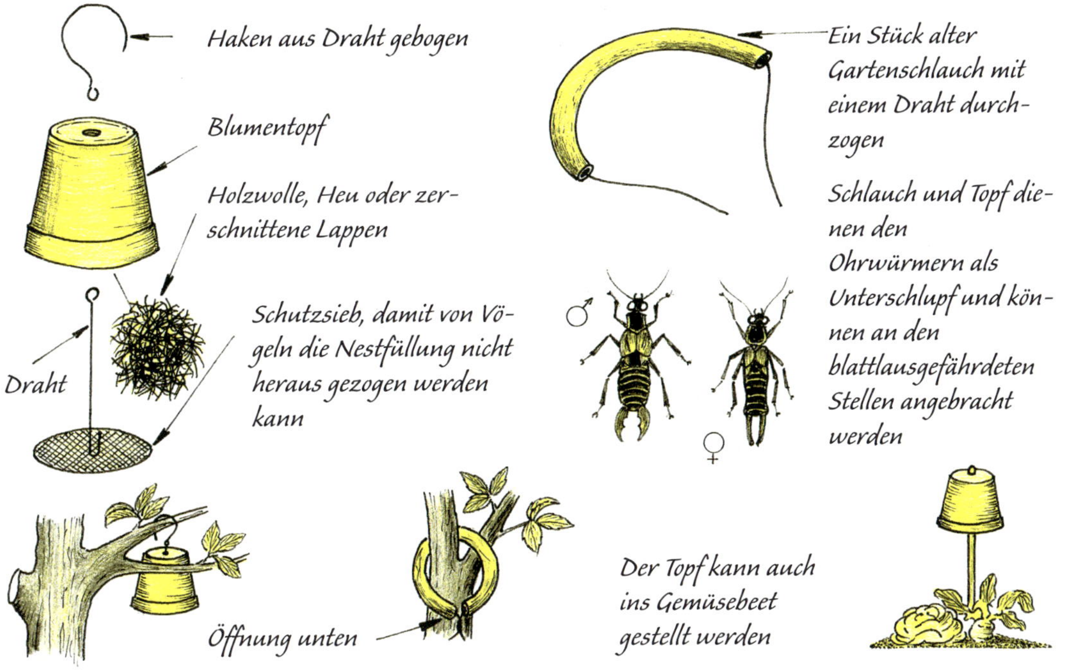


# Winterquartier für Marienkäfer

Am liebsten überwintern Marienkäfer in alten, vermoosten Baumstümpfen und Holzstämmen mit loser Rinde. Solch ein Platz ist im Garten oft nicht vorhanden. Ein dichtgepackter Reisighaufen mit einem Kern aus alter Baumrinde und etwas Moos wird gern von Marienkäfern angenommen. Hier überwintern sie oft in großen Scharen. Ebenfalls beliebt sind auf dem Beet verbliebene Staudenreste, in denen sich Herbstlaub verfangen hat, deshalb das Zurückschneiden der Stauden am besten auf das Frühjahr verschieben.

# Die Vogelfütterung im Winterquartier

Die natürliche Vogelfütterung ist auf jeden Fall der künstlichen vorzuziehen. Eine intakte Natur bietet den Vögeln auch im Winter einen reichlich gedeckten Tisch. Hier eine kleine Auswahl an Futterpflanzen, die auch im Winter für die gefiederten Gartenhelfer Nahrung bereithalten. Das Problem der Winterfütterung wäre schon gelöst, wenn es statt Rasen mehr Naturwiese gäbe und statt der eintönigen Koniferen auch viele einheimische Heckensträucher ihren Platz in den Gärten hätten. Für die Zufütterung im Winter an Futterhäuschen und ähnlichem gilt es einige Regeln zu beachten, falsch verstandene Naturliebe schadet mehr als sie nützt. Heimische Standvögel werden mit der kalten Jahreszeit meist gut fertig. Nur in extrem kalten und schneereichen Wintern ist eine Fütterung nötig.
Eine zwar gut gemeinte, aber falsch verstandene Tierliebe bei der Winterfütterung wirkt sich sehr nachteilig auf die natürlichen Regelkreise der Natur aus.
Das stetige und reichliche Füttern lockt viele Vögel aus ihren angestammten Revieren (in Wald und Flur) in die Nähe der Häuser. Die Folge ist ein verstärktes Auftreten von Insekten in den verlassenen Revieren. Durch die leicht erreichbare Nahrung werden die Vögel träge und halten sich nur noch in der Nähe der Futterplätze auf. Sie bekommen Übergewicht und werden krankheitsanfällig (z. B. für Salmonellen). Im Frühjahr sterben dann viele Vögel.

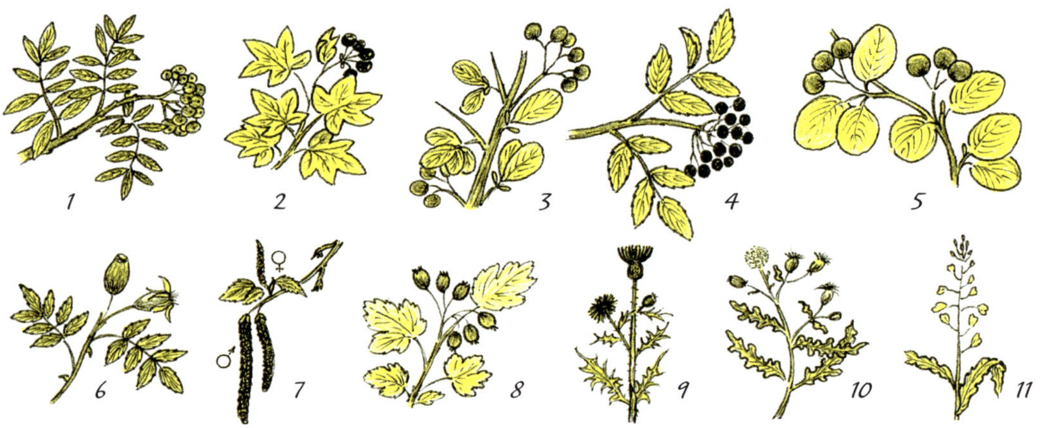


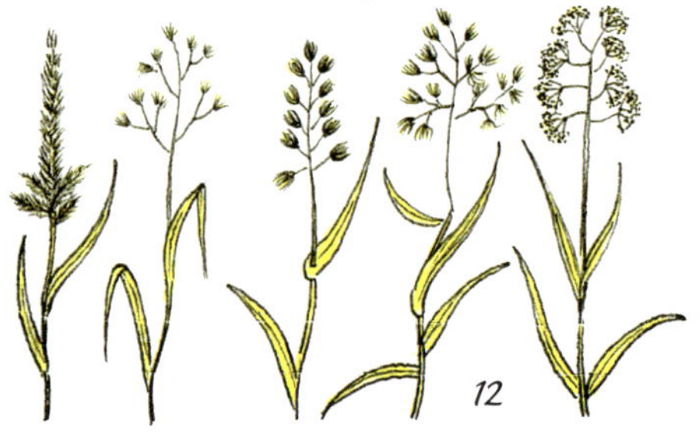


1 *Eberesche*
2 *Efeu*
3 *Feuerdorn*
4 *Holunder*
5 *Zwergmispel*
6 *Heckenrose*
7 *Birke*
8 *Weißdorn*
9 *Distel*
10 *Greiskraut*
11 *Hirtentäschel*
12 *Verschiedene Gräser*

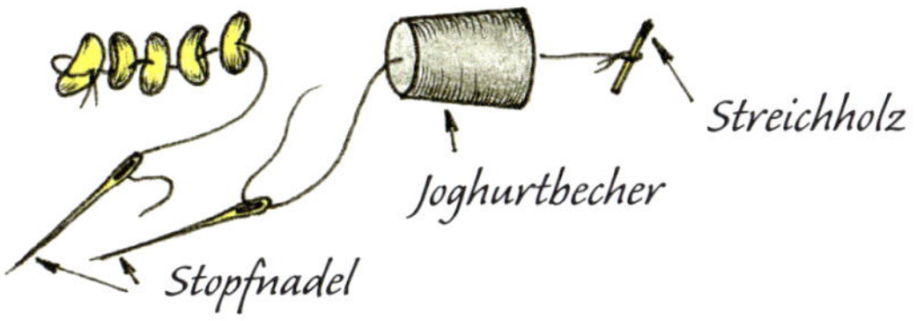


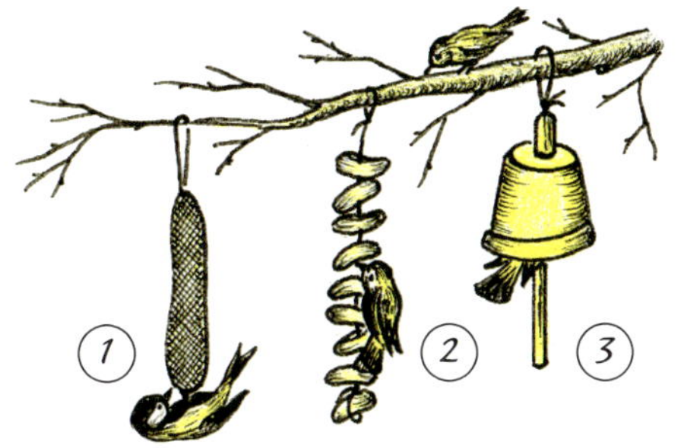


*Artgerechtes Vogelfutter im Winter:*
1 *Feinmaschiges Netz mit Sonnenblumen*
2 *Aufgefädelte, ungesalzene Erdnüsse*
3 *Kerne-Rinderfettmischung in Blumentopf mit Holzstab als Futterglocke*

Schon die Art der Fütterung kann dazu beitragen, dass die Vögel in Bewegung bleiben und nicht überfüttert werden. Insektenfresser mögen gern ein Weizen-Kleie-Gemisch. Körnerfresser lieben Hanf- und Sonnenblumenkerne. Das Futter wird in erwärmtes Rinderfett gemischt, in einen Behälter (Joghurtbecher, Blumentopf o.ä.) gegossen und katzensicher aufgehängt. An diesen Futterglocken haben die Vögel genug Bewegung und fressen nur so viel, wie sie Hunger haben. Um der Übertragung von Vogelkrankheiten vorzubeugen, müssen Futtereinrichtungen öfter gereinigt werden. Bei Tauwetter wird die Fütterung sofort eingestellt.

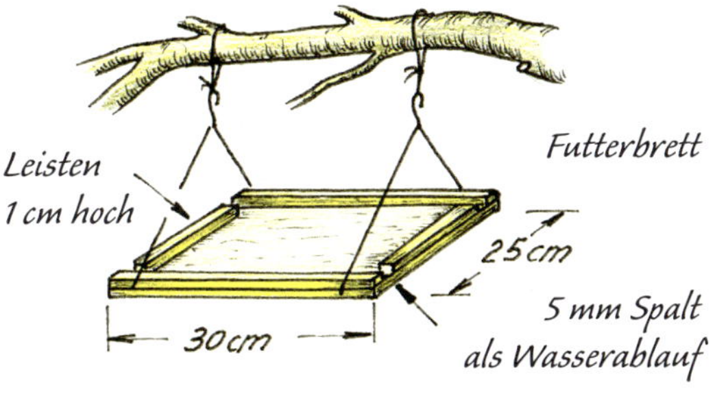


# Hersteller von Pflanzenstärkungs- und Düngemitteln

Das Bundesamt für Verbraucherschutz und Lebensmittelsicherheit veröffentlicht regelmäßig eine Liste der zugelassenen Pflanzenstärkungsmittel. Dort sind zur Zeit etwa 800 Mittel gelistet. Es würde den Rahmen dieses Anhangs sprengen alle Namen und Hersteller aufzulisten. Hier eine kleine Auswahl an Herstellern, die bereits seit vielen Jahren am Markt sind:

Snoek GmbH
Tannenweg 10
D-27356 Rotenburg/Wümme
www.snoek-naturprodukte.de

W. Neudorff GmbH KG
An der Mühle 3, D-31860 Emmerthal
www.neudorff.de

Biofa GmbH
Rudolf-Diesel-Str. 2, D-72525 Münsingen
www.biofa-profi.de

F. Schacht GmbH & Co.KG
Bültenweg 48
38106 Braunschweig
www.schacht.de

Oscorna-Dünger GmbH&Co
Postfach 4267; D-89032 Ulm
www.oscorna.de

Österreich:
Bio-Furtner
Rekawinkler Hauptstr. 5, 3031 Pressbaum
www.biofurtner.com

Schweiz:
Andermatt Biocontrol Suisse AG
Stahlermatten 6; CH-6146 Grossdietwil
www.biocontrol.ch

# Bodenanalysen

Alle Landwirtschaftlichen Untersuchungs- und Forschungsanstalten (LUFA) führen Bodenanalysen durch. Hier können Sie sich nach Laboren in Ihrer Nähe erkundigen:

Verband Deutscher Landwirtschaftlicher Untersuchungs- und Forschungsanstalten (VDLUFA) e.V.
c/o LUFA Speyer
Obere Langgasse 40, 67346 Speyer
www.vdlufa.de

AGROLAB GmbH
Jenaer Str. 1
84034 Landshut
www.agrolab.com/de

# Biologisches Saatgut

AUSWAHL

Dreschflegel GbR
Postfach 1213
37202 Witzenhausen
www.dreschflegel-saatgut.de

Bingenheimer Saatgut AG
Demeter Saatgut
Kronstr. 24
61209 Echzell
www.bingenheimersaatgut.de

Sativa Biosaatgut GmbH
Keltenweg 4
79798 Jestetten
www.sativa-biosaatgut.de

Sperli GmbH
Freckenhorster Str. 32
48351 Everswinkel
www.sperli.de

Österreich:
ReinSaat KG
Am Hornerwald 69
A-3572 St. Leonhard
www.reinsaat.com

Schweiz:
Samen Mauser
Industriestr. 24
CH-8404 Winterthur
www.samen-mauser.ch

# Literaturempfehlungen

Jonas Gampe
**Permakultur im Hausgarten**
ökobuch Verlag

Joseph Chauffrey
**Mein kleiner Permakultur-Garten**
ökobuch Verlag

Margit Rusch
**Anders gärtnern**
ökobuch Verlag

Natalie Faßmann
**Auf gute Nachbarschaft: Mischkultur im Garten**
pala Verlag

Claudia Lorenz-Ladener
**Naturkeller**
ökobuch Verlag

Natalie Faßmann
**Mein Obstgarten: Wie er mir gefällt**
Verlag Eugen Ulmer

Sofie Meys
**Nützlinge im Garten fördern**
Stocker Verlag

Claudia Lorenz-Ladener
**Dörren**
ökobuch Verlag

Claudia Lorenz-Ladener
**Milchsauer eingelegt**
ökobuch Verlag

# Register


**A**
Absägen, Ast 161
Ackerbohne 54, 55, 98, 99
Ackerfrauenmantel 30, 32, 33
Ackerfuchsschwanz 32
Ackerminze 30
Ackerrettich 30
Ackerschachtelhalm 30, 33, 202
 -Brühe 203
Ackersteinsame 33
Ackervergissmeinnicht 30, 31
Ackerwinde 28
Alexandrinerklee 55
Algenkalk 60, 61, 63, 66, 74, 195
Algifert 165, 184
Algomin 66, 67, 147
Amphibien 27
Apfelwickler 167
Artischocken 105
Aubergine 103

**B**
Bacillus thuringiensis 166
Bakterienkrankheiten 182
Bakterienwelke 123
Basilikum 130
Baum
 -Anstrich 67, 163
 -Obst 151
 -Scheibe 164
Bäume 152
Beeren
 -Obst 137
 -Sträucher 102
Begonie 196
Beinwell 131
Bentonit 47, 67
Bergbohnenkraut 130
Bingelkraut 32
Binsengewächse 30, 33
Biologischer Pflanzenschutz 182, 183
Biologische Schädlingsbekämpfung 198
Birke 26
Blattfallkrankheit 147, 149
Blattfleckenkrankheit 114, 203
Blattlaus 187, 188, 198, 203, 204, 205
Blattmangold 109
Bleichsellerie 105
Blindschleiche 197, 198
Blumenkohl 65, 103, 105
Blumenwanze 200
Boden
 -Analyse 58
 -Bearbeitung 44
 -Bedeckung 83
 -Fauna 48
 -Flora 48
 -Fruchtbarkeit 69
 -Leben 50, 58, 60, 70
 -Probe 51
Bohnen 65, 68, 116, 124
Bohnenkraut 130
Bor 62, 65, 67
Borretsch 130
Breitwegerich 30, 31
Brennnessel 32, 54, 202
 -Auszug 203
 -Jauche 71, 120, 138, 149, 164, 184, 203
Brokkoli 103, 105, 110
Brombeere 26
 -Gerüst 141
Brühe 201, 202
Buschbohnen 97, 103, 105, 120, 124
Büsche 153
Buschwindröschen 26

**C**
Calcium 7, 48, 61
Chicoree 103, 105
Chinakohl 98, 99, 103, 105, 108
C/N-Verhältnis 71
Comfrey 54, 131

**D**
Dauerhumus 70
Dengeln 15
Dill 102, 115, 131
Düngemittel 66
Dünger 58

**E**
Edaphon 48, 49
Ehrenpreis 31
Eiche 26
Eidechse 27, 197
Eisbergsalat 108
Eisen 7, 61, 62, 65
Eissalat 103, 108
Endivien 65, 103
 -Salat 108
Erbsen 57, 65, 68, 97, 100, 103, 105, 125, 127
 -Gerüste 128
 -Wickler 127
Erdbeere 28, 54, 68, 102, 137
 -Blütenstecher 139, 202
 -Milben 139, 203, 204
Erdkeller 172
Erdklee 54
Erdrauch 30, 31
Erdraupen 196
Erhaltungsschnitt 159
Erle 26
Ernte
 -Verfrühung 86
 -Zeiten 105
Erosion 69
 -Schäden 69
 -Schutz 26
Ertragsschnitt 159
Erziehungsschnitt 158
Erzwespe 200
Esche 26
Esparsette 57
Estragon 131

**F**
Fallen 193
Fanggürtel 167
Farnkraut 115, 137, 138, 139, 202
 -Brühe 203
 -Tee 205
Feldahorn 26
Feldmaus 192
Feldrittersporn 31, 33
Feldsalat 54, 55, 56, 99, 100, 103, 105, 108, 138
Fenchel 97, 98, 99, 103, 120
Fertigteich 16
Fettfleckenkrankheit 125
Flachwurzler 148
Fledermaus 197, 198
 -Kasten 217
Florfliege 198, 200
Flughafer 33
Folienteich 22
Franzosenkraut 30, 32
Frauenspiegel 31
Frostspanner 166
Fruchtfolge 97, 115, 120, 125
Fruchtwechsel 114
Frühbeet 124
 -Kasten 88

**G**
Gänsefingerkraut 30, 31
Gänsefuß 32, 33
Ganzjährige Einsaaten 52
Gartengeräte 46
Gartenplan 97
Gartenplanung 34
Gartenteich 17
Geflügelmist 58
Gelbsenf 54
Gemüse 97
 -Anbau 108
Gesteinsmehl 60, 61, 67, 68, 195
Giersch 28
Gießen 85
Glühwürmchen 200
Grabegabel 9, 46, 115
Grasschnitt 9, 74
Grauschimmel 138
Grundwasser 59
Grünkohl 54, 65, 103, 105, 110
Gurken 65, 97, 98, 99, 102, 103, 105, 117, 119
 -Gerüst 118

**H**
Hafer 55
Hahnenfuß 29, 30
Hartriegel 26
Haselnuss 26
Hauptkultur 97, 98, 99, 100
Hausmaus 192
Hausteemischungen 136
Hecke 26
Heckenrose 26
Hederich 30, 33
Heilkräuter 129
Himbeere 26, 68, 142
 -Gerüste 143
 -Käfer 142, 144, 202, 203
 -Rutenkrankheit 144
Hochbeet 39
Holunder 26
Holzasche 60, 61, 63, 73, 113, 114, 195
Honigtau 187, 189
Hornmehl 58, 60, 61, 63, 75
Hornspäne 61
Huflattich 30
Hügelbeet 39
Hühnerhirse 32
Hühnertritt 30
Humus 60, 69
Humusschicht 49
Hundskamille 33
Hybridzüchtungen 108

**I**
Igel 27, 198, 199
 -Höhle 215
Inkarnatklee 56
Insekten 198
 -Unterkünfte 214

**J**
Jauche 201, 202
Johannisbeere 148
 -Blasenlaus 149
 -Gallmilbe 149
 -Gerüst 150
 -Säulenrost 149

**K**
Kaiserkrone 193
Kali 114, 116, 119
Kalium 7, 48, 61, 63
Kaliumpermanganat 205
Kalk 63, 64, 205
Kaltwasserauszug 201
Kamille 30, 32, 33
Kapuzinerkresse 54, 110, 132, 164
Karotten 56
Kartoffel 56, 65, 67, 97, 121
 -Kiste 171
 -Schorf 121
Katzenschutz 213
Kerbel 102, 132
Kieselsäure 67, 68
Klee 57, 148
Klettenlabkraut 32
Knicks 26
Knoblauch 97, 102, 103, 115, 116, 138, 139, 193, 196
 -Brühe 115
 -Zwiebeltee 204
Knöllchenbakterien 57, 124
Knollenfäule 121
Knollenfenchel 105
Knollensellerie 103, 105, 113
Knopfkraut 30
Knötericharten 30, 33
Kohl 59, 102, 110, 111, 116
 -Fliege 111
 -Gallenrüssler 111
 -Hernie 111
 -Kragen 111
Kohlendioxid 50
Kohlenstoff 71
Kohleule 196
Kohlrabi 65, 97, 98, 99, 102, 103, 105, 112, 120
Kohlrübe 103, 105
Kohlweißling 110
Kohlweißlinge 99
Kompost 71
 -Silo 76
Kompostwalm 71
Konservierung 177
Kopfsalat 103, 105, 108
Kräuter 97
Kräuterbrühe 203, 204
Krautfäule 121, 123
Krautschicht 26
Kresse 55, 99, 100, 103
Kriechender Hahnenfuß 30
Kronenaufbau 157
Kröte 197
Krümelstruktur 48, 70
Küchenkräuter 129
Kupfer 61, 62, 65, 67
Kürbis 97, 104, 106, 119

**L**
Lagerung 168
Laub 9, 137, 138
Lauch 65, 115
Lauchmotte 116, 117, 204
Laufkäfer 198, 200
Läusebefall 202
Lavendel 115, 129
Leguminosen 57
Lehm 47
 -Anstrich 205
 -Boden 47
 -Brei 163
Leimring 166
Lerchensporn 26
Lichtnelkenarten 31
Liebstöckel 129, 132
Liguster 26
Löwenzahn 28, 29, 202
Luft im Boden 50
Lupine 55, 57, 137
Lurche 198
Luzerne 56, 57, 62

**M**
Magermilch 205
Magnesium 48, 61, 63

Mairüben 99, 100, 113
Majoran 129, 133
Mangan 65
Mangold 104, 106, 109
Marder 27
Margarite 28
Marienkäfer 198, 199, 200
-Winterquartier 219
Mäßigzehrer 115
Maulwurf 198
Mäuse 198
Mauswiesel 27, 198
Meerrettich 54, 106, 165
Meerrettichtee 204
Mehltau 102, 109, 119, 146, 184, 202, 203
Melisse 133
Milben 190, 198, 204
Milchsäuregärung 180
Mineralschicht 49
Mischkultur 98, 100, 101, 102, 110, 113, 115, 116, 117, 120, 137
Mist 69
Mittelzehrer 97
Möhren 65, 67, 68, 97, 102, 104, 106, 114, 116, 117, 120
-Fliege 102, 114
Molybdän 62, 65, 67
Monilia 165, 202
Mulchen 82
Mulchschicht 49

**N**

Nachkultur 98, 99, 100, 112, 113, 120
Nachsaaten 54
Nährhumus 70
Nährstoffe 61
Naturhecke 26
Naturteich 16
Naturwiese 11, 12
Nematoden 54, 56, 102, 185, 192
Netzschwefel 67
Nisthilfe 211
Nistkasten 207
Niströhre 211
Nitrat 109
Nutzinsekten 189, 200

**O**

Obstbäume 102, 151, 164
Obstgarten
-Pflege- und Düngemaßnahmen 164
Obstkrankheiten 165
Obstregal 170
Obstschädlinge 165
Ohrwurm 198, 200
-Behausungen 219
Ölrettich 55

**P**

Paprika 104, 106, 121
Pastinake 104, 106, 120, 196
Perserklee 55
Peru-Guano 58
Petersilie 65, 106, 121, 129, 133
Pfaffenhütchen 26
Pfefferminze 134
Pferdebohnen 106
Pflanzenanzucht 86, 96
Pflanzen, Hilfs- und Pflegemittel 201
Pflanzenschutz 100
-Biologisch 182
Pflanzschnitt 155
Pflücksalat 108
Phacelia 54, 55
Phosphor 7, 48, 61, 63, 65, 67, 70, 119
pH-Wert 61, 64, 65, 66, 142
Phytonzide 100, 101
Pilzbefall 185
Pilzbekämpfungsjauche 204
Pilzkrankheiten 112, 121, 182, 202, 203, 204
Pilzverhütungsmittel 66
Porree 54, 97, 104, 106, 116, 138, 139
Preicobakt 144, 163
Prunkbohnen 106
Puffbohnen 103, 125

**Q**

Quassiabrühe 204
Quecke 28

**R**

Radieschen 65, 97, 99, 104, 113, 114
Rainfarn 111, 115, 196, 202
-Brühe 203
-Tee 139, 144, 146
Rasenschnitt 73, 164
Raubmilben 189
Raubwanzen 189
Raupen 204, 205
Raygras 56
Regenwürmer 48, 75, 198
Reiherschnabel 31
Reptilien 27
Rettich 65, 97, 104, 106, 111, 113
Rhabarber 35, 106
Rhabarbertee 204
Rindenhumus 75
Rindenmulch 164
Ringelblume 54, 56, 102
Rippenmangold 109
Rizinusschrot 58, 60
Rohphosphat 60, 61
Rosenkohl 65, 103, 106, 110
Rost 202, 203
Rotbuche 26
Rotenburger Kombigemenge 137
Rote Rüben 65, 97, 102, 104, 106
Rotkohl 65, 103, 107, 110
Rotte 48
Rotteschicht 49
Rüben 111
Ruchgras 30, 33
Rußtau 187

**S**

Säen 79
Salamander 197
Salat 65, 97, 98, 99, 102, 112, 113
Salbei 129, 134
Sandboden 47
Sanddorn 26
Sauerkirsche 165
Sauerkrautherstellung 181
Sauerstoff 50
Säulenrost 204
Sauzahn 9, 46
Schachtelhalm 28, 30, 205
Schachtelhalmbrühe 112, 139, 147, 149, 165, 184
Schädlingsbekämpfung
durch Kleintiere und Nutzinsekten 197
Schafgarbe 196
Schalerbsen 99
Schlupfwespen 110, 198, 200
Schlüsselblume 26
Schmierseifen-Lösung 205
Schnecken 194, 195, 198
-Zaun 195
Schneeball 26
Schnittlauch 54, 107, 134
Schnittsalat 104, 107
Schorf 165, 202
Schutzmaßnahmen für Saaten und Jungpflanzen 95
Schwachzehrer 97, 129
Schwarze Bohnenblattlaus 125
Schwarzwurzeln 65, 97, 102, 104, 107
Schwebfliege 198, 200
Schwefel 70
Schwefelsaure Tonerde 205
Selbstversorgung 35
Sellerie 65, 97, 99, 102, 104, 110, 113, 117, 120, 196
Sellerierost 102
Sellerieschorf 114
Senf 55
Senföl 110
Sense 13
Serradella 57
Sichelmöhre 31
Silizium 63
Solartrockenschrank 179
Soldatenkäfer 200
Sommeradonisröschen 31
Sommerendivien 107
Sommerwicke 57
Sonnenblume 55, 59
Spargel 65, 107
Spinat 54, 55, 56, 65, 97, 104, 106, 107, 109, 113, 120
Spinnen 198, 199
Spinnentiere 199
Spitzmaus 197, 198
Spritzplan 202
Spritzung 205
Spurenelemente 62, 63, 66, 67, 68
Stachelbeere 145
-Blattwespe 146
-Gerüst 150
-Mehltau 145
-Rost 147
-Spanner 146, 147
-Spinnmilbe 146
Stangenbohnen 103, 107, 117, 124
-Gerüst 127
Starkzehrer 97, 98
Staunässe 30, 50, 151
Steine 27
Steingarten 27
Steinhaufen 218
Steinklee 56
Steinmehl 68, 74, 205
Steinobstschnitt 160
Stickstoff 48, 57, 59, 61, 63, 70, 71, 74, 75, 98, 119
-Zeiger 32
Stoffwechselkrankheiten 182
Strahllose Kamille 31
Stroh 59, 73, 74, 75, 138
Studentenblume 102

**T**

Tagetes 54, 56, 164, 192
Taubnessel 31, 32, 33
Taubnesselarten 30
Tee 201
Thripse 189
Thymian 135
Tomaten 59, 65, 97, 102, 104, 107, 110, 121, 122, 196
-Auszug 204
-Krankheiten 123, 205
-Stützen 123
Tonboden 47
Tränke 213
Triebspitzen einkürzen 162
Trockenschrank 178

**U**

Überwinterung 172
Uferzonen 19
Umpflanzen 80
Unkraut 29
Unterkünfte für Nützlinge 206
Untersaaten 54
Urgesteinsmehl 47

**V**

Viruskrankheiten 185
Vögel 191, 198
-Bad 213
-Fütterung 220
-Schäden 191
-Tränke 16
Vogelkirsche 26
Vogellaube 210
Vogelmiere 30, 32
Voraussaaten 54
Vorkultur 98, 99, 100

**W**

Wachstumsförderung 100
Wanderkasten 92
Wanzen 198
Wässern 85
Wassertiefe 19
Wegebau 36
Weinraute 135
Weiße Fliege 189, 205
Weißklee 54
Weißkohl 65, 99, 103
Welke 203
Wermut 111
-Jauche 204
-Tee 128, 149, 196
Weymouthkiefern 149
Wicken 57, 62, 137
Wiesel 199
Wildrose 26
Windhalm 30, 33
Winterabdeckung 59
Winterendivien 107
Winterroggen 56
Wirsing 65, 110
Wirsingkohl 103, 107
Wolfsmilcharten 30, 32
Wolfsmilchgewächse 193
Wühlmaus 27, 192, 193
Wurzelknöllchen 57

**Y**

Ysop 135

**Z**

Zehrwespe 190, 200
Zeigerpflanzen 28, 30, 31, 33
Zichoriensalat 104
Zink 61, 65, 67
Zitronenmelisse 133
Zottelwicke 56
Zucchini 104, 119
Zuckerhut 98
-Salat 99, 108
Zuckermais 104, 107
Zwiebel 104
-Fliege 102, 115
-Schalentee 187
-Tee 149
Zwischenkultur 108